CATHERINE POZZI

UNE ROBE COULEUR DU TEMPS

Catherine Pozzi aux Éditions de la Différence

Œuvre poétique.
Agnès, nouvelle.

LAWRENCE JOSEPH

CATHERINE POZZI

UNE ROBE COULEUR DU TEMPS

ESSAIS

ÉDITIONS DE LA DIFFÉRENCE

A Judith.

INTRODUCTION

Catherine Pozzi est morte en décembre 1934, persuadée de l'échec de sa vie. Elle avait, certes, écrit une nouvelle et six poèmes dont elle connaissait la haute valeur, mais le grand essai philosophique qu'elle considérait comme son œuvre principale demeurait inachevé. Quel est cet ouvrage auquel elle avait voué son existence ? De cette vaste entreprise seule subsiste l'introduction parue après la mort de l'auteur. Son titre, *Peau d'Ame* [1], nous aide à mettre à jour ses diverses significations. Il renvoie, bien entendu, au célèbre conte de Perrault *Peau d'Ane*. En s'inspirant de ce titre, Catherine Pozzi a sans doute été attirée par ses multiples facettes métaphoriques qui lui semblaient s'appliquer avec une remarquable justesse aux problèmes intellectuels et personnels qui l'obsédaient.

Dans son essai philosophique, elle reprend à son compte le thème le plus évident de cette histoire, le contraste banal entre apparence et réalité, et le transforme. Le glissement d'une consonne dans le titre signale cette métamorphose : « Ane » devient « Ame ». Catherine Pozzi aborde courageusement un problème sur lequel des générations de savants et de philosophes se sont penchées : cherchant à cerner la réalité, la « vraie vie » dont avait parlé Rimbaud, elle s'applique à trouver le lien qui unit l'esprit et la matière, l'âme et le corps, le qualitatif et le quantitatif. Elle exprime sa solution dans une métaphore : l'âme entoure l'individu comme une peau. Faite de la substance de l'univers — spirituelle et matérielle à la fois —, cette « peau d'âme » recueille l'expérience des

1. Corrêa, 1935.

ancêtres, grâce à laquelle des excitations physiques deviennent des sensations qualitatives et immatérielles.

Chez Catherine Pozzi, qui a cherché longtemps sa véritable vocation et ne l'a trouvée que tard, le conte de Perrault éveillait encore d'autres résonances. Il raconte le triomphe final d'une beauté contrainte de se travestir et met en scène une jeune fille obligée par les circonstances de jouer une variété de rôles symbolisés par une succession de vêtements : robes couleur de lune, de soleil et du temps. Comme la princesse déguisée en souillon, Catherine Pozzi se sentait porteuse d'une richesse intérieure, richesse qui ne se révélera que dans les dernières années de sa vie. Au cours de cette longue maturation, elle s'est essayée à plusieurs rôles, adaptant à ses fins et transformant de façon originale des idées acquises au cours de ses abondantes lectures ainsi que par la fréquentation de toute une succession de personnalités exceptionnelles : Valéry, Rilke, Curtius, Benda, Maritain, Massignon parmi d'autres. Son effort pour échapper à l'emprise de son père — effort qui comportait une fuite au propre comme au figuré — l'a conduite loin du scepticisme paternel : toutefois, à la fin de sa vie, elle a su rapprocher les idées de son père du spiritualisme métaphysique qu'elle avait élaboré en cours de route.

Les textes qu'elle écrira dans ses dernières années sont le résultat d'un dialogue avec d'autres personnes et d'autres textes. C'est en adaptant un genre littéraire, illustré par Novalis dans ses fragments philosophiques, qu'elle trouve la forme originale de *Peau d'Ame*. C'est sous forme de dialogue qu'elle a noté ses conversations avec Paul Valéry tout au long d'une liaison de huit ans. C'est, finalement, comme des répliques à d'autres textes que Catherine Pozzi a composé certains de ses poèmes : *Vale* [2], par exemple, est apparenté à des vers inédits de Valéry précisément par ce lien secret. Au fond, toute l'existence de Catherine Pozzi témoigne d'un effort pour surpasser les réussites de prédécesseurs illustres, lutte qu'on trouve à la racine de toute activité créatrice [3]. La conscience que Catherine Pozzi avait de ce phénomène apparaît clairement dans un fragment

2. *Œuvre poétique*, Editions de La Différence, 1988, pp. 25-26.

3. Voir, par exemple, Julia Kristeva, *Saemeiotikae*, Seuil, 1969, p. 257 : « Le texte poétique est produit dans le mouvement complexe d'une affirmation et d'une négation simultanées d'un autre texte. »

de *Peau d'Ame* : « On ne trouve la singularité, l'unicité qu'en faisant disparaître ses ancêtres, c'est-à-dire en refusant de suivre le chemin tracé. »[4] Ce n'est qu'au prix d'une telle lutte, constamment renouvelée, que Catherine Pozzi trouvera son originalité et laissera éclater son génie poétique en une œuvre d'une rare perfection, sa « robe couleur du temps ».

En fait, ce sont quelques poèmes d'une étonnante et énigmatique virtuosité qui ont assuré la survie de son nom. En dépit des efforts faits pour en éclaircir le sens, cette poésie a gardé tout son mystère : jusqu'à ce jour, il lui a manqué un contexte. De cette carence Catherine Pozzi est elle-même en large mesure responsable, car elle a volontairement fait le vide autour de sa mémoire en interdisant aux chercheurs l'accès à ses archives personnelles pendant longtemps. Il manquait donc l'essentiel : les matériaux nécessaires pour reconstituer les circonstances biographiques et historiques de l'éclosion de son œuvre littéraire, qui seuls pouvaient permettre de faire découvrir sa pleine signification. Devenus enfin disponibles, ces matériaux — correspondance, manuscrits, notes, *Journal* — ont alimenté l'étude présentée ici.

L'œuvre si originale de Catherine Pozzi se situe à la fin d'un symbolisme révolu et à la pointe extrême d'un romantisme finissant. Philosophiquement, elle exprime un dilemme douloureusement ressenti par toute une génération qui a cherché dans les sciences comme dans l'art une issue à un positivisme périmé. En termes religieux, cet effort se formulait autrement : il s'agissait de maintenir une croyance en Dieu, en la liberté et en des valeurs spirituelles dans une époque matérialiste et déterministe. Dans ce contexte religieux, philosophique, scientifique, l'œuvre surgit sous un aspect individuel et psychologique, comme une quête d'identité. En effet, l'entreprise de Catherine Pozzi qui cherche à élucider le « qui suis-je ? », s'oriente vers le passé et en particulier vers celui de sa famille. Son œuvre est le produit d'une lignée de bourgeois protestants aussi bien que catholiques et peut s'expliquer en partie comme un effort de Catherine Pozzi pour préserver, faire fructifier — capitaliser — son passé.

---

4. (Trad. L.J.). En anglais dans le texte : « Singularity, oneness, lies in "killing one's forefathers" i.e. resisting the *chemin tracé.* » *Peau d'Ame,* p. 215.

Au fond, qui était Catherine Pozzi ? Un penseur bien en avance sur son époque comme elle le croyait, ou bien une romantique attardée ? Une femme brimée qui luttait pour la reconnaissance de son sexe, ou bien une bourgeoise privilégiée et pleine de morgue ? Etait-elle la savante physicienne, chimiste, biologiste, historienne, dont elle prenait parfois les allures ? Une grande malade ? Une mystique, une visionnaire ? L'examen de sa vie fournit la clé de bien des énigmes et des contradictions qui se font jour dans son œuvre.

Les deux sources essentielles utilisées, Archives de M. Claude Bourdet et Bibliothèque nationale, sont signalées dans les notes par les abréviations CB et BN.

PREMIÈRE PARTIE

LA FORMATION

I

TOUTE L'AFFAIRE HÉRÉDITÉ

Le corps et l'esprit sont, pour Catherine Pozzi, autant d'héritages d'un lointain passé dont elle passera sa vie à approfondir la signification. Pour elle, se trouver veut dire, tout d'abord, se retrouver. Toutefois, dès qu'elle prend conscience des rapports qui la lient à son passé, s'installe chez elle un conflit. D'un côté, elle se croit destinée à suivre un chemin tracé par les ancêtres qui ont façonné son corps, sa conscience, ses traits de caractère et sa manière de percevoir le monde. Elle envisage sa vie comme un prolongement de la leur. Mais d'un autre côté, encore toute jeune, elle met tous ses efforts à secouer le poids de son hérédité pour affirmer sa liberté.

« Nous étions un seul être », écrira-t-elle de son père [1]. A travers lui, Catherine Pozzi prend conscience d'une ascendance qui remonte à l'Italie du Nord de la fin de la Renaissance. Mais, par sa mère, elle se sent au fond d'elle-même lyonnaise. Ces lieux divers et cette époque prestigieuse occuperont toute sa vie une place privilégiée dans son imagination et fourniront le cadre de son dernier poème, *Nyx* [2]. Sombre et extatique, achevé quelques semaines avant sa mort, il portera une dédicace à Louise Labé, comme Catherine Pozzi elle-même, « aussi de Lyon et d'Italie ».

Au XVIe siècle, les Pozzi étaient déjà installés depuis des générations dans un petit village de la Valteline, Teglio. C'étaient des gens frustes, énergiques, farouchement attachés à leur foi protestante. Au début du XVIIe siècle, celle-ci fut mise à dure épreuve par

1. Lettre du 17 juin 1918 à Mme Bulteau. CB.
2. *Œuvre poétique, op. cit.*, p. 69.

une secte d'illuminés anabaptistes qui massacrèrent ou chassèrent du village ceux qui n'avaient pas accepté d'abandonner leurs croyances. Vers 1620 la famille Pozzi essuya la pleine mesure de cette violence : le chef de la famille périt dans l'incendie de l'église. Sa femme et ses trois fils trouvèrent asile dans les Grisons où la famille fit souche dans le village de Poschiavo.

Le premier membre du clan à figurer sur les registres de l'église de Poschiavo est Antonio Poz, mort en 1677. Il y est suivi d'une longue liste de Pozzi (le i est le signe du pluriel) admis à participer aux charges civiques et militaires de la communauté. Toutefois, le titre de citoyen ne leur fut accordé qu'en 1802, après presque deux siècles de vie dans la commune. Bien avant cette promotion sociale, en 1788, un membre de la famille — il s'agit de Domenico Pozzi — partit à cheval pour la France où il s'engagea comme ouvrier pâtissier chez des cousins à Agen. Il ne tarda pas à devenir leur associé, et ensuite à acheter le fonds de cette maison qui entretenait un commerce florissant. Profondément attaché à un idéal de liberté, il prit part à la Révolution ainsi que le certifie un « Diplôme d'Association à la Société des Amis de la Constitution de 1793 » qui affirme que « le Sans-culotte Dominique Pozzi, Suisse Grison — est un vrai Montagnard » et ajoute qu'on lui a toujours connu des « vertus républicaines »[3].

Ouvrier devenu bourgeois, Dominique Pozzi est un homme influent dans la communauté protestante. Il s'efforce de maintenir la solidarité de ses coreligionnaires, autrefois nombreux dans la région, en organisant des assemblées, d'abord dans sa boutique, ensuite dans un local loué à cet effet ; il obtient enfin l'autorisation de construire un oratoire protestant et de faire venir un ministre. Mais le couronnement de sa vie est la vocation qui se déclare chez son fils Benjamin, son préféré, qui se fait pasteur.

Né en 1820, celui-ci, comme l'indique son nom, est le cadet de la famille et montre de remarquables dispositions pour la vocation à laquelle son père le destine : bachelier à seize ans, il sort de la faculté de théologie de Montauban trop jeune pour recevoir l'ordination mais obtient néanmoins une dispense l'autorisant à prêcher. Ce sera cet homme probe et intransigeant, devenu grand-père, qui étonnera l'enfant Catherine Pozzi par la façon désinvolte et familière dont il

3. CB.

traite la Divinité. En effet, à l'époque où sa petite fille commencera à faire sa connaissance, il aura déjà eu une longue intimité avec Dieu, ayant bataillé depuis des années pour préserver l'orthodoxie de son Eglise contre les schismes qui la menaçaient de tous côtés. Polémiste redoutable, il avait défendu contre le rationalisme les doctrines fondamentales du péché originel et de la rédemption. Nommé pasteur à Bergerac, il avait quitté l'Eglise d'Etat, trop tolérante à son avis, pour fonder une Eglise « libre » qui n'admettait que la doctrine orthodoxe et il avait défendu ses prises de position dans toute une série de brochures agressives du genre *Quelle est cette nouvelle doctrine ?* [4] Par ailleurs, dans un livre intitulé *La Terre et le récit biblique de la création* [5], il avait cherché à démontrer que les récentes découvertes de la science sur l'origine des espèces ne mettaient nullement en question l'orthodoxie religieuse. Comme lui, Catherine Pozzi défendra une doctrine métaphysique qu'elle s'efforcera de réconcilier avec la science expérimentale de l'époque. Ce faisant, elle aura l'impression de continuer l'œuvre de son grand-père.

Le pasteur Benjamin Pozzi avait hérité de son père Dominique non seulement son énergie et son intransigeance mais aussi ses idées progressistes. Un dimanche de 1848 il étonne sa congrégation en substituant au discours d'usage en l'honneur de la fête du roi un vibrant éloge de la République qui vient d'être proclamée. Sous l'emprise de son éloquence, les fidèles le suivent chez lui et le pressent de se porter candidat à l'Assemblée constituante. Bien des années plus tard, Benjamin Pozzi viendra de nouveau au secours de la démocratie, en envoyant à Thiers, Président de l'Assemblée nationale, une lettre signée de ses collègues le priant de sanctionner par un vote solennel l'établissement définitif de la Troisième République.

Benjamin Pozzi avait épousé en 1844 une jeune fille de la petite noblesse de Dordogne, Inès Escot-Meslon, dont la famille possédait à quelques kilomètres de Bergerac le domaine de La Graulet. Entrée dans la famille Pozzi par cette alliance, la modeste gentilhommière du XVIIIe siècle, prodigieusement agrandie et embellie, sera liée à

4. Librairie Protestante, 1851.
5. Hachette, 1874.

toute la jeunesse de Catherine Pozzi et restera le décor des scènes les plus dramatiques de sa vie de femme.

Comme les Pozzi, les Escot-Meslon avaient souffert des persécutions religieuses : la révocation de l'Edit de Nantes avait obligé cette famille, originaire des Eyzies, à se cacher ou bien à s'expatrier. C'est cette dernière option qu'avait choisie Etienne Escot. Ayant émigré en Hollande, il y avait amassé une fortune considérable qu'il avait employée à marier richement les quatre filles de son frère décédé. Sans enfants lui-même, il avait néanmoins assuré la survie de son nom en exigeant comme récompense de sa bienfaisance que les époux de ses nièces, ainsi que toute leur descendance, ajoutent Escot à leurs noms de famille. D'une piété moins intense que les Pozzi, les Escot-Meslon partageaient tout autant leurs convictions politiques. Un grand-oncle d'Inès, Jean-Jacques Ponterie, éduqué à Genève, avait fréquenté Voltaire et joué un rôle de premier plan à Bergerac pendant la Révolution. Son frère cadet (qui avait gardé le nom de sa mère, Séjournas) était parti à la recherche d'un héritage au Danemark où il avait obtenu une charge à la cour. De retour en France, il était devenu l'un des gardes du corps de Louis XVI, ce qui ne l'avait pas empêché de prendre parti pour la Révolution. Plus récemment, son frère Jean-Antoine avait fait profession d'idées républicaines si avancées qu'il avait fini en prison après le coup d'Etat de Louis Napoléon en 1851.

En dehors de la foi religieuse et de l'enthousiasme politique, d'autres passions soufflaient sur cette famille. En témoigne un ancêtre maniaque, coléreux constructeur d'automates qui, obsédé par la science et la technologie, cherchait le mouvement perpétuel. L'inconduite sexuelle y faisait également des ravages : un grand-oncle avait été condamné à Bordeaux pour avoir étranglé l'amant de sa fille ; par ailleurs, on évitait dans la famille de parler de la grand-mère qui, séduite par un pasteur venu prêcher à Bergerac, vivait avec lui et son enfant bâtard loin de son premier ménage.

Si de tels penchants devaient se trouver enfouis quelque part dans l'hérédité d'Inès Pozzi, ils ne se manifestaient nullement dans son caractère. En effet, de tels excès auraient été bien au-delà de ses forces car, malade depuis son enfance, cette jeune femme est restée frêle et maladive après son mariage. Elle a néanmoins mis au monde cinq enfants, dont deux garçons. L'aîné, Samuel, né à Bergerac en 1846, sera le père de Catherine Pozzi. Il semble qu'Inès Pozzi n'ait pas pu donner à son fils Samuel toute l'attention dont il avait besoin, étant absorbée par les soins qu'elle devait à ses autres enfants et à son mari. De toute manière, elle aurait eu peu de temps pour le faire, car elle mourut en 1857 mal remise de ses dernières couches ; Samuel n'avait alors que dix ans. Aussitôt, deux femmes actives et intelligentes prirent auprès de l'enfant la relève de la mère disparue : sa tante Mélide et sa grand-mère Marthe Escot-Meslon. Parmi tous les enfants d'Inès, Samuel était leur préféré. Elles lui ont prodigué toute l'affection dont il avait été privé jusqu'alors, affection rétribuée par une conduite exemplaire et une vénération pour La Graulet, lieu privilégié de l'enfance, où toute la famille passait l'été.

En 1858 le pasteur Benjamin Pozzi, ayant cédé à ses adversaires dans le combat théologique qu'il menait depuis tant d'années, résigna son poste à Bergerac pour s'installer à Pau, laissant derrière lui quatre enfants aux soins de leur grand-mère. Seul Samuel l'accompagna et fut inscrit au lycée de Pau. Dure épreuve pour un si petit garçon : d'un côté, il avait conscience de porter les espérances d'un père exigeant, ennemi des compromis ; de l'autre, il souffrait du manque des présences féminines qui l'avaient soutenu. Gai, alerte, affable, d'une beauté et d'une intelligence exceptionnelles, le garçon répondait aux espoirs qu'on avait mis en lui, bien au-delà de toute attente. Ayant fait de brillantes études au lycée de Pau, il les poursuivit avec le même éclat à Bordeaux où son père fut appelé en 1860.

A partir de là, sa carrière n'est qu'une suite de réussites ininterrompues. Bachelier en 1864 à dix-huit ans, il part pour Paris où il commence sa médecine sous la protection d'un cousin, un certain Laboulbène, professeur à la Faculté. Le moment est propice car la médecine se trouve alors à l'aube d'une des périodes les plus riches en découvertes qu'elle ait jamais connues. Les travaux de Pasteur, de Lister, de Claude Bernard, pour ne mentionner que les plus illustres, vont révolutionner l'exercice de la profession et apporter à l'humanité des bienfaits alors insoupçonnés. Samuel Pozzi, entraîné par cette vague d'innovations, y apportera à son tour des contributions insignes. Il gravit les échelons de la hiérarchie médicale avec une rapidité étonnante, suivi à chaque étape par les félicitations de la communauté protestante de Bergerac qui note avec satisfaction que les plus brillants parmi les étudiants sont tous fils de pasteur : après deux ans il est externe des hôpitaux, au après quatre il commence son internat, qui sera interrompu par la guerre et une blessure. La paix rétablie, son ascension se poursuit avec une vitesse encore accrue : des médailles de bronze, d'argent et d'or récompensent ses travaux. Docteur en médecine dès 1873, il se trouve deux ans plus tard assistant du célèbre Paul Broca (lui aussi enfant du Périgord) qui travaillait alors à des recherches sur la localisation des centres nerveux dans le cerveau. Sous sa direction, Samuel Pozzi étudie l'anthropologie et l'anatomie comparée — mais ce seront de fausses pistes. Sa véritable vocation ne se révèle qu'en 1876 ; après avoir passé l'agrégation, il part pour Edimbourg où il fréquente le service de Lister. A son retour, il sera l'un des premiers chirurgiens à utiliser le pansement antiseptique, procédé destiné à révolutionner la pratique de la médecine. Grâce à cette nouvelle technique opératoire, il obtient des guérisons étonnantes et en 1877, après un nouveau concours, il est nommé chirurgien des hôpitaux. Ses ovariotomies sont particulièrement remarquées et ses réussites dans ce domaine infléchissent ses recherches dans la direction de la gynécologie, science qui n'existait pas alors comme discipline indépendante. Samuel Pozzi sera le premier à la définir dans un traité magistral publié en 1890. Quand une chaire de gynécologie sera créée à Paris en 1901, il en sera le premier titulaire.

Les succès du docteur Pozzi auprès des femmes étaient loin de se limiter à ceux qu'il remportait sur la table opératoire. Grand et élancé, avec un profil de médaille romaine, d'une courtoisie raffinée, Samuel Pozzi exerçait un charme irrésistible. Rien de cuistre chez cet homme en passe de devenir, encore jeune, un grand patron : il aimait le panache et, une fois débarassé de sa blouse hospitalière, il faisait plutôt figure d'homme du monde. D'une parfaite affabilité, aimant recevoir, il n'hésitait pas à convier ses amis à sa garçonnière de célibataire du boulevard Saint Germain. Parmi ceux-ci figuraient naturellement ses camarades de salle de garde, mais encore plus nombreux étaient des hommes et des femmes qui se vouaient aux arts et aux lettres. Les frères Mounet, par exemple, venus de Bergerac, avaient renoncé à des carrières médicales et juridiques pour faire du théâtre. Aux dîners en ville il rencontrait des amis musiciens et écrivains, non seulement Leconte de Lisle qui, malgré son sérieux et leur différence d'âge, était devenu un de ses intimes, mais aussi Jean Lorrain, Edmond de Goncourt, Jules Barbey d'Aurevilly, Jules Massenet, Léo Delibes. Toutefois, la trentaine franchie, sûr de parvenir à une véritable éminence dans sa profession, il voulut fonder une famille. Et là, il a rencontré le premier échec de sa vie : son mariage, en dépit d'apparences prestigieuses, sera une humiliante et douloureuse faillite intime.

S'était-il laissé tromper par les apparences ? par le désir d'en imposer aux autres ? On pourrait le croire, car il choisit pour femme une héritière lyonnaise très courtisée qui apportait par sa dot de quoi vivre sur un pied somptueux — une beauté de surcroît. Leur désaccord sur le plan sentimental, apparu presque tout de suite après le mariage, se trouvait amplifié, sinon causé, par des différences d'ordre spirituel, religieux, voire politique, inculquées aux époux par leurs familles. En effet, pour choisir son épouse, Samuel Pozzi était sorti du milieu modeste, travailleur, protestant, progressiste de ses parents. Il ne réussira jamais ni à s'insérer dans le monde de son épouse ni à l'intégrer au sien.

Elle s'appelait Thérèse Loth-Cazalis et appartenait à une famille riche, catholique, de tendance monarchiste. Par son père, Camille Loth, elle descendait de grands bourgeois lyonnais dont la fortune provenait de la construction des premiers chemins de fer dans le Bourbonnais. La mère de Thérèse, née Félicité Cazalis, originaire de Montpellier, appartenait à un clan de bourgeois aisés et conservateurs où l'on trouvait des protestants aussi bien que des catholiques. Mais en dépit du conservatisme politique et religieux qui régnait au sein de cette famille, elle comportait aussi des membres larges d'esprit et ouverts aux arts. C'est ainsi que Thérèse Loth-Cazalis se trouvait, par sa mère, cousine de personnes qui suivaient les courants artistiques les plus avancés. Sa cousine Valentine Le Josne, par exemple, avait été très liée avec Baudelaire qu'elle avait soigné dans sa dernière maladie. Amie de Manet, qui l'avait mise au premier plan de son célèbre *Concert aux Tuileries*, elle avait également protégé Monet ainsi qu'un certain nombre de peintres plus jeunes, comme Maurice Denis. Un autre cousin, Frédéric Bazille, mort à la guerre de 1870, avait été l'un des grands espoirs du jeune mouvement impressionniste, tandis qu'un troisième, le docteur Henri Cazalis, ami intime de Mallarmé et familier de tous les cénacles parnassiens et symbolistes, se faisait une belle réputation poétique sous le pseudonyme oriental de Jean Lahor.

Le mariage fut célébré le 17 novembre 1879 dans la chapelle parisienne de l'ordre des Dominicaines. Ce lieu présentait, en dehors de son lien avec la famille — la tante de Thérèse étant mère supérieure au couvent de Montpellier —, l'avantage de dissimuler le fait que Samuel Pozzi, en tant que protestant, n'avait pas le droit d'être marié à l'église. Très amoureux, celui-ci s'installa provisoirement avec sa nouvelle épouse dans son appartement de célibataire rue Boissy d'Anglas, avant de partir en voyage de noces, visiter le sud de l'Espagne.

Au sein de sa belle-famille, Samuel Pozzi trouve un confident sensible et intelligent chez le cousin de sa femme, Cazalis, jeune médecin épris des arts et récemment marié lui aussi. C'est à cet ami généreux et compatissant qu'au cours de son voyage de noces, il confie, en décembre 1879, l'inquiétude que lui avait inspirée son audace de reprocher à sa femme la nostalgie qu'elle semblait avoir gardée de sa famille : « Thérèse est à peine consolée d'avoir délaissé le giron maternel : j'ai fait là un véritable acte de vigueur, presque de violence. Il était indispensable, j'en acquiers de plus en plus la conviction. Mais les premiers temps de notre voyage en sont quelque peu attristés. » [6] Toutefois, aux yeux de Samuel Pozzi, l'attachement passionné qui subsiste entre sa femme et sa mère ne forme qu'un « petit nuage » au-dessus du bonheur des premières semaines du mariage. Mais des nuages plus sombres commencent à s'amonceler près de son foyer après son retour à Paris où, grâce à la dot de Thérèse, le couple s'installe dans un appartement fastueux au 10, place Vendôme. En juin 1880, la situation s'aggrave : étant parti pour Pau, où Samuel Pozzi souhaite présenter sa femme à son père et à sa grand-mère, le couple fait escale à Lyon ; Thérèse y retrouve sa mère qui saisit l'occasion pour se plaindre de nouveau de l'éloignement de sa fille. Thérèse Pozzi en est troublée ; Samuel Pozzi néanmoins demeure plein d'espoir pour l'avenir de son ménage. A ses yeux, les plaintes de sa belle-mère et leur retentissement sur sa femme ne sont que « le petit revers de [sa] grande médaille » [7]. Mais à Paris, l'emprise de Mme Loth sur sa fille s'accroît : elle s'est installée tout près d'elle, rue Saint Honoré, dans un magnifique appartement sous quatre mètres de plafond. Farouchement exclusive, elle lutte contre tout autre attachement dans la vie de Thérèse, même celui qui la lie à son mari. « Elle me

---

6. Lettre de Madrid, décembre 1879. Coll. de M. Jean Darquet.
7. Lettre du 12 juin 1880 à Henri Cazalis. Coll. de M. Jean Darquet.

rend odieux à ma femme », se plaint celui-ci à Cazalis ; « je passe à l'état de tyran et presque de bourreau. Ah, si Thérèse m'aimait ! Mais elle me chérit, tout simplement, et elle chérit aussi sa mère, et cela vingt ans avant moi ! » [8] Tyran ? Bourreau ? En effet, aux yeux de la douce et timide Thérèse, mariée depuis moins d'un an, la vive jalousie de son mari s'exprimait avec une singulière violence. Toutefois, s'instaurait rapidement dans leurs rapports un nouvel équilibre dont le ménage ne se départirait plus. Samuel Pozzi le décrit à son ami Cazalis dans une lettre de Strasbourg où il passe une semaine seul, en 1881, pour méditer sur les changements survenus dans sa vie :

> Nous vivons tranquillement avec le nouvel ordre des choses, moi allant tout le jour à mes occupations de ville et de l'Ecole, Thérèse rentrant très exactement de la rue St. Honoré pour se trouver là à mon arrivée, sa mère évitant avec une discrétion maintenant excessive de se rencontrer avec moi. Tout est régulier, calme et correct. Mais sous ces dehors paisibles, persiste la division irrémédiable et définitive. Du jour où ma femme m'a mis froidement en balance avec sa mère, du jour où elle a envisagé la possibilité d'une séparation et ne l'a repoussée qu'après examen — j'ai senti le *fond* de sa tendresse... Mon amour a été mortellement blessé ce jour-là. Depuis, quoique j'aie fait, quoiqu'elle ait fait elle-même, il n'a fait que languir : maintenant, il est mort...
>
> ... Je serai toujours pour elle le meilleur des amis ; mais je voulais être *plus*, je voulais être *tout* pour elle. Pourquoi ne l'a-t-elle pas voulu ? ... Le mariage est ainsi venu s'ajouter à sa vie de jeune fille, il ne s'y est pas substitué ! [9]

Après ce constat d'échec, Samuel Pozzi se résigne : Lyon a vaincu Bergerac. Mais il demeure encore plein de confiance en ce qui concerne son travail professionnel — même si l'aboutissement de ses efforts ne lui est pas encore apparent — et il arrive à se convaincre qu'une belle vie lui est encore possible. Pour ce qui est de sa femme, il décide de l'aimer bourgeoisement, à la manière ordinaire. Il se réconcilie avec sa belle-famille et autorise sa femme à prolonger ses séjours à Lyon. De son côté, Thérèse s'efforce de partager davantage la vie de son époux. En 1881, en dépit des

---

8. Lettre du 28 mars 1881. Coll. de M. Jean Darquet.
9. Lettre du 12 avril 1881. Coll. de M. Jean Darquet.

réticences de celui-ci, elle l'accompagne en Tunisie, où le ministère de l'Instruction publique lui avait confié une mission. Selon Samuel Pozzi, désormais enclin à ironiser aux dépens de sa femme, ce déplacement ne représentait « ni plus ni moins qu'une *hégire* » [10]. Malgré des efforts de part et d'autre, la cassure qui s'était ouverte dans la vie du couple s'avérerait irréparable. Samuel Pozzi avait renoncé à reconquérir sa femme. Restait un seul espoir pour consolider leur union : l'enfant qui arrivait d'une façon qui paraissait providentielle. C'était Catherine.

10. Lettre à Henri Cazalis du 21 octobre 1881. Coll. de M. Jean Darquet.

II

COMME UN DEVIS D'ARCHITECTE

L'arrivée au monde de Catherine Pozzi le 13 juillet 1882 n'a pas apporté la paix au ménage désuni de ses parents. Toutefois, enfant ardemment désirée, elle n'a rencontré que des sourires autour d'elle dans ses premières années. On la gâtait, on ne cessait de l'entourer de plaisirs dont elle gardera la nostalgie sa vie durant. Elle se souviendra toujours de sa chambre d'enfant remplie de jouets coûteux, à côté du salon, dans le vaste appartement de la place Vendôme où, sous le regard attendri de sa bonne allemande, elle dansait au son du Beau Danube Bleu. C'était une fillette très affectueuse et vive qui adorait jouer.

Samuel Pozzi s'est vite pris d'une grande affection pour son aînée, cette petite fille alerte qui grandissait avec une extraordinaire rapidité. Grâce à sa bonne santé et à sa vivacité, elle répondait, aux yeux de son père, à un certain idéal de vigueur masculine. De son côté, Catherine nourrissait un amour sans réserve pour ce père si beau, distingué, aimant. Dès qu'elle sut écrire, elle lui adressa des lettres auxquelles il ne manqua jamais de répondre. Cette correspondance enfantine — abondante, ironique, heureuse, spirituelle — se maintiendra pendant des années. Bien plus tard elle tombera sous les yeux de Thérèse Pozzi qui s'exclamera : « Mais ce sont des lettres d'amant ! »

Petite fille, Catherine Pozzi passait des vacances familiales dans une villa fleurie en haut des falaises à Puys, plage alors à la mode, près de Dieppe — parfois en compagnie de Leconte de Lisle et de sa femme, le célèbre poète étant très lié avec Samuel Pozzi. Tandis que Catherine jouait avec les galets ou ramassait des moules, le poète parnassien se livrait à de sombres méditations sur le néant, face à la mer immobile et ensoleillée. Le soir, il faisait à Catherine une peur délicieuse en lui racontant des histoires fantastiques. La petite Catherine éprouvait un agréable sentiment de supériorité vis-à-vis de Mme Leconte de Lisle qui ne cachait pas son incapacité à assimiler les règles du jeu de patience. Puis, il y avait des visites aux voisins, à Mme Alexandre Dumas, par exemple. Il y avait aussi la bicyclette, les tours sur son poney gris, et, dès qu'elle put tenir une raquette, le tennis.

Elle passait le mois de septembre à La Graulet, la propriété familiale près de Bergerac que Samuel Pozzi ne cessait d'agrandir et d'embellir. Mais il avait respecté la simplicité de cette vénérable maison périgourdine couverte de lierre et avait conservé ses vieilles tuiles, son antique carrelage dans le corridor, ses pièces ouvrant sur une terrasse dominant la prairie ; il avait également eu soin de garder intacts l'ancien pavillon dans le jardin et les plantations séculaires d'acacias et de hêtres. Mais la mare dormante était devenue un petit lac, les terres cultivées s'étaient étendues toujours davantage ; des vignes avaient été plantées et une véritable exploitation agricole s'était développée, équipée d'impressionnantes cuves, granges et dépendances diverses. C'était sur les longues allées sablées de La Graulet que Catherine Pozzi apprenait à monter à cheval et à faire du vélo. Bientôt, dès qu'elle serait un peu plus âgée, il y aurait les bals et le théâtre improvisé. Les « flirts » aussi, qui révéleraient chez l'orgueilleuse Catherine un esprit moqueur. Ses jeunes soupirants apprendraient à s'approcher d'elle avec une certaine circonspection. En témoigne un billet où son cousin Henri Pozzi-Escot « baise respectueusement les jolis doigts de la fée Catherine, car ils ont des griffes » [1].

Catherine aura du mal à s'affirmer dans l'ambiance masculine qui l'entoure. En dehors de la figure prestigieuse mais souvent lointaine de son père, son entourage immédiat comportait la bruyante et proche présence de ses frères, Jean, venu au monde deux ans après elle, et Jacques, bien plus tard, en 1896. De quatorze ans son cadet, celui-ci fut pendant longtemps plus jouet qu'enfant pour Catherine, chez qui il éveillait un mélange de tendresse et de jalousie. Mais Jean lui posait d'autres problèmes : la légère

1. *Journal*, 12 juillet 1897. CB.

supériorité que l'âge conférait à Catherine était vite effacée par leur différence de sexe. Si, jusqu'à sa première adolescence, le comportement de Catherine, tant physique que moral et intellectuel, prenait des allures garçonnières, c'était en partie grâce à ce rival et compagnon de jeux, à qui elle portait une admiration teintée d'envie.

Elu sénateur de la Dordogne en 1898, Samuel Pozzi sera nommé rapporteur de la commission chargée de la réforme du baccalauréat. Mais son esprit réformateur ne s'étendait pas à l'éducation des filles. A ses yeux, celles-ci, futures épouses, mères et hôtesses, n'avaient pas besoin de latin et de philosophie. Par conséquent, la première éducation de Catherine était celle qu'on jugeait convenable à une fille de son milieu. Selon les normes de l'époque, elle était excellente.

Depuis sa première enfance, elle possédait des éléments de l'allemand, cela grâce aux soins attentifs de sa bonne bavaroise. D'autre part, sa gouvernante, Miss Bruce, n'avait cessé de poursuivre la jeune Catherine d'un « will you speak English ! » péremptoire et avait essayé en secret de la convertir au protestantisme. Elle avait rencontré, dans la première de ces entreprises du moins, un succès considérable ; en effet, comme son père, Catherine Pozzi parlait anglais avec une facilité qui lui permettrait, quelques années plus tard, d'envisager d'émigrer en Angleterre.

Quant à sa formation musicale — pilier de l'éducation bourgeoise et féminine —, elle avait été confiée à partir de 1895 à un professeur de génie, Marie Jaëll, une Strasbourgeoise autoritaire qui avait vite pris un très grand ascendant sur son élève, et qui marquera sa façon de penser encore plus que son style musical. En dépit de tous ses efforts, Catherine Pozzi ne parvint jamais à contenter cette maîtresse exigeante. Mais elle ne se découragea pas pour autant, car elle aimait la musique d'un amour instinctif et passionné : « Quand je suis mauvaise ou triste », confie-t-elle à son *Journal*, « je joue et suis guérie. J'improvise, quand j'ai une pensée. Il faut qu'elle me prenne toute entière, me possède, m'étreigne, et alors mes doigts se posent sur le clavier, et je chante ma pensée mieux qu'avec les pauvres paroles humaines » [2]. Déjà, la musique représente pour

2. 24 janvier 1898. CB.

Catherine Pozzi une ouverture vers des modes de pensée et d'expression plus complexes et mystérieux que ceux qu'elle connaît dans son existence quotidienne.

Elle a beau déprécier les « pauvres paroles humaines », elle s'entraîne assidûment à les manier au cours de diction de Mlle Franceschi. Aux yeux de la jeune Catherine, la poésie est, elle aussi, une sorte de chant et elle s'y adonne avec délices et un talent évident. Dans le cahier où elle consigne les poèmes qu'elle apprend à réciter figurent, en premier lieu, de sombres et retentissantes méditations philosophiques comme *L'Ecclésiaste* et *Le Dernier Dieu* de son vieil ami Leconte de Lisle, celles-ci accompagnées des poèmes de ses jeunes émules comme Paul Bourget et Sully-Prudhomme. En fait, elle y recopie des vers qui jalonnent toute l'histoire de la poésie française de Ronsard jusqu'à Anna de Noailles et à Lucie Delarue-Mardrus. La tristesse vaporeuse des unes et les imprécations viriles des autres devaient naturellement laisser leur marque sur ses propres essais poétiques. Des tout premiers, il reste peu de traces, un esprit critique apparu brusquement dans sa quinzième année l'ayant fait, un jour, jeter au feu presque toute sa production enfantine. Ne subsiste qu'une berceuse écrite à l'intention de son petit frère Jacques. Toutefois, Catherine Pozzi a conservé quelques poèmes composés un peu plus tard, dont plusieurs pièces satiriques où elle prend pour cible son entourage et sa vie domestique. D'autres poèmes sont des variations sur les thèmes conjugués de la fuite du temps et de l'impudicité féminine ; ils s'inspirent évidemment des lectures de l'adolescente Catherine et témoignent de l'éveil de son corps et de son esprit. Elle écrit le plus souvent en anglais, signe, sans doute, de son vif désir de maîtriser cette langue, mais témoignage aussi d'un désarroi profond. Catherine se sent mal dans sa peau, a besoin, en pratiquant une langue étrangère, d'assumer une autre personnalité. Celle qu'elle choisit est souvent masculine.

Son frère Jean Pozzi lui donne des aperçus fascinants sur un monde prestigieux dont elle est, de par son sexe, exclue, celui du lycée Condorcet où il vient de prendre place sur des bancs usés par bon nombre de garçons de talent. Quant à Catherine, elle est reléguée dans un cours de demoiselles dont les insuffisances l'affligent. La littérature française, par exemple, telle qu'elle est présentée dans le cours de Mlle Haussoulier, lui paraît « une littérature “pour jeunes filles” bien fade, bien vertueuse »[3]. Une telle pâture intellectuelle pouvait très bien convenir à ses condisciples mais certainement pas à elle : « Heureusement... je possède une *Histoire de la littérature* de Lanson qui est un chef-d'œuvre », écrit-elle dans son *Journal*, « mais pas pour les jeunes filles, ah non ! Je la lis et apprends dedans tout ce qui manque dans l'autre. L'ignorance de toutes ces jeunes filles, en ce qui concerne la vie, est inénarrable. Petites saintes ignorantes, boutons de rose naïfs, pauvres jeunes filles, je vous plains ! »[4] Elle est résolue à se mesurer aux critères de son frère plutôt qu'à ceux de condisciples qu'elle méprise.

En 1896, dès qu'elle est assez grande pour ne plus porter de jupes au-dessus du genou, ses parents placent ses études sous la direction d'un professeur qui vient à la maison deux fois par semaine. Elle salue ce tournant de sa vie avec un cri de joie : « Hourrah ! Je suis ravie. Quelle veine d'avoir un prof ! Les garçons vont me respecter, et je vais devenir savante ! »[5] Elle le deviendra, en effet, et rapidement, ingurgitant avec un égal appétit les matières les plus diverses : l'histoire, la grammaire, la littérature, la géographie, la physique, le calcul, l'arithmétique. Exclue de la société intellectuelle des camarades de son frère, elle arrivera néanmoins à prendre sa revanche. C'est avec un orgueil légitime qu'elle informe son *Journal* le 24 mars 1897 qu'elle vient de remporter un *nouveau* succès au lycée Condorcet : « J'ai été première en narration (c'est Jean qui a été premier et c'est moi l'auteur de la narration) »[6].

Son professeur, M. Jenn, a beau apparaître place Vendôme deux fois par semaine, sa présence ne suffit pas à chasser le sentiment de solitude qui afflige Catherine Pozzi. Enfant gâtée, adulée, elle supporte mal l'âge ingrat. Adolescente, elle a soin de prendre ses distances par rapport aux rites mondains qui se déroulent sans cesse autour d'elle. En effet, le professeur et Madame Pozzi sont très en vue et les gens les plus célèbres leur rendent visite. Son jour de réception, Madame Pozzi, habillée avec élégance, fait les honneurs

3. *Journal*, 2 décembre 1897. CB.
4. *Ibid.*
5. *Journal*, 23 novembre 1896. CB.
6. CB.

avec grâce en dépit de sa timidité. Dans son *Journal*, la jeune Catherine Pozzi décrit le personnage qui souvent prend place à ses côtés : « Une grande fille, à la taille trop mince, aux jambes trop longues, au corps trop plat, qui offre aimablement des tasses de thé ou de chocolat aux visiteurs de sa mère. C'est moi. Elle s'amuse beaucoup, cette grande fille ; pourquoi a-t-elle un si charmant sourire sur les lèvres ? C'est qu'elle a déjà, hélas, ce vernis mondain, cette cuirasse d'hypocrisie polie » [7].

Le décor où évolue la mélancolique Catherine aux côtés de sa mère est somptueux, et elle en est fière :

> Nous sommes des gens du monde, des gens chics. Le salon de Madame Pozzi est un des plus brillants de Paris. Nous habitons un appartement, Place Vendôme, qui a un loyer de 17 000 francs, nous avons 7 domestiques : deux femmes de chambre, une bonne allemande, une nourrice..., une cuisinière, un valet de pied et un maître d'hôtel ; nous avons une voiture et trois chevaux...
>
> En entrant chez nous, on se trouve d'abord dans une grande antichambre, d'aspect assez sévère. Le salon y correspond. Le salon se compose de deux pièces réunies, une immense et une plus petite. Il est meublé avec assez de goût, tapissé d'étoffes précieuses ; sur les étagères, des bibelots rares et des statuettes ; dans une vitrine, une magnifique collection d'antiquités. Les meubles ont une grande valeur, les tableaux sont admirables, mais malgré la richesse de l'ameublement on n'y est pas plus heureux, et ce grand salon froid a vu bien des drames intimes [8].

En effet, aussi loin que remonte sa mémoire, Catherine a toujours été le témoin du conflit entre ses parents, tantôt larvé, tantôt exprimé avec violence. La distance qui s'était instaurée dans leurs rapports dès le début de leur mariage s'était accrue au fil des années et des disputes, et avait abouti à une sorte de vide glacé dissimulé par la douceur de leurs manières.

Quoique le décor princier de la place Vendôme repose sur la fortune des Loth-Cazalis, tout y proclame la réussite du docteur Samuel Pozzi, ou plutôt les réussites, car elles sont multiples : chirurgien renommé, professeur, membre de l'Académie de Méde-

---

7. *Journal*, 16 février 1898. CB.
8. *Ibid.*

cine, sénateur, il est recherché par les femmes du monde et compte parmi ses amis bon nombre des plus éminents savants et écrivains de l'époque ; parmi ses amies — intimes — figurent des beautés célèbres, comme Sarah Bernhardt, qui l'appelle « docteur Dieu ». Il n'y a rien de discret ni de subtil dans ce vaste salon tendu de rouge où tout — de ses dimensions jusqu'aux collections précieuses qui n'arrivent pourtant pas à le remplir — reflète le maître de maison : son énergie, son goût du panache, ses intérêts divers. Ses meubles Empire sont précieux ; sa collection de statuettes Tanagra célèbre. Sur ses rayons figurent non seulement ses pesantes études médicales, mais aussi des récits de voyages et des poèmes d'une impeccable facture parnassienne. Au physique comme au moral, il ressemble davantage à un prince de la Renaissance italienne qu'à un médecin, et c'est bien ainsi que Sargent l'avait représenté dans le grand portrait en pied qui orne le salon : le regard haut et clair, les cheveux noirs, la barbe taillée en pointe sur un collier de fine dentelle, son élégante main de chirurgien étalée sur la robe d'intérieur rouge vif qui le revêt, Samuel Pozzi s'y présente de face sur fond rouge sombre.

Catherine pouvait voir une certaine ironie dans le titre de ce portrait : « Docteur Samuel Pozzi dans son intérieur. » Bien souvent son père n'était présent dans ce salon que sous la forme de cette image. Le docteur lui-même était ailleurs — chez un prince, un académicien, une actrice. Restait à la maison, Thérèse Pozzi, mère admirable quoiqu'un peu distante, toujours habillée de robes gracieuses, toujours occupée à considérer son mari et ses « fautes » — ou bien perdue dans « le tourbillon des courses à faire, des visites, des essayages, des emplettes, des soirées à l'opéra et des dîners » [9]. Parfois, sa mère semblait à Catherine un être aussi fuyant que son père.

Négligée par ses deux parents, elle commence graduellement au cours de son adolescence à douter surtout de l'amour de son père. A ce propos, des souvenirs affligeants lui reviennent constamment en mémoire : pourquoi, en pleine crise de péritonite, à onze ans, son père l'a-t-il laissée au plus mal pour assister à un congrès en Amérique ? Une autre image surgit parfois d'un passé encore plus ancien : « Peut-être j'avais cinq ans — ou six ans — dans la chambre

9. *Journal*, 11 octobre 1896. CB.

verte place Vendôme ; la scène épouvantable entre [mes parents], moi poussée au milieu — je m'enfouis, je tombe en sanglots dans ma chambre, n'ayant rien compris sauf que tout s'effondrait autour de nous. » [10] Petite fille dont l'entendement n'était pas encore formé, elle a dû néanmoins porter un jugement sur ses parents. Elle le faisait contre son gré, avec désespoir, prenant de plus en plus le parti de sa mère contre son père adoré. Quand Samuel Pozzi délaisse son foyer, c'est souvent pour se soustraire au regard accusateur de sa fille aussi bien qu'à celui de sa femme.

Sans doute les « drames intimes » qui se succèdent chez Catherine Pozzi depuis son enfance sont-ils à la racine de sa vocation littéraire. Au fond, elle s'est toujours sentie solitaire, incomprise, même par ceux qui lui étaient les plus proches. « A qui pourrait-elle se confier ? ... Près de qui pleurer ? Avec qui sourire ? Hélas, avec personne », écrit-elle dans son *Journal* le 24 octobre 1896. « Et voilà *pourquoi* j'écris, je pense et j'espère sur ces feuilles... O mon ami ! O ma chose à moi, ma chose adorée ! Oh combien je chéris chacune de ces feuilles où mon âme est écrite !!! » [11] Incomprise, n'étant pas parvenue à nouer un vrai dialogue avec ses proches qui parfois lui paraissent aussi étrangers que les passants anonymes qu'elle voit errer la nuit sur la place Vendôme, elle se construit une amie pour qui elle s'éprend d'une véritable passion. Et cette amie est elle-même ! Sujet, elle se constitue objet dans son *Journal* ; en y déployant sa vérité, en s'identifiant à son image écrite, elle initie la vaste entreprise de construction d'elle-même qu'elle poursuivra pendant toute sa vie.

Adolescente rêveuse et passionnée, elle souhaite aimer d'amour, et ce sont les pages de son *Journal* qui recueillent naturellement ses confidences. Si cruelle est sa solitude, si pressant son besoin, qu'une image masculine surgit des pages où elle déverse le trop plein de son âme : « J'ai aimé un homme, un homme de mon Rêve. Un homme dont l'âme était belle, et forte, et noble, et grande, et qui me comprenait... Et alors, je lui disais tout... Et il me répondait que, lui aussi, il avait pleuré. » [12] Il ne la quittera plus, ce personnage masculin créé par l'amoureuse de quatorze ans. En partie elle-même,

---

10. Lettre du 17 juin 1918 à Mme Bulteau. CB.
11. CB.
12. *Journal*, 22 juin 1897. CB.

en partie la personne qu'elle souhaitait être, cette image l'accompagnera pendant toute sa vie. Plus tard, quand elle fera la connaissance d'André Fernet, ensuite celle de Paul Valéry, elle aura l'impression de voir ce rêve réalisé. Il nourrira toute son œuvre littéraire.

Solitaire, ayant douté de l'amour de ses parents, elle doute de tout et surtout d'elle-même. Une jolie taille, de beaux cheveux, des dents blanches ne suffisent pas à lui donner confiance ; elle trouve son nez trop grand, son teint trop brun et se croit obligée de se rabattre sur son charme. Elle est persuadée qu'elle sera malheureuse en amour, car elle se croit inapte à inspirer une passion tout en étant capable d'en éprouver, et craint que ceux qui demanderont sa main soient attirés par sa dot plutôt que par sa personne.

Mais ce doute, inspiré par le désaccord qui régnait au sein de sa famille, allait beaucoup plus loin, et a fini par porter atteinte à sa foi religieuse. En dépit de la mondanité trépidante qui régnait chez ses parents, des discussions sérieuses portant sur la religion et la morale n'étaient nullement étrangères à la maison. Fils de pasteur, son père avait la manie de citer la Bible à toute occasion. Ses études scientifiques et son long exercice de la médecine expérimentale avaient éliminé de son protestantisme natif l'essentiel, la foi en Dieu, le laissant avec une incroyance souriante et tolérante. Mais il demeurait néanmoins chez lui bien des aspects de la religion de son enfance, une tendance à moraliser, par exemple, et un penchant à confondre le travail opiniâtre et la vertu. Chez son grand-père, le pasteur Benjamin Pozzi, que Catherine voyait tous les ans pendant les vacances, elle observait d'autres aspects de la foi de ses ancêtres, qu'une brillante carrière et la fréquentation du monde n'avaient pas tout à fait effacés du comportement de son père : l'intransigeance dans la défense de ses convictions et le goût de la simplicité. Tout se passait comme si la poursuite de l'union avec la divinité, dont témoignait la vie de son grand-père, avait été laïcisée en une énergique quête de la réussite sociale chez Samuel Pozzi. Catherine se reconnaîtra héritière des tendances transmises par son père. Mais étant entrée en conflit avec lui, elle souhaite prendre ses distances avec l'austère tradition protestante. Son éloignement s'exprime en termes d'incompatibilité de style ; la simplicité qu'elle voit chez son grand-père lui déplaît : « Tous les jours, avant que de manger, il ôte son bonnet de concierge et commence une prière à son Dieu, qui, quoiqu'y ressemblant superficiellement, n'est pas le mien. Il parle et demande comme on le ferait à un ancien ami d'enfance, tutoyant l'Etre Suprême avec un sans gêne qui me déracine. Il demande à Dieu ses grâces divines comme on demanderait un verre de vin à un ami. »[13]

Le catholicisme de sa grand-mère Félicité Loth-Cazalis, appelée par Catherine familièrement « Mame », était bien davantage à son goût. Grande bourgeoise de Montpellier, mariée à Lyon, celle-ci était imbue de principes, monarchiques en politique et orthodoxes en religion, qu'elle n'avait pas tout à fait réussi à transmettre à sa fille Thérèse mais qu'elle entendait néanmoins inculquer à sa petite-fille. Dans ce but, elle les amenait souvent à l'église de la Madeleine où elles faisaient leur communion toutes les trois. Samuel Pozzi, qui avait l'incroyance tranquille, n'y voyait pas d'inconvénient, étant persuadé de l'influence bénéfique de la religion, quelle qu'elle soit, sur la jeunesse.

Ses parents n'étant d'accord sur rien, Catherine doutait aussi de la religion catholique. Au fur et à mesure que son esprit s'éveillait, elle se contentait de plus en plus mal des réponses fournies par les prêtres de service aux questions qui commençaient à l'obséder : « La mort est-elle tout ? Est-ce une prison dont on ne sortira plus ? Est-ce une délivrance qui nous conduit au bonheur ? ... L'âme existe-t-elle ? ... Pourquoi avons-nous été tirés du néant ? »[14] Sous la poussée de sa croissance elle sentait le besoin de secouer le joug parental et, à l'âge de quinze ans, a annoncé un jour tranquillement à sa grand-mère qu'elle ne croyait plus dans le Dieu de l'église de la Madeleine. Dieu lui paraissant soit un tyran, soit une bonne farce, elle n'aurait pas l'hypocrisie d'agir comme par le passé. Elle avait décidé de mettre ses actes en accord avec sa pensée mais, en refusant désormais la communion, elle avait déclenché un scandale familial. Sa mère et sa grand-mère eurent beau exercer toute leur autorité, elles ne parvinrent pas à vaincre sa résistance obstinée.

Solitaire, désemparée, la jeune révoltée cherche des appuis partout et finit par en découvrir plusieurs dans la bibliothèque paternelle. La poésie de Madame Ackermann, dont le nihilisme apocalyptique semble exprimer parfaitement son propre désarroi, lui apporte le premier : « Oh que je comprends cette femme d'avoir

---

13. *Journal*, s.d. (1897). CB.
14. *Journal,* 15 octobre 1897. CB.

ainsi souffert pour avoir douté ! »[15] Dans l'éloquent apostrophe que cette âme-sœur adresse à Pascal dans le *Dernier mot* (que Catherine recopie intégralement dans son *Journal*) elle trouve à la fois une évocation succincte de son impasse intellectuelle et une leçon de stoïcisme dont la noblesse la touche :

> Pour avoir reculé devant le mot : j'ignore,
> Dans quel gouffre d'erreurs t'es-tu précipité !
> Nous, nous restons au bord. Aucune perspective
> Soit Enfer, soit Néant, ne fait pâlir nos fronts,
> Et s'il faut accepter ta sombre alternative,
> Croire ou désespérer, nous désespérons.

Cependant, ayant découvert « dans un coin noir, poudreux » de la bibliothèque de son père « une mine de philosophes », c'est plutôt vers eux qu'elle se tourne pour chercher la réponse aux questions qui la tourmentent. « Oh apprendre ! apprendre ! apprendre ce que les jeunes filles ne savent pas, mais ce qui me tient, m'enfièvre : le pourquoi, le pourquoi de la vie... »[16] Elle dévore l'œuvre de Taine à toute vitesse, se réservant la lecture de Renan pour plus tard, comme une sorte de dessert, et s'empare aussi de *La Généalogie de la morale* de Nietzsche. Dans un premier temps, elle croit que ce dernier lui apporte la solution aux problèmes qu'elle se pose et elle l'accueille comme une sorte de messie diabolique : « Il m'a fait voyager à travers le monde, il m'a fait toucher du doigt toutes les misères et toutes les hypocrisies ; il m'a tendu la coupe empoisonnée, j'y ai bu à pleines lèvres... et je suis guérie. ... J'ai d'abord vu la *bêtise* de toute religion... J'ai connu l'*absurdité* de l'hypothèse de Dieu, d'une immortalité de l'âme, d'une âme. Et cette *absurdité* même m'a guérie. Je n'ai plus pleuré de ne pas croire, car j'ai ri en voyant ceux qui croyaient. »[17] Mais un mois plus tard, elle se reprend ; les conséquences de cette doctrine astringente avaient commencé à effrayer l'apprenti philosophe : « J'ai été trop loin. *Tous*, — ceux même qui ont secoué l'inepte joug du dogme — doivent croire en l'utilité, en la bonté, au besoin de la morale — et quand bien même ils douteraient de sa vérité. »[18] Surgit, du fond du marasme où

15. *Journal,* septembre 1897. CB.
16. *Journal,* 10 mai 1898. CB.
17. *Journal,* 3 mai 1898. CB.
18. *Journal,* 11 juin 1898. CB.

Catherine s'était débattue, momentanément ébranlé, le vieil édifice de valeurs spirituelles qu'elle s'efforcera par la suite de consolider et de rendre compatible avec la science et avec la notion de progrès. C'est ainsi qu'elle proclame fièrement : « L'homme n'a pas d'âme ; il s'en fera une. Il est foncièrement bête, lâche et mauvais : son âme sera intelligente, courageuse et bonne. ... Croyez au mensonge, donc, ayez une âme. »

Pour construire la sienne, elle a recours à une autorité reconnue : à l'âge de 15 ans, elle se met sur les bancs de la Sorbonne pour assister au cours de Victor Brochard sur « La Morale des Epicuriens et des Stoïciens ». Sans doute cherche-t-elle chez Zénon, Epicure, Platon, Epictète une philosophie qui puisse l'aider à supporter une pénible situation domestique. Mais, avec la morale des stoïciens — éviter la douleur —, elle apprend en même temps leur physique : une vision unitaire du monde où la force est indissociable de la matière et où les âmes humaines, constituées par la réunion provisoire des atomes, sont continuellement en train de se désagréger et de se reconstituer. Ce sont des notions que Catherine ne cessera d'approfondir pendant le restant de sa vie.

Certes, elle n'était pas encore allée très loin dans les chemins de la connaissance, mais déjà, derrière les questions qu'elle se posait avec anxiété, se profilaient les tendances profondes qui caractériseraient toute sa vie intellectuelle et affective future. Sans doute a-t-elle hérité des sévères ancêtres paternels le sentiment d'indignité qui l'accable, sentiment qui n'est que l'envers d'une soif de certitude, d'absolu, de perfection. Dans la tradition protestante, on y parvient par le mérite et on mérite par le travail : « Je crois encore », écrit Catherine Pozzi dans son *Journal*, « (et ceci n'est pas du tout catholique), que les âmes ne parviennent à Dieu que quand elles sont toute Intelligence, toute Sagesse, tout Amour. Une âme humaine arrive rarement à cet état de perfection. Celle qui n'y arrive pas ne peut aller vers lui. » [19] Cette exigeante quête de sa quinzième année, cette poursuite acharnée de l'idéal, ne quittera plus Catherine Pozzi.

Ses doutes, son manque d'assurance dans la vie contrastent singulièrement avec le but élevé qu'elle se propose d'attendre. Dans un effort pour se hausser à ce niveau d'exigence, elle conçoit un vaste programme de perfectionnement personnel. Celui-ci, d'ordre

19. *Journal*, s.d. (1897). CB.

exclusivement intellectuel au début, est projeté loin dans l'avenir : « Quand je serai mariée (si je me marie), en tout cas quand j'aurai 21 ans, je ferai mon coup d'état. Cela sera : rassembler tous les livres sur le protestantisme, tous les livres sur le catholicisme, tous les livres écrits sur les diverses philosophies ; et tous les livres aussi d'Ernest Renan. Je lirai tout cela patiemment, peu à peu. Et je tâcherai de me former une opinion. Je sortirai de ces lectures, ou protestante enragée, ou catholique endurcie, ou swedenborgiste, ou matérialiste convaincue ; l'avenir décidera. » [20]

Elle n'attendra pas sa vingt et unième année pour entreprendre ce programme, elle s'y met tout de suite. En un sens, elle restera toute sa vie cette jeune personne inquiète et passionnée, tourmentée par le doute, à mi-chemin entre une enfance gâtée et les troubles de l'âge adulte.

En 1922, à quarante ans, elle commencera à dessiner dans un conte, *Agnès*, un portrait d'elle-même adolescente [21]. Tout y est fidèlement reproduit : le cadre somptueux de la vie familiale, le père adoré et distant qui répond aux « chères amies » qui l'appellent au téléphone devant sa fille mystifiée, la grand-mère, la crise religieuse, surtout le projet de réforme personnel. Agnès, comme Catherine Pozzi, propose de se remodeler à force de volonté et de travail, et dans ce but commence par épingler sur le mur de sa chambre deux feuilles de papier : « Ce n'est pas précisément un devoir, c'est un projet ; quelque chose comme un devis d'architecte. C'est l'état premier de la construction *Agnès*. » [22] Sur ces feuilles, chacune divisée en trois colonnes, Corps, Ame, Esprit, figure un inventaire de ses qualités actuelles, et en regard une liste des perfectionnements qu'elle se propose d'acquérir. Pour ce qui est du corps, elle veut améliorer ses performances en golf, en tennis, en danse, en équitation ; quant à son caractère, elle souhaite apprendre la possession de soi, la gaieté, le naturel, la douceur ; intellectuellement, elle voudrait être capable de suivre le raisonnement le plus ardu, et par conséquent entreprend des études d'histoire religieuse, de philosophie, de physiologie, de physique et de chimie.

---

20. *Journal*, 23 octobre 1897. CB.

21. *Agnès* paraîtra sous les initiales énigmatiques C.K. (Catherine-Karin) dans la *N.R.F.* le 1er février 1927.

22. *Agnès*, nouvelle, préface de Lawrence Joseph, Éditions de la Différence, 1988, p. 26.

La perfection que poursuit Agnès a des traits masculins. Comme Catherine Pozzi elle-même qui, tout au long de son adolescence, s'adresse dans une série de lettres ardentes à un amant imaginaire, Agnès se crée un amoureux sans nom ni visage dont elle souhaite se rendre digne. Le but visé par Agnès en imaginant ce personnage idéal, est celui de Catherine Pozzi : se dépasser, sortir d'elle-même. Son entreprise est celle des mystiques continuellement tendus vers un au-delà qui se dérobe toujours à leur poursuite. Le nom Agnès qui évoque le dieu du feu dans la mythologie hindoue signifie en grec « pure ».

Mais Catherine, pas plus que son personnage, ne trouve l'assurance personnelle ni la certitude métaphysique qui lui manquent. Bien au contraire, un sentiment accablant de sa propre abjection ne cesse de croître chez elle, au point de lui faire envisager le suicide à plusieurs reprises. Tombée gravement malade de l'appendicite en 1899, elle accueille le danger qui pèse sur elle comme une délivrance et rédige avec une évidente satisfaction un testament, le premier d'une série qui jalonnera toute sa vie.

On opère Catherine en mai 1899 et le danger s'éloigne. Elle passe l'été à reprendre ses forces dans une villa à La Chapelle d'Orgeval, près de Poissy. L'endroit lui ayant plu, elle y retourne l'été suivant, en excellente forme physique cette fois, mais toujours mélancolique. Essayant de se divertir comme elle peut, elle invite des amis — Lydia Menicanti, André Troisier — à venir la voir pour jouer la comédie comme à La Graulet. Elle s'y amuse, en effet, mais d'autres initiatives lui apportent moins de satisfaction. Ses voisins, M. et Mme Goriani, croient faire naître, sinon un coup de foudre, du moins une étincelle, en présentant Catherine, qu'ils considèrent quelque peu sauvage, au peintre Alfons Mucha. Peine perdue : tout en trouvant ce « gros garçon blond et mielleux »[23] parfaitement affable, elle s'ennuie chez lui et n'y retourne pas.

En septembre 1900, à dix-huit ans, elle accompagne sa grand-mère maternelle « Mame » et son frère Jean en Italie. Mais Catherine a beau se promener parmi les merveilles de la péninsule, le voyage la déçoit : à Venise, elle est consternée par son ignorance de l'art et de l'histoire, exténuée par ses visites à d'innombrables églises, offusquée par la vulgarité des autres touristes. Arrivée à Rome en

---

23. *Journal,* 27 juillet 1900.

octobre, elle n'est préoccupée que par l'inconfort du voyage qu'elle présente comme une suite ininterrompue de corvées et de privations domestiques : « M'habiller seule, me coiffer sans femme de chambre, soigner mon linge, arranger mes cravates, mettre mes souliers, vider mes cuvettes, dormir dans des lits durs, y être réveillée par les moustiques, par le jour ou par le tapage des domestiques, ne pas pouvoir changer de linge plusieurs fois par semaine ! » [24] Elle a hâte de rentrer.

Mais Paris, qu'elle retrouve le même mois, semble avoir perdu son charme. Catherine est dégoûtée par l'atmosphère de foire qui règne à l'Exposition Universelle et, déclarant ne rien comprendre aux machines qui fascinent les foules, ne tarde pas à partir pour La Graulet. Elle n'y reste pas longtemps : sa mère est souffrante et elle doit l'accompagner à Biarritz en novembre. Là, elle s'ennuie de nouveau. Pour se distraire, elle ne trouve pas mieux que de dire du mal de ses partenaires au tennis et de déclamer des vers de Leconte de Lisle, seule, face à la mer.

Il en sera de même dans tous les lieux de villégiature qu'elle visitera au cours des années suivantes : Sils, Cannes, Bayreuth, Séville, d'autres encore ; dans tous elle promènera sa mélancolie d'adolescente mal-aimée, assoiffée d'amour et d'absolu. Prisonnière du luxe et rebutée par l'inconfort, elle ne sait pas comment s'y prendre pour atteindre toutes les perfections dont elle rêve. Se sentant obligée de faire quelque chose de sa vie, elle se pose, avec une angoisse croissante, la question : quoi, exactement ?

---

24. . *Journal*, 1er octobre 1900. CB.

III

VIVRE SEULEMENT DANS MA TÊTE

Les Pozzi ont un rang à tenir dans la société et ils le font avec éclat. Dans ce but, grâce à l'argent de Thérèse, ils se construisent vers 1900 un immeuble imposant, 47, avenue d'Iéna. L'entrée franchie, c'est à droite, par une majestueuse série de gradins, que les malades et les visiteurs accèdent au domaine personnel du professeur ; sa femme et sa belle-mère règnent à gauche. Sauf pour le déjeuner du dimanche, il n'y pas beaucoup de communication entre les deux côtés car, avenue d'Iéna, Samuel Pozzi vit pratiquement séparé de sa femme.

Petite fille, Catherine avait écouté avidement, place Vendôme, les bruits qui provenaient du salon où ses parents accueillaient le Tout Paris. On y menait grand train : Madame Pozzi avait son « jour » et ses soirées musicales défrayaient la chronique dans le *Figaro* et dans le *Gil Blas*. Mais avenue d'Iéna, l'âge ingrat dépassé, elle avait de plus en plus accès au vaste cercle de relations qui gravitait autour de ses parents, attiré sans doute davantage par le brillant Samuel Pozzi que par sa souriante mais taciturne épouse. Dans ce monde, les écrivains étaient particulièrement nombreux. C'était donc de par sa naissance que Catherine Pozzi avait droit de cité dans la République des Lettres.

Toutefois, pendant des années où l'Affaire Dreyfus déchirait la France, Samuel Pozzi, comme beaucoup de Français, choisissait ses relations plus en fonction de ses opinions politiques que de ses goûts littéraires. Si sa prise de position dans l'Affaire — il plaidait la cause du capitaine à qui voulait l'entendre — avait éloigné de lui certains de ses meilleurs amis, en revanche elle le rapprochait de tout un monde qui partageait ses convictions ardemment dreyfusardes et qu'il retrouvait chez Madame Arman de Caillavet, chez Madame Emile Straus et chez Madame Aubernon de Nerville. C'était dans ces prestigieuses maisons amies qu'il se liait avec Anatole France, par exemple, et avec le jeune Marcel Proust (qui dans la *Recherche* devait représenter Samuel Pozzi sous les traits peu flatteurs du docteur Cottard). Chez la princesse Mathilde, il voyait des mondains, comme le neveu de son hôtesse impériale, le comte Primoli, qui allait devenir également l'ami de Catherine. Mais parmi les nombreux salons fréquentés par Samuel Pozzi, où le monde de la politique rejoignait celui de la littérature, un des plus importants pour l'avenir de sa fille était celui de Mme Augustine Bulteau, romancière et — sous le nom de « Foemina » — chroniqueur au *Figaro*. Comme Anna de Noailles et sa sœur Hélène de Chimay, Catherine Pozzi prendrait place, le jour venu, parmi les admirateurs de cette femme autoritaire qui s'arrogeait le droit de diriger la vie privée de ses protégés.

A côté de cette société, Samuel Pozzi en fréquentait une autre, dont certains membres, aussi distingués, baignaient dans une atmosphère morale qu'il est convenu d'appeler « décadente ». Il était de toutes les fêtes fastueuses du prince des esthètes, le comte Robert de Montesquiou, fidèle ami et respectueux admirateur de sa fille Catherine [1]. Dans ce monde, la notion de décadence n'était pas seulement une catégorie intellectuelle ; certains de ses membres, atteints de maladies plus ou moins avouables, avaient recours aux soins professionnels de Samuel Pozzi : parmi les plus célèbres, le redoutable Jean Lorrain, poète, romancier et chroniqueur fielleux, ainsi que l'érudit conteur Marcel Schwob qui, lui, deviendrait un guide spirituel pour Catherine.

A la mort de Leconte de Lisle, en 1895, Samuel Pozzi avait été nommé son exécuteur testamentaire littéraire. Son amitié pour le poète disparu l'avait conduit tout naturellement à fréquenter le salon

---

1. Il écrit, par exemple, sur l'exemplaire de *Prières de tous* (1902) qu'il lui offre :

Une plante bien née associe, en sa tige,
Les diverses vertus de son plant nourricier ;
Ainsi vous unirez la douceur au prestige,
Et, le lierre fidèle, au durable laurier.
(CB).

de son disciple préféré et imitateur le plus habile : José-Maria de Heredia. Dans les dernières années du siècle, il y retrouvait un groupe de jeunes adeptes de la chapelle symboliste venus pour fumer et pour parler poésie, certes, mais aussi pour faire la cour aux trois ravissantes filles du poète, Marie, Hélène et Louise. Ces jeunes gens avaient fondé une sorte de club littéraire, l'Académie Canaque. Celle-ci, parodie de l'autre Académie, comptait parmi ses membres non seulement Paul Valéry, qui s'était fait remarquer par son discours de réception muet, mais aussi Pierre Louÿs, Henri de Régnier, Marcel Proust et Léon Blum. C'est parmi les familiers de ce salon fréquenté par son père que Catherine Pozzi allait nouer certaines de ses relations les plus intimes, celle, par exemple, qui la lierait pour le reste de sa vie à la reine des Canaques, Marie de Heredia, et à son mari Henri de Régnier.

Catherine se plaint souvent d'être délaissée par ses parents. Sa mère lui semble perpétuellement en visite, son père cantonné dans le domaine qui lui est réservé avenue d'Iéna, quand il n'est pas en voyage, dans le monde ou chez une de ses maîtresses. Vis-à-vis d'eux, elle n'adopte pas le ton de raillerie dont elle use auprès de ses contemporains pour se donner une contenance ; elle adopte plutôt le masque de la froideur. Il lui est plus facile d'exprimer à ses parents l'amour qu'elle leur porte par écrit qu'en leur présence. Une lettre d'adieu adressée à sa mère qui partait pour La Graulet en 1900 explique son dilemme : « J'ai tout d'un coup très peur que tu croies que ça m'est égal de te quitter, et cette idée m'envahit, c'est bête ; j'ai l'air froid, je sais, mais si j'aime et si je tiens à un être au monde, c'est à toi... Ma petite maman, je voudrais que tu saches que... je ne suis pas un papa Pozzi qui accepte tout des autres sans le sentir ! » [2]

Elle nourrit un ressentiment particulièrement vif contre son père qui, à son avis, manque à ses devoirs les plus élémentaires envers elle : « J'aurais pu aimer papa encore plus que maman », écrit-elle dans son *Journal*, « parce qu'il est tellement de la même essence que moi, et que je l'admire en le connaissant. Il est ce que j'aurais pu être si les circonstances avaient été favorables à mon développement moral et si l'on s'en était soucié... Or, je le déteste presque, en

---

2. 20 septembre 1900. CB.

pensant à ce que nous aurions pu être l'un pour l'autre, et qui, par lui, n'a pas été »[3].

Dans les querelles domestiques qui déchirent le ménage, Catherine se range carrément dans le camp de sa mère dont elle adopte le point de vue moralisateur, offensant ainsi son père, aussi passionnément aimé que haï. Catherine récuse l'image qu'il se fait d'elle : elle n'est pas, comme il semble le penser, une « enfant aigrie à l'affût du mal, trop rapide et trop injuste dans ses parti-pris prévus d'avance »[4]. Accusée de sécheresse, elle retourne le reproche à son père : il ne s'était pas soucié d'accorder leurs intellects, et c'est l'intellect qui commande son affection. Tout en affirmant qu'elle ne s'était pas complètement détachée de lui pour autant, elle avoue néanmoins : « Il m'est très difficile de t'écrire quand je n'ai pas une ou deux petites histoires à te raconter, parce que nous sommes trop loin l'un de l'autre pour que nos vrais nous-mêmes se parlent, et que c'est seulement de vrais nous-mêmes dont il s'agit dans les lettres qui ne racontent rien. Je ne puis écrire de celles-là qu'à mes amis les plus amis. »[5] Son père n'est évidemment pas de ce nombre.

L'éloignement de ses parents, le caquetage des salons où elle fait semblant de s'amuser, tout cela avait fini par façonner une Catherine souriante mais profondément malheureuse. Sous le personnage de la jeune fille du monde, l'œil vif, l'esprit mordant, il y a une autre Catherine, timide, tendre et solitaire. Divisée, elle aspire à l'intégrité. Le compromis la blesse.

Au cours de l'été 1903, dans un palace en Engadine, elle rencontre une personne, malheureuse comme elle, qui la première trouve le chemin qui mène à cette autre Catherine. Elle s'appelle Audrey Deacon. Américaine, elle a un long corps gracieux, un profil pur, et vit d'une poésie extravagante faite de souvenirs cueillis dans ses voyages à travers deux continents. Pudique comme Catherine, elle ne montre pas sa souffrance ; on la devine. Pendant les deux mois qu'elles passent en Engadine, les jeunes filles ne se quittent pas. Catherine découvre avec stupeur et effroi qu'elle est amoureuse.

Peu à peu elle apprend que la mélancolie qui accompagne partout sa nouvelle amie est largement motivée. Son père avait été

3. *Journal,* 23 août 1900. CB.
4. Lettre du 30 novembre 1904 à Samuel Pozzi. CB.
5. *Ibid.*

abattu d'un coup de revolver par l'amant de sa mère à Cannes en 1893. Sa mère, Florence Baldwin, devenue maîtresse de prince, ne pouvant pas s'encombrer de ses quatre filles dans ses pérégrinations à travers l'Europe, les avait mises au couvent en Angleterre et en Bretagne, quitte à les promener pendant les vacances dans les grandes villes de France, d'Allemagne et d'Italie. Audrey, qui avait le sentiment d'être plutôt une charge qu'une joie pour sa mère, se sentait encore plus malheureuse quand elle se comparait à sa sœur aînée, Gladys, une des plus célèbres beautés de l'époque, qui avait hérité de toute l'énergie et l'ambition maternelles [6].

Par pudeur, par peur d'être blessée, Catherine Pozzi n'ose pas s'avouer qu'elle aime ; en fait, ce n'est qu'après son retour à Paris qu'elle commence à voir plus clair dans ses sentiments. Elle ose alors les exprimer timidement par écrit et — protection de plus — en anglais. Elle adresse ses lettres à *My dear Ship*, c'est-à-dire au bateau qui glisse au loin. Elle craint que, aussitôt trouvée, Audrey ne lui échappe ; sa famille, comme les Pozzi, a ses rites et obligations, et Audrey sera bien obligée de se déplacer dans son sillage. Catherine elle-même sera contrainte d'accompagner ses parents dans les Pyrénées avant le séjour annuel à La Graulet. Elle échafaude pour l'hiver tout un rêve de travail partagé avec Audrey au Quartier Latin. Même loin, Audrey permet l'épanouissement chez Catherine de la partie de son être occultée par sa personnalité mondaine. « Il n'y a rien de si épuisant », écrit-elle à Audrey, « que de ne pouvoir jamais être avec les autres *soi* tout entier, que d'être toujours contraint de ne laisser voir qu'un petit *soi* raccourci. Savez-vous ce qu'est la vraie amitié ? C'est pouvoir vis-à-vis d'un autre laisser voler *tous ses soi-mêmes* à la fois... Cette amitié-là, il faut qu'elle soit la nôtre, n'est-ce pas ? » [7]. Catherine se connaît multiple. En osant se révéler à Audrey, elle s'affirme et se libère d'un poids de répression.

Le bonheur parisien dont elle avait rêvé s'avère de courte durée. Au cours de l'hiver, Audrey doit accompagner sa mère à Rome. Aussitôt hors d'atteinte, « Ship » tombe malade et écrit peu. Son

---

6. Cette ambition sera satisfaite bien au-delà de toute attente par son mariage avec le duc de Marlborough. Gladys, qui avait piqué la curiosité de Marcel Proust, épousera le duc après avoir suscité des passions chez des personnages aussi divers que Bernhard Berenson et le Kronprinz d'Allemagne.

7. 1er septembre 1903. CB.

laconisme inspire de sombres pressentiments à Catherine Pozzi qui ignore la gravité du mal dont son amie est atteinte. Dans ses lettres, Catherine entrevoit la possibilité d'une séparation permanente et s'efforce de se montrer généreuse : « Il y a quelque chose d'inévitable dans notre amitié — elle ne dépend pas tout à fait de nous. Je sens cela avec une telle évidence que si jamais tu devais me quitter pour toujours, je n'essaierais pas de te rappeler. » [8] En effet, Audrey est en train de la quitter pour toujours. En réponse aux longues et tendres lettres de Catherine, elle n'envoie que des cartes postales qui révèlent sa dépression, et bientôt sa hâte d'en finir.

Au printemps 1904, son état s'étant aggravé, Audrey s'installe dans une *casa di cura* à Florence où, entourée par une gouvernante et des infirmières anglaises, elle est soignée par le docteur Troisier, ami proche du professeur Pozzi. En avril, Troisier fait un diagnostic dont il ne cache la gravité ni à Catherine ni à la malade elle-même : c'est le cœur qui est atteint. Bientôt des hallucinations succèdent à l'agitation qui avait empêché Audrey de trouver le repos : prévoyant sa mort, elle en fait une description burlesque accompagnée de mimes devant ses gardes épouvantées. Elle refuse de revoir sa mère et sa sœur Gladys, et quand elle s'éteint au mois de mai c'est plutôt Catherine Pozzi qu'elle appelle dans son délire.

Ayant définitivement pris le large, celle que Catherine Pozzi avait baptisée « Ship » ne disparaît pas pour autant de sa vie. Au contraire, la mort d'Audrey Deacon donne une consécration solennelle au lien spirituel qui l'unit à Catherine Pozzi. Une image angélique de la jeune fille morte à dix-neuf ans, soustraite ainsi à l'usure du temps, se fige chez Catherine Pozzi pour former la première icône sacrée d'un panthéon d'amis disparus qui, sous peu, en comptera bien d'autres. Morte, Audrey Deacon demeure néanmoins dans l'imagination de son amie une présence tutélaire ; éloignée, elle peut être rappelée. Catherine Pozzi fera souvent cette expérience, et Audrey Deacon répondra toujours. Chez Catherine, le passé ne se borne pas à influencer le présent, il lui est consubstantiel. Dans son deuil — vive irruption en elle de son passé —, Catherine Pozzi subit la première apparition d'un motif complexe, philosophique et visionnaire à la fois, dont toute son œuvre poétique sera nourrie.

---

8. Lettre en anglais écrite vers le 20 février 1904, (trad. L.J.). CB.

En janvier 1905, Catherine rencontre dans le monde une jeune femme qui, elle aussi, reste tendrement attachée au souvenir d'Audrey Deacon. Peu après, elle reçoit dans son courrier des vers inspirés par leur deuil commun. Catherine Pozzi n'est pas frappée par leur qualité : tous les poncifs que pourrait inspirer à un lecteur de la poésie romantique la mort d'une personne jeune et belle y défilent en bon ordre. Toutefois, à travers ce tissu de lieux communs, Catherine sent l'intention évidente d'assurer la survie poétique de leur amie et elle en est touchée.

L'auteur de ces vers est une jeune Américaine qui porte le prénom quasi masculin de « Georgie ». Mariée à René Raoul-Duval, elle a des ambitions littéraires et fréquente le cercle de Colette et de son mari Willy dont elle avait été la maîtresse — et probablement le partenaire, dans les rapports à trois dont il était friand [9]. Sa notoriété est grande, car sa sexualité s'affiche d'une façon ostentatoire, et s'adresse tant aux femmes qu'aux hommes.

Georgie entreprend immédiatement la conquête de Catherine, commençant par une analyse de son écriture. Les conclusions qu'elle en tire sont loin d'être désintéressées : elle a tendance à confondre ses souhaits avec la réalité. Mais elle ne se trompe pas en voyant chez elle :

> Le besoin de l'animal encore jeune du rire, du mouvement, de la joie physique, de vivre librement.
>
> Une sensualité délicate et *forte* qui a des racines très profondes dans la sensibilité. Sensualité des choses et du moi ; avec une grande fierté mélancolique.
>
> Une tendresse qui connaît sa force et en a peur [10].

Solitaire, renfermée, timide mais assoiffée d'affection, Catherine Pozzi se sent puissamment attirée par Georgie et répond à ses

9. L'œuvre littéraire de Georgie Raoul-Duval est en anglais. Poète et romancière, elle est l'auteur de *Shadows of Old Paris*, *Written in the Sand*, *Little Miss*. C'est elle que Willy et Colette avaient prise pour modèle d'un des personnages principaux de *Claudine en ménage*, publié par le Mercure de France en 1902. Dans ce roman, une jeune Viennoise (et non pas une Américaine) séduit une naïve Claudine avec l'approbation du mari de celle-ci ; ensuite, elle la trompe avec ce même mari. Brouillé avec Georgie, Willy avait essayé, en remaniant son roman, d'y faire disparaître les traits qui auraient pu la rappeler trop directement.

10. Lettre du 29 janvier 1905. CB.

avances par des visites et des fleurs. Georgie en est enchantée mais, dans un mot de remerciement, laisse deviner la couleur de l'amitié qu'elle porte à Catherine :

> Merci des fleurs ! Seulement, si vous pensez que vous ne m'aimerez pas, ne m'aimez pas par moments, parce que, voyez-vous, j'ai été mal civilisée et demeure au fond à moitié sauvage, et quand j'étends la main je ne comprends pas un coup sur les doigts, et de vous cela me ferait mal tout particulièrement [11].

Ayant pris la main offerte, Catherine Pozzi ébauche aussitôt un mouvement de retrait. Elle a peur de Georgie, en qui elle voit une jolie bête de proie ; à ses yeux, sa grâce féline témoigne de la sensualité sans remords d'un être qui dévore pour s'assouvir. Mais, pour Georgie, ce repli est le coup sur les doigts redouté. Elle en souffre et recule à son tour, invoquant le souvenir d'Audrey Deacon. Son geste suscite en Catherine Pozzi un grand élan vers elle :

> Oh Georgie, ne peut-on pas s'empêcher de faire du mal ? Je t'aime beaucoup plus que tu ne crois ou que tu n'as jamais espéré. Je te l'ai dit une fois et je ne plaisante jamais avec de telles paroles.
>
> Mais la vie a été assez dure pour moi ces dernières années et pour résister au désir sauvage et lâche d'en finir je n'ai trouvé que ceci : vivre seulement dans ma tête, travailler comme l'on se drogue, me durcir le cœur [12].

Georgie Raoul-Duval contourne les formidables défenses que lui oppose Catherine en passant par la voie de surface, c'est-à-dire par la peau, par le trouble des sens. Elle parvient ainsi à son cœur. Bien des années plus tard, Catherine Pozzi rappellera en détail le salon obscur où, sur un lit bas, près d'un paravent japonais, elle feuilletait un album de dessins à côté de Georgie :

> Et puis — pour prendre je ne sais plus quoi — elle se penche soudain davantage, — d'un mouvement étonnant que la raison de saisir un objet en-deçà de moi justifie, mais que la

11. Lettre en anglais du 19 février 1905, (trad. L. J.). CB.
12. Brouillon de lettre en anglais de mars 1905, (trad. L. J.). CB.

raison toute seule eût bien défendu — se couche sur moi en tendant la main — était-ce vers un coupe-papier ? vers un mouchoir ? Et je soutiens, involontaire et troublée, un instant le poids de son corps caressant, — quel art... de tout donner en semblant ignorante [13].

Pour la première fois dans l'expérience de Catherine Pozzi, un être humain désire son corps, dont elle a honte, et son âme inachevée. Aux yeux de quelqu'un, elle représente le plaisir, la douleur, le mystère. Georgie voit en Catherine une jeune déesse, une Pallas tendre et sage, et lui adresse des billets empreints d'une passion qu'elle ne dissimule plus : « Ma chère, ma chère, ma chérie, reviens à moi ; tu fais partie de mon cœur tellement tu y as pénétré profondément. » [14]

Soutenue par Georgie, Catherine a de plus en plus envie de s'émanciper d'une famille, de mœurs, d'un mode de vie qu'elle juge contraignants. Au début juillet 1905, elle fait un premier geste pour affirmer son indépendance. Sa famille lui ayant demandé de rendre visite à des amis en Angleterre à la place de sa mère, Catherine réclame comme prix de la mission l'autorisation de voyager seule. Ses parents s'inclinent et Catherine savoure, à Londres dans un petit hôtel de Welbeck Street, les joies inaccoutumées de la liberté. Solitaire et ravie, elle arpente infatigablement les rues de la capitale avant de passer trois semaines en visite chez des amis, à Hove près de Brighton. Sa nouvelle autonomie l'épanouit. Georgie s'en rend compte et, le 12 juillet, pour l'anniversaire de Catherine, elle lui envoie vingt-trois roses, symboles et promesses de quelles joies ? Catherine se le demande :

> Voici l'anniversaire le plus étrange que j'ai jamais eu. Je ne sais pas si je suis heureuse ou malheureuse. Je me tiens debout silencieuse et seule sur la montagne de mon passé et pour la première fois je me sens libérée de lui, libre de m'en décoller pour toujours. Et je m'écarquille les yeux sauvagement car mon cœur ne sait pas encore quel nouvel amour aimer, et ma tête n'a pas encore choisi une foi. Pour la première fois je tiens mon avenir entre les mains et même le présent [15].

---

13. Lettre du 1er décembre 1918 à Mme Bulteau. CB.
14. Lettre en anglais s.d. (printemps 1905), (trad. L. J.). CB.
15. Brouillon de lettre en anglais du 13 juillet 1905, (trad. L. J.). CB.

Mais son séjour en Angleterre est bref et Catherine doit bientôt descendre de sa montagne. A Paris où elle rentre en août, elle a l'impression de respirer du chloroforme : reprise par l'engrenage familial et mondain, elle se sent en pleine léthargie, constate avec désespoir qu'elle se bêtifie progressivement et se pose toujours l'angoissante question de son avenir. Elle ne sait que trop bien la réponse qu'on attend d'elle : devant ses yeux apeurés se profile le spectre du mariage bourgeois. C'est une perspective qui soulève son indignation : son indépendance n'est pas encore acquise et déjà on veut s'assurer qu'elle ne l'aura jamais ! Pour marquer le dégoût que lui inspire un tel avenir, elle se plaît à s'avilir à ses propres yeux et confie à une Georgie scandalisée qu'elle songe à épouser un juif qu'elle n'aime pas, et cela uniquement pour de l'argent !

Dans son effort pour résister à l'emprise du monde, elle trouve en Georgie une alliée compatissante et fraternelle. Celle-ci juge les frivolités hypocrites qu'elle voit autour d'elle avec une lucidité désenchantée et ironique qui ravit Catherine. C'est ainsi qu'elle décrit à son intention une Madame Lucien Muhlfeld, veuve du critique de la *Revue Blanche*, qui reçoit cinquante-trois amis *intimes*, une intarissable et exaspérante Anna de Noailles, un Anatole France qui distribue, à une humanité avide de savoir, des bonbons philosophiques sous le regard d'une égérie qui le surveille d'un air de propriétaire. Mais, sous le mépris d'autrui, manifeste dans ses récits, transparaît le dégoût d'elle-même. Au fond, Georgie a honte des sentiments, toujours les mêmes, qu'elle inspire chez les hommes comme chez les femmes. Ce n'est qu'en apparence que cette belle femme se donne des airs d'assurance et de tranquillité ; en réalité elle supporte difficilement sa réputation de femme légère.

On ne pense pas grand bien de Georgie dans le monde et Catherine ne tarde pas à l'entendre de divers côtés. Marcel Schwob, mort au début de l'année, lui avait tenu des propos énigmatiques sur elle, propos qui n'avaient pas éloigné Catherine de Georgie mais qui, au contraire, avaient introduit dans leurs rapports le piment du risque. Mais au cours de l'automne, la veuve de Schwob, Marguerite Moreno, lui donne un avertissement plus explicite : selon elle, l'amitié de Georgie est dangereuse, compromettante. Prévenue par Catherine de ces propos, l'intéressée réagit vivement : « Ne me parlez pas de Moreno ou de ses conseils ; elle ferait bien de réserver ses opinions et ses jugements sur des gens dont elle ne connaît rien et qu'elle salit gratuitement. »[16] Calomnieuse ou non, l'opinion publique a du poids chez les parents de Catherine, d'autant plus que le docteur Pozzi, dont les mœurs passent pour être extrêmement libres, est bien placé pour juger du bien fondé des bruits qui courent sur le compte de Georgie. Ils demandent à leur fille de prendre ses distances avec la jeune femme. Catherine obtempère : au cours de l'hiver, elle commence à espacer ses visites et à refuser les invitations. Pour Georgie, le message est clair :

> J'aurais préféré vous voir mais puisque je ne voudrais pas amener le moindre conflit entre vous et ceux que vous aimez je vous laisse entièrement libre...
>
> Ma chère enfant, ce que vous me dites, je le vois depuis des mois car j'ai toujours lu en vous plus clairement que vous ne le croyez.
>
> J'ai vu le premier conflit, puis le deuxième. Ce n'était pas cela qui m'a blessée. C'était plutôt de me rendre compte qu'un doute si avilissant sur moi ait pu jamais exister dans *votre* esprit[17].

Désormais, la jolie bête de proie rentre ses griffes et laisse partir l'objet de sa convoitise ; habilement, mais à regret, elle fait glisser l'amour vers l'amitié. L'année suivante, en plaisantant, elle rejettera dans un lointain passé l'époque où Catherine aurait pu la croire *dangerous* : « Vous voyez, je ne suis qu'un innocent animal domestique, mais tout de même toujours vôtre. »[18] Dorénavant, Catherine et Georgie garderont une prudente distance, mais leur affection mutuelle subsistera longtemps encore. Deux ans plus tard, Georgie écrira à Catherine Pozzi : « Dans notre mésentente il y a sûrement eu plus de compréhension que dans la plupart des ententes. Ne regrettez-vous jamais votre pouvoir de gommer certains faits ? »[19]

Elle le regrettera, certes, mais en fin de compte la décision qu'avaient prise ses parents avait été aussi la sienne. Il avait manqué dans les sentiments confus que Georgie avait éveillés en elle un élément essentiel : l'estime. Elle s'était rendu compte que sur le plan

16. Lettre en anglais du 3 septembre 1905, (trad. L. J.). CB.
17. Lettre en anglais du 17 décembre 1905, (trad. L. J.). CB.
18. Lettre en anglais s.d. (1906), (trad. L. J.). CB.
19. Lettre en anglais du 23 juillet 1908, (trad. L. J.). CB.

de l'intellect, comme sur le plan de la volonté, Georgie n'était pas de taille : ce n'était pas elle l'esprit supérieur qui en imposerait au sien.

Toutefois, survenant après la perte d'Audrey et l'intériorisation de son image idéalisée, sa rupture avec Georgie témoigne d'une nouvelle étape dans son développement affectif et intellectuel. Grâce à ces deux échecs, elle conçoit un idéal prodigieusement exalté et exigeant : désormais, elle recherchera dans l'amour un équilibre parfait entre, d'un côté, la perfection intellectuelle et spirituelle, et de l'autre, les plaisirs du corps. Ce ne sera que bien plus tard, dans ses rapports avec Paul Valéry, qu'elle aura l'impression de réaliser cette harmonie précaire. En attendant, seule et libre, en 1906, résolue plus que jamais à « vivre dans sa tête », Catherine Pozzi garde toujours vivant le souvenir reconnaissant des mois où Georgie lui avait prodigué une tendresse acharnée à la séduire.

IV

LA RÉSONANCE FANTASTIQUE

Le cap de la vingtaine dépassé depuis fort longtemps, Catherine Pozzi est une jeune fille à marier qui ne se marie pas. Elle avait, certes, entrepris volontairement de « vivre dans sa tête », mais tout se passait comme si les circonstances extérieures allaient la contraindre à suivre jusqu'au bout cette règle de conduite. Elle affiche un peu trop son intelligence et proclame à qui veut l'entendre qu'elle désire rester une *female bachelor*. Le plus souvent, ses allures intellectuelles impressionnent ses jeunes camarades plus qu'elles ne les attirent. Dans le cercle des garçons qui l'entourent, l'ambition littéraire éclate naturellement assez tôt. En 1904 le chef de file de cette bande, Jean-Louis Vaudoyer, persuade Catherine de faire partie du comité de rédaction d'une revue littéraire, *Les Essais*, qu'il vient de fonder avec son beau-frère, Daniel Halévy, et une vingtaine d'amis. Dans un premier temps, les interventions de Catherine dans les réunions de ce comité sont fréquentes et animées, mais elle s'en lasse vite, se plaignant de la vanité de ses co-rédacteurs et de la fatuité de leur revue [1]. Ces apprentis littéraires ont beau lui témoigner des marques d'estime, voire d'affection : ils gardent leurs distances.

Visiblement, elle se trouve mal à l'aise dans une société où les filles de sa génération cherchent des maris (et où la plupart en trouvent). Catherine avait toujours jugé sévèrement, comme une sorte de prostitution, les « frôlements équivoques » auxquels

1. Par conséquent, son nom ne figure pas dans la liste de collaborateurs sur la couverture du premier numéro daté du 1er avril 1904.

certaines de ses amies se livraient — ce qui ne l'empêche pas à l'occasion de s'adonner au même jeu ambigu [2]. Il y a en effet dans sa vie plusieurs garçons qu'elle range un peu cyniquement dans la catégorie de « flirts », adoptant à leur endroit un ton léger et enjoué : c'est Paul Dethomas (« flirt ironique et platonique ») ; c'est Jacques Michet (« danger à venir ») ; ce sont les frères de Traz, rencontrés un soir de bal [3].

Mais dans le monde, elle demeure le plus souvent muette, paralysée par la timidité et par l'orgueil. Parfois son désir de communion est plus fort que son adhésion aux bienséances et elle éclate en discours paradoxaux, bizarres. Rentrée avenue d'Iéna, elle en a honte et tombe à genoux pour gémir de son humiliation et de sa solitude. Lucide, elle a beau y reconnaître « l'ardeur sexuelle en travail » [4] ; une telle constatation ne fait qu'ajouter à son tourment le mépris d'elle-même. Dans ses moments de crise, la pensée du suicide lui revient avec insistance. Deux choses seulement, déclare-t-elle en 1906, la retiennent de se tirer une balle dans la tête : l'image de la détresse qu'elle infligerait à sa mère et son désir de chercher Dieu [5]. Dans son imagination, ce dernier a tendance à se confondre avec son vieux rêve d'un amant idéal, symbole de toutes perfections. Comme la future Agnès, Catherine se met de nouveau en 1906 à lui adresser une série de lettres passionnées, cette fois en anglais.

En 1905 un jeune Anglais parvient d'ailleurs, pendant quelques semaines, à contourner les formidables défenses dont Catherine s'était entourée. Au cours de son séjour anglais de juillet, elle fait la connaissance de Bob Hartley qui s'éprend d'elle et l'invite à lui rendre visite dans sa famille à Brighton. Ebloui par la brillante Française qui se nomme « Katie » et parle sa langue avec aisance, Bob Hartley continue à la courtiser après son départ dans une série de lettres où son ardeur a du mal à percer sous une couche épaisse de solide bon sens anglais. Catherine est sensible à cet hommage équivoque mais, persuadée que Hartley n'est pas de sa famille spirituelle, ne tarde pas à se dérober à la poursuite. Se reprochant sa coquetterie, elle se traite d'« erreur de son pays » et prie son ami

2. *Journal*, 24 mars 1901.
3. *Journal*, avril 1904.
4. *Journal*, 12 mars 1901. CB.
5. *Journal*, hiver 1906. CB.

anglais de ne pas la prendre pour modèle de toutes les Françaises [6]. Hartley n'occupera pas longtemps le rang de « vieux copain » auquel Catherine le relègue. De retour à Brighton l'été suivant — flanquée de sa bonne cette fois — elle ne cherche pas à le revoir.

Tout compte fait, les garçons dans l'entourage de Catherine sont plutôt rares. Son frère Jean hésite à amener des camarades à la maison, tellement la rancune qui règne entre ses parents y jette un froid. Toutefois, Catherine garde dans son cercle, joints aux amis d'enfance comme André et Jean Troisier, des connaissances plus récentes comme les frères Bourdet, André, Edouard et Michel, rencontrés en Bretagne au cours de l'été de 1901. Michel, le cadet, est trop jeune pour compter dans la vie sentimentale de Catherine et Edouard (« Baca » pour sa famille et ses amis) — gros garçon trapu et joufflu — ne l'attire guère davantage. Mais elle n'est pas insensible aux attentions de leur frère aîné, André, qu'elle prend un malin plaisir à aguicher. En avril 1904, elle écrit dans son *Journal* : « C'est un garçon que je hais presque par instants, mais qu'en des soirs énervés j'excite et frôle encore en me méprisant avec délices. » [7] Pendant deux étés, Catherine lui avait permis de prendre à ses côtés la barre de son bateau. Le résultat, prévisible pour tous ceux qui connaissaient ce garçon sensible et instable, était survenu : André Bourdet était tombé amoureux fou d'elle. Le tragique était son élément naturel et ses propos passionnés et mélancoliques avaient fini par toucher Catherine. Personne ne lui avait prodigué tant d'attentions.

Catherine s'était liée d'amitié avec les parents Bourdet autant qu'avec ces garçons — davantage peut-être. Chez leur père, Fernand Bourdet, elle trouvait l'affection démonstrative qui lui manquait dans son propre foyer. Fernand Bourdet appelait Catherine « sa fille de mer » puisqu'elle l'avait connu en Bretagne ; en retour, elle l'appelait son « père de mer » ou son « re-père ». Elle dînait souvent chez les Bourdet rue de la Pépinière où des meubles solides et des tapis épais dégageaient un air de bien être qui contrastait singulièrement avec l'élégance ostentatoire de l'avenue d'Iéna. Fernand Bourdet ne cessait de plaisanter et Catherine, qui se détendait et s'épanouissait en sa compagnie, répondait à table sur le

---

6. Lettre de C.P. à R.W. (Bob) Hartley, août 1905. CB.
7. *Journal*, 10 avril 1904. CB.

même ton. Ses répliques faisaient l'admiration de tous ; on la regardait comme un enfant prodige.

En règle générale, Catherine se sent plus à l'aise avec les hommes d'âge mûr, qui l'encouragent à briller, qu'avec les jeunes gens de sa génération. Ils la rassurent sur sa capacité d'attirer sans qu'elle s'expose à une intimité gênante. Elle aime bien, par exemple, l'éminent physiologiste Albert Dastre, ami de son père, qui prend un intérêt tout paternel à son avenir. Toutefois, Dastre se fait du souci pour Catherine, voyant son destin compromis par ses goûts intellectuels qui risquent de la détourner du mariage. A sa question : « Pourquoi cette avidité intellectuelle ? », elle avait répliqué : « On ne peut vivre sans travailler. Et je ne peux pas vivre sans penser », réponse que Dastre avait trouvée tout sauf rassurante [8]. Elle entend une semblable mise en garde chez son voisin de table, le psychologue Gustave Le Bon, au cours d'un mémorable déjeuner de 1906. Ayant commencé par lui parler équitation sur un ton aimable, il change de registre en relevant son défi : « Mais parlons philosophie, Mademoiselle ! Je suis toujours curieux d'observer les déformations que subit un système en passant par une cervelle féminine. » [9] Suit un examen sur Kant dont Catherine se tire honorablement à l'étonnement de Le Bon (à qui elle se permet de reprocher un manque de sens philosophique à deux reprises). Tout en rejetant vigoureusement le paternalisme condescendant des éminents amis de son père, Catherine est néanmoins sensible à leurs témoignages d'estime et d'amitié et accepte avec gratitude l'enrichissement intellectuel qu'ils lui apportent. C'est ainsi qu'en écoutant le professeur Henri Leduc parler de la génération spontanée au cours de ce même déjeuner, elle se sent plus que jamais confirmée dans ses goûts : « La Science ! Je l'ai contemplée comme il la voit — et tout autre idéal est devenu petit. » [10]

Pendant plusieurs années l'étonnant Marcel Schwob — journaliste, traducteur, conteur, érudit — avait joué auprès de Catherine Pozzi le rôle de guide, de conseiller et même, à l'occasion, de confesseur. Sa mort, survenue en février 1905, l'avait obligée à chercher ailleurs un appui affectif et intellectuel. Elle s'était tournée

---

8. *Journal*, 15 décembre 1905. CB.
9. *Journal*, novembre 1906. CB.
10. *Ibid.*

vers deux hommes, un savant et un historien. Ou plutôt ils s'étaient tournés vers elle.

Chez Georgie Raoul-Duval elle avait ébloui de sa verve hautaine le comte Arnaud de Gramont, docteur en physique, qui avait aussitôt établi avec elle une correspondance empreinte d'une galanterie tendre et respectueuse. Dans une de ses premières lettres il s'était distingué des vieillards qui dans la Bible demandent à la chaste Suzanne l'aumône de sa personne (ce qui, bien entendu, était une façon de faire comprendre qu'une telle entreprise n'était pas tout à fait étrangère à son esprit). Si, d'un côté, Catherine prenait plaisir à faire apprécier ainsi ses charmes féminins, elle aimait davantage encore l'accueil que Gramont donnait à ses tâtonnements intellectuels. Il les prenait au sérieux.

Les recherches de Gramont au Laboratoire de Chimie Organique, à la Faculté des Sciences, portaient sur des problèmes divers : l'analyse spectrale de la lumière, la minéralogie, la chimie physique, parmi d'autres. A l'instar de Samuel Pozzi, il conduisait ses études avec toute la rigueur scientifique héritée d'un siècle positiviste. Mais à la différence du père de Catherine, Gramont était familier des cercles occultistes et souhaitait dépasser le matérialisme pour atteindre une autre sorte de connaissance. Comme bien d'autres savants respectés à l'époque, il voulait annexer le spiritualisme (ou spiritisme) au domaine de la science.

C'est précisément le but que s'était proposé Catherine. Apprenant qu'elle était déjà partie sur une piste semblable, il ne tarde pas à lui proposer son aide : « Si vous n'êtes pas rivée aux conventions classiques des philosophies officielles, si la psychologie physiologique qui se limite aux traces des cylindres recouverts de noir de fumée ne vous suffit pas, si les solutions puériles du matérialisme cher aux instituteurs et aux médecins (pardon !) vous paraissent justement incomplètes, rudimentaires et arriérées, dans ce cas, alors, je pourrai peut-être vous aider. » [11] Sans connaître en détail les lectures de Catherine, Gramont est déjà persuadé de leur entente intellectuelle : « Ai-je besoin de vous dire à quel point je serais heureux de causer avec vous de notre commune philosophie ? Je ne dis pas d'échanger des idées, car je suis persuadé de la telle similitude de nos croyances, qu'elles ne permettraient point un

11. Lettre du 5 janvier 1907. CB.

“échange” mais se présenteraient à nous comme les reflets atténués de l’Unique Réalité entrevue par tous les deux. »[12]

Catherine accepte son aide. Coiffée en Cléopatre, elle vient chez lui pour parler de la philosophie et emporte de ces entretiens des ouvrages sur les néoplatoniciens et la philosophie indienne. Ce qu’elle retire des Ennéades de Plotin, de la Bhagavad Gita et des Upanishads, c’est tout d’abord un encouragement supplémentaire à douter de la philosophie positiviste de son père et de la « réalité » des apparences de la vie quotidienne. En même temps, elle y trouve diverses formulations philosophiques et poétiques de l’élan qui la porte vers un but énigmatique au-dessus du domaine du discontinu et du contingent.

Un autre mentor de cette période se décrit modestement comme un « Hippolyte demi-séculaire et grisonnant derrière ses lunettes »[13]. Mais Albert Le Chatelier ne manque pas de charme pour autant. Professeur au Collège de France, islamisant éminent, il aime la jeunesse et reçoit volontiers chez lui, où sa femme, Marie, porte à Catherine Pozzi une sympathie aussi vive que celle de son mari. Catherine s’épanouit dans la chaleur de leur salon où elle danse et cause avec abandon. Albert Le Chatelier, bel homme de quarante ans, paraît déjà vieux aux yeux de Catherine qui, mise en confiance par sa maturité, lui fait souvent ses confidences. Catherine sent son caractère inachevé, demeure perplexe devant une multiplicité de rôles : il y a en elle une mondaine, une fille de famille, une intellectuelle, une sportive, une sentimentale, une voluptueuse, d’autres personnages encore. Mais lesquels constituent la vraie Catherine ? L’ensemble lui paraît incohérent et instable.

L’amitié tendre et lucide d’Albert Le Chatelier aide Catherine à voir clair en elle-même car il reconnaît, derrière ses multiples déguisements, son talent profond : « Vous êtes injuste envers vous-même en ne percevant pas que dans les différents “vous”... il y a une nommée “cervelle” qui prendra fameusement les devants si vous lui rendez à la main, en l’avoinant bien. » Et il ajoute : « ... en l’absence des problématiques “prince charmant”, c’est de ce côté seulement que votre chrysalide évolutive accomplira tout son cycle,

12. Lettre du 26 juin 1907. CB.
13. Lettre d’Albert Le Chatelier à Catherine Pozzi, 12 juin 1904.

sur le dos de "cervelle". » [14] Et celui qui signe « votre affectueux marchepied » l'éclaire sur la véritable nature du travail intellectuel dans lequel Catherine s'était lancée par désespoir et comme dans une fuite : « Vous errez en classant le travail entre la cocaïne et le garde-fou. Ce n'est ni un anesthésique ni une rampe — ni même un remblai pour les déceptivités — mais seulement une base pour s'asseoir solidement sur les autres : en style noble, la base de la liberté sociale et morale. »

De ces considérations élevées, il descend aux détails d'ordre pratique, lui expliquant comment s'y prendre pour réunir une documentation. Aide plus importante encore, il lui donne des conseils sur le choix d'un sujet de recherches, la détournant de celui qu'elle avait d'abord envisagé : une étude de la pensée de William James. Ce projet, lui écrit Le Chatelier, la mettrait dans la position « d'un jeune *bachelor* qui, ayant vaguement ouï parler du Mont Blanc, s'y rendrait avec le vague dessein de le révéler au monde, et y trouverait en arrivant un hôtel de 24 000 lits » [15]. Il lui conseille plutôt une étude, non technique mais générale, qui chercherait « l'âme » de William James dans sa vie et dans son style aussi bien que dans ses idées. Pour lui faciliter la tâche, Le Chatelier s'engage à lui fournir des documents biographiques et iconographiques.

Si Catherine Pozzi accepte de chercher « l'âme » du philosophe américain, c'est qu'elle était partie à la recherche de la sienne et qu'elle pense que l'étude de James pourrait l'aider dans cette enquête. Elle ne s'y trompe pas. Le malaise spirituel dans lequel vit Catherine l'avait conduite à s'intéresser aux problèmes de la conscience, terrain encore mal recensé par les savants. William James, l'un des fondateurs de la psychologie moderne, avait été l'un des premiers à y appliquer les méthodes des sciences exactes. Consciente du désordre de sa vie intérieure, Catherine Pozzi trouve dans l'œuvre de James une utilisation exemplaire de la raison dans l'élucidation de la vie psychique [16]. Se modelant sur lui, elle voit dans l'exercice de la volonté guidée par la raison — instrument de

---

14. Lettre du 12 octobre 1905. CB.

15. Lettre du 8 août 1905. CB.

16. Elle lit l'œuvre de James en anglais. Son exemplaire des *Principles of Psychology* (Londres, Macmillan, 1901, 2 vol.) porte de nombreuses annotations de sa main.

contrôle et de domination — le moyen qui lui permettra enfin de se reconstruire selon ses désirs.

C'est la physiologie qui avait conduit William James à l'étude de la psychologie et de la philosophie. Comme le père de Catherine Pozzi, il était docteur en médecine et, comme lui, il pratiquait la rigoureuse méthode expérimentale élaborée par Claude Bernard. Toutefois, comme Catherine, il cherchait à dépasser le positivisme. Sa méthode combinait une grande rigueur scientifique et une ferme croyance au libre arbitre. Selon lui, l'univers n'était pas construit « en bloc » ; il y avait, au contraire, un certain jeu dans l'ajustement de ses parties constituantes qui donnait prise au hasard, à l'imprévu, à la liberté et même à Dieu. Son empirisme effaçait la distinction entre le matériel et le spirituel et autorisait un observateur à ranger le même phénomène dans une catégorie ou dans l'autre selon ses besoins. Comme Arnaud de Gramont, il essayait de démontrer scientifiquement l'existence des phénomènes occultes. Dans ce but, il collaborait au travail de la « Society for Psychical Research » dont un des objectifs était l'établissement d'un catalogue des expériences « spiritualistes » vérifiées. Pour lui, la réalité de ce genre de phénomènes dépendait, non pas du raisonnement, mais plutôt de l'observation. Pour l'apercevoir, il suffisait de se tourner, comme l'indique le titre d'un de ses ouvrages les plus célèbres, vers l'expérience religieuse [17]. Or, cette expérience existe : l'humanité constate tous les jours la présence d'une puissance spirituelle qui lui est bénéfique. Bien entendu, cette expérience laisse ouvertes d'innombrables questions sur la nature et le fonctionnement de la puissance en question, et notamment celle de son existence en dehors de l'esprit humain. Mais, pour William James, le refus de conclure n'était pas une réponse négative.

La même entreprise qui conduit Catherine Pozzi à l'œuvre de William James l'amène à la pensée d'Henri Bergson. Comme James, Bergson est un philosophe rompu aux sciences exactes, mais sa défense des valeurs spirituelles s'appuie principalement sur une analyse du langage : selon lui, les catégories du temps et de l'espace qu'on applique ordinairement à la vie intérieure ne conviennent en réalité qu'à la vie matérielle. Ce sont des métaphores fondées toutes les deux sur une analogie spatiale ; par conséquent, elles sont inaptes

17. *The Varieties of Religious Experience*, Londres, Longmans, 1902.

à rendre compte de la vie intérieure qui existe dans le temps, mais nullement dans l'espace. En opérant une distinction entre la vie extérieure du temps et de l'espace, sur laquelle la science a prise, et la vie intérieure, un monde de durée purement qualitative, Bergson croit démontrer le bien-fondé de celle-ci tout en légitimant l'autre univers. A ses yeux, la vie spirituelle appartient au domaine intérieur ; elle est donc d'un ordre d'expérience que les raisonnements abstraits de la science, construite pour manier la matière, ne peuvent infirmer. Une fois dissipée la confusion de langage qui semblait les démentir, les notions de liberté, de volonté, d'intuition, de spiritualité trouvent une assise ferme, sans porter atteinte aux méthodes des sciences physiques qui se révèlent, elles aussi, valables dans leur domaine.

C'est précisément là où Catherine Pozzi trouve la pensée de Bergson inadéquate. Sa philosophie postule deux univers distincts, le physique et le spirituel, dont les rapports demeurent obscurs. Il a beau essayer d'éclaircir ces rapports en affirmant que « le cerveau est le point d'insertion de l'esprit dans la matière » [18], la division traditionnelle entre les catégories de l'esprit et de la matière reste intacte. Or, une telle distinction est précisément ce que Catherine Pozzi, éprise d'unité, conteste.

L'œuvre du fondateur allemand de la nouvelle science de la psychophysique, Gustav Theodor Fechner, lui semble plus prometteuse [19]. Chercheur infatigable, il avait cru quantifier les rapports entre le physique et le mental dans une formule exprimant en chiffres la relation entre l'intensité d'une sensation et l'excitation physique requise pour la produire. Comme Bergson et comme William James, qui s'était inspiré de ses recherches, Fechner cherchait lui aussi à dépasser le positivisme. Influencé par le romantisme allemand aussi bien que par la philosophie orientale, il opposait au matérialisme dogmatique de son époque une conscience universelle inhérente en toutes choses.

Par ailleurs, frappée par l'accord de la pensée bouddhique avec sa propre réflexion, Catherine copie dans son *Journal* de longs

---

18. *Matière et mémoire*, Alcan, 1903, p. vi.

19. L'œuvre maîtresse de Fechner est *Elemente der Psychophysik*, Leipzig, Breitkopf und Härtel, 1889, 2 vols.

extraits de *Gleanings in Buddha-Fields*[20], un ouvrage sur la civilisation nipponne par un journaliste américain devenu Japonais, Lafcadio Hearn. Elle y trouve notamment une philosophie qui rejette le positivisme, distingue entre la réalité des choses et notre habituelle vision anthropomorphique, et conçoit l'univers, matière et esprit, comme une agglomération d'éléments instables continuellement en train de se défaire et de se recomposer. Hearn présente l'univers comme un système régi par les lois de la métempsychose et de la palingénésie, voyant dans la conscience le produit d'âmes précédentes et dans le corps une nouvelle combinaison d'éléments préexistants. « Souviens-toi, Homme », écrit-il, « que tu n'es que de la poussière... Souviens-toi, Poussière, que tu as été Soleil,... Lumière, Vie, Amour — et que, par l'opération sans cesse de la magie cosmique, tu les redeviendras souvent... Peut-être, après avoir brûlé pendant des milliards d'années dans des dynasties de soleils différentes, ce qu'il y a de mieux en moi sera de nouveau reconstitué quelque part »[21]. Ce sont des idées et des images destinées à faire un long cheminement dans l'esprit de Catherine Pozzi ; elles nourriront sa méditation philosophique toute sa vie et réapparaîtront sous une forme éclatante dans les grands poèmes de sa maturité.

Et pourtant aucun de ces mentors ne laisse sur la pensée de Catherine Pozzi une empreinte aussi profonde que son professeur de piano, Marie Jaëll[22]. Depuis 1895 Catherine a l'habitude de

20. Londres, Kegan, Paul 1897.

21. *Ibid.*, p. 89, (trad. L.J.).

22. Alsacienne, née Marie Trautmann en 1846, elle jouait du piano déjà à l'âge de six ans et à neuf donna un concert applaudi par Rossini. A Leipzig, elle étudia avec Moscheles, à Paris avec Henri Hertz et plus tard avec César Franck et Saint-Saëns. Au Conservatoire elle décrocha un premier prix en quatre mois. En 1866, elle épousa le pianiste Alfred Jaëll, élève de Czerny et ami de Brahms et de Liszt. Ils firent des tournées ensemble mais leur mariage ne dura pas : elle ne supporta pas la jalousie d'un époux ombrageux, et lui ne supporta pas le caractère autoritaire de sa femme. Après la mort de son mari en 1882, elle devint la secrétaire et l'assistante de Liszt jusqu'à sa mort en 1886. C'est lui qui décida de sa future orientation : il l'encouragea à se consacrer à l'enseignement et à une investigation scientifique du toucher musical. En effet, cette artiste imbue de mysticisme fut aussi attirée par la science positive. Ses recherches fournirent la matière d'une longue série de publications dont la première, *La Musique et la psychophysiologie*, parue chez Alcan en 1896, témoigna de l'influence de Fechner et attira l'attention du médecin-chef de l'Hospice de Bicêtre, Charles Féré. Elève (comme Samuel Pozzi) de Paul Broca, Féré poursuivait des recherches sur le mécanisme de la main qui

traverser la Seine toutes les semaines pour recevoir l'enseignement de ce singulier personnage, d'abord dans un vaste et sombre salon rue de Tournon, ensuite dans un sordide cinquième étage de la rue Gay-Lussac. Chaque fois, elle retrouve un grand piano, dieu tutélaire de la maison, dont les touches sont couvertes de fiches en papier qui portent des empreintes digitales. La prêtresse de ce dieu énigmatique est une petite femme habillée avec négligence, complètement absorbée par ses recherches sur le toucher musical.

Avec son élève elle est exigeante, impatiente, despotique. En dépit de son travail opiniâtre, Catherine ne parvient jamais à satisfaire son professeur. Elle ne se décourage pas pour autant ; au contraire, son échec continuel l'attache toujours davantage à Marie Jaëll. « Je vous remercie cent fois de me dire votre mauvaise opinion de moi ! », lui écrit-elle. « Je vous demande... de ne garder aucun ménagement pour ma susceptibilité, et de me dire des vérités désagréables chaque fois que vous le jugerez nécessaire, car j'avoue, avec l'humilité du pécheur repenti, que j'en ai grand besoin. » [23] Si elle accueille la sévérité de Marie Jaëll avec gratitude, c'est sans doute parce que le travail auquel elle s'astreint lui permet de fuir ses conflits familiaux et intellectuels. « Ces temps-ci », lui explique-t-elle, par exemple, « les vieilles difficultés et de pires amertumes viennent de nouveau faire le noir autour de moi — mais une heure de travail, et il me semble que les mauvais fantômes deviennent fumée, et s'élèvent, et s'en vont — et il fait clair. » [24]

Pour Catherine Pozzi, le travail avec Marie Jaëll n'est pas seulement une fuite mais un enrichissement. Sa maîtrise croissante de l'expression musicale lui donne accès à un monde inconnu, idéal et harmonieux, où elle éprouve une plénitude indicible. Par ailleurs, elle voit dans la discipline préconisée par son professeur une défense

visaient, selon l'orthodoxie positiviste, à accumuler des faits en dehors de toute préoccupation métaphysique. Marie Jaëll devint sa collaboratrice et jusqu'à la mort de Charles Féré en 1907 le fruit de leur travail commun parut dans une série d'articles scientifiques et de livres qui débordèrent largement le simple domaine du toucher musical : en 1897 parut chez Colin *Le Mécanisme du toucher*, en 1904 chez Alcan *L'Intelligence et le rythme dans les mouvements artistiques*, en 1906 chez Fischbacher *Les Rythmes du regard et la dissociation des doigts*. Marie Jaëll mourut en 1925.

23. Lettre s.d. (1900 ?). CB.

24. Lettre s.d. CB.

contre l'anarchie intérieure dont elle se sent menacée ; grâce à cet entraînement, elle espère acquérir un contrôle d'elle-même qui lui permettra de se reconstruire selon son idéal. Car « la construction Agnès » est toujours à faire. Au fur et à mesure que l'enfant se métamorphosait en jeune fille, le lien affectif qui l'attachait à son professeur se resserrait. Pour Catherine, ses leçons hebdomadaires étaient finalement devenues, ainsi qu'elle l'écrit à Marie Jaëll, « une religion, un espoir, une force vivante »[25]. Ailleurs, elle écrit : « Je travaillerai pour *vivre* — comme on boit et mange, et parce que sans cela je n'existerai pas — ou je me détruirai... Vous me faites terreur et vertige. »[26]

Marie Jaëll ne cesse d'affirmer que le corps et l'esprit sont la même chose et, dans ses recherches, s'évertue à saisir la formule qui régit les rapports entre les deux catégories, celle, par exemple, qui lie les mouvements des doigts du pianiste à la beauté musicale. Son enseignement avance simultanément sur deux fronts. D'un côté, c'est par la voie du corps qu'elle souhaite parvenir à l'esprit : par l'entraînement de la main elle souhaite raffiner la sensibilité esthétique, accroître l'intelligence et fortifier la volonté. Mais elle procède également en sens inverse. Ses recherches dans le laboratoire de Charles Féré à Bicêtre lui avaient prouvé qu'un effort conscient diminue le temps de réaction chez un pianiste ; par conséquent, elle exige de ses élèves des exercices d'ordre mental visant à fortifier la conscience et la volonté. Elle veut que le jeu de ses élèves reflète un esprit dont le réflexe et l'involontaire auraient été exclus ; formé par elle, l'esprit s'exprimerait en mouvements harmonieux.

Les recherches et l'enseignement de Marie Jaëll débordent largement le domaine de la musique. Pour elle, comme pour Baudelaire et pour Rimbaud — pour Scriabine aussi qui vers cette époque se livrait au même genre d'observations —, le monde se présente comme une vaste analogie, un immense réseau de correspondances où les sons, les odeurs et les sensations tactiles se répondent. C'est ainsi qu'elle est capable de produire des accords qui résonnent dans son esprit par de simples pressions des doigts ;

25. *Ibid.*
26. Lettre s.d. CB.

de même, en changeant les couleurs des objets sous son regard, elle peut modifier sa perception du timbre musical.

Guidée par Marie Jaëll, Catherine Pozzi entend des couleurs, touche des sons. Elle a l'impression que sous la tutelle sévère de son professeur, ses sensations s'affinent, son intelligence se développe et sa volonté se fortifie. Grâce à cette discipline quotidienne, son sentiment d'aliénation disparaît ; elle sent ses diverses personnalités se réduire à une seule. En même temps, elle éprouve une nouvelle harmonie entre son corps et son esprit et sent leur unité avec les grandes forces de l'univers qui les sous-tendent et les dépassent. Au fond, la méthode de Marie Jaëll est pour Catherine Pozzi une foi qui, dans ses jours fastes, la remplit d'une confiance illimitée dans sa propre perfectibilité.

L'accroissement radical de l'importance du jaëllisme dans la vie de Catherine à sa sortie de l'adolescence correspond à une sensible altération de ses rapports avec son père. A cette époque, Samuel Pozzi traverse la vie de sa famille comme un éclair qui, le plus souvent, annonce l'orage. Entre lui et sa femme règne une hostilité rentrée et tenace qui déborde de temps à autre en accès de rage folle. Au cours d'une de ces scènes, Catherine se place entre ses parents. Excédé, son père commet l'irréparable : il la frappe au visage et lui serre le cou comme s'il voulait la tuer. Il la lâche aussitôt, mais leurs relations s'en trouvent fondamentalement altérées : père et fille cesseront de se parler pendant plusieurs mois. Catherine gardera longtemps le col qu'elle portait ce jour-là, un col empesé de garçon qui conservait la marque des doigts de son père, témoignage irréfutable de l'injustice dont elle avait été victime — mais preuve aussi que son père lui restait passionnément attaché.

C'est pour fuir l'avenue d'Iéna où l'air, chargé d'animosité, lui était devenu irrespirable, mais aussi pour abandonner une société où une demoiselle seule, sans mari et sans métier, n'avait pas de place que Catherine, au printemps de 1907, prend une décision radicale. Malgré les pleurs de sa mère, qui se sent abandonnée une seconde fois, et en dépit de son attachement passionné à Marie Jaëll, elle décide de s'expatrier. En avril, elle s'inscrit à Saint Hugh's Hall, un collège de femmes à Oxford, pour le trimestre de printemps. Elle porte en elle de grandes ambitions : se faire une culture toute anglaise ; se recréer intellectuellement et moralement de fond en comble. Et pour ne plus dépendre de ses parents, elle se propose de gagner sa vie en Angleterre, plus tard, comme écrivain ou comme journaliste.

A Saint Hugh's, elle est très malheureuse, surtout d'avoir rompu avec sa famille, et enfreint les règles de son milieu qui ordinairement n'admettaient pas d'études universitaires sérieuses chez les jeunes filles. La décision de Catherine la faisait passer à Paris pour une excentrique. Mais, au fond, la bonne société anglaise ne regardait pas cette éducation d'un œil plus favorable. A cette époque, les étudiantes n'étaient pas membres de l'université à part entière : elles avaient le droit d'assister aux cours (accompagnées d'un chaperon), de fréquenter la bibliothèque et de se présenter aux examens, mais elles ne pouvaient pas prétendre aux titres universitaires. Pour augmenter le malaise de Catherine, le collège qui l'avait admise à titre provisoire jouissait d'un médiocre prestige : la vie y coûtant un peu moins cher que dans les autres collèges, il attirait beaucoup de filles de condition modeste.

La frugalité régnait dans cette maison et la règle était dure. Catherine, qui avait connu une vie luxueuse avenue d'Iéna, se trouvait brusquement logée sous le toit gothique d'une bâtisse délabrée. Levée à six heures moins le quart, elle devait allumer son feu dans sa mansarde glacée, faire sa chambre et cirer ses propres bottines. A partir de neuf heures, elle courait d'un cours à l'autre sous une pluie incessante. Le classement de ses notes et l'élaboration de son « essai » hebdomadaire, base de l'instruction oxfordienne, l'obligeaient à veiller fort tard dans la nuit.

Catherine se sentait terriblement solitaire dans ce collège austère où le « tire-toi d'affaire et tais-toi » était la règle de conduite générale. La « Principal » de Saint Hugh's, la redoutable Miss Moberly, n'était pas une personne à qui Catherine pouvait se confier. D'excellente famille, imbue des principes de sa classe, elle se montrait d'une sévérité inflexible dans l'administration des principes qui régissaient la vie en communauté. La prière quotidienne était naturellement obligatoire.

En fait, les exigences de Miss Moberly et de son associée, Miss Jourdain, étaient surtout d'ordre intellectuel. Elles étaient déterminées à prouver par l'exemple de leurs étudiantes que les femmes étaient les égales des hommes. Conduites par ce zèle missionnaire, elles leur inspiraient de hautes ambitions intellectuelles, et répandaient autour d'elles une atmosphère où le travail acharné était de mise.

Le contrecoup d'une telle rigueur était une exaltation qui revêtait parfois un caractère mystique. Par exemple, Miss Moberly et Miss Jourdain se targuaient de dons visionnaires. En dépit du scepticisme suscité par leur déclaration, elles maintenaient fermement que les fantômes de Marie-Antoinette et de plusieurs membres de son entourage leur étaient apparus en 1901 au cours d'une promenade dans le parc de Versailles [27]. Parler à table avec ces dames était pour Catherine, davantage un devoir quelque peu effrayant qu'un plaisir, et ne faisait qu'accroître sa solitude, même si leur largeur d'esprit, cependant, forçait son admiration : intelligentes, raisonnables, pratiques, elles restaient ouvertes à l'irrationnel et à l'inexplicable.

Catherine Pozzi ne fait pas de grands efforts pour s'attirer la sympathie de ses condisciples qui, le plus souvent, interprètent sa timidité naturelle comme de la morgue. Ses tailleurs, sortis des ateliers des meilleurs couturiers parisiens, contrastent singulièrement avec les tristes chemisiers et les cravates masculines des autres jeunes filles et ne font rien pour rectifier la méprise. Ses seules camarades sont des étrangères comme elle, une étudiante de l'Afrique du Sud et une Japonaise.

Elle n'est pour autant pas un paria. Elle reçoit, malgré tout, quelques invitations à prendre le thé, fait du sport et participe aux débats organisés par le collège sur les graves problèmes du jour. Se sentant poliment écartée de la vie sociale de la maison, Catherine n'hésite pas à faire de la provocation, soutenant, par exemple, devant une assemblée de féministes, au cours d'un débat, que la femme n'est « qu'une masse informe de possibilités attendant d'être moulée par la main de l'homme » [28].

Sa seule confidente, c'est son *Journal*. Comme elle avait fait autrefois place Vendôme dans ses accès de tristesse, elle y inscrit maximes et réflexions désabusées. Elles prônent un renoncement

27. Elles devaient faire de ces apparitions le sujet d'un livre célèbre, *An Adventure* (Londres, Macmillan, 1911), publié sous les pseudonymes d'Elizabeth Morison et de Frances Lamont.

28. Note manuscrite sur un compte-rendu de la séance de la « Sharp Practice Society ». *The Fritillary*, Oxford, 1907, p. 694. CB.

tout bouddhique : « On n'est libre que sans espoir », écrit-elle [29]. Plus loin, elle se demande, « puisqu'on ne peut fermer les mains sur rien, pourquoi les tendre ? Ne pleure pas sur le bonheur. Il serait à peine là que tu l'aurais oublié. » Si la rédaction quotidienne de son *Journal* est un rite qui lui est bénéfique dans sa détresse, les soins qu'elle donne à sa personne en sont un autre : elle y voit une métaphore d'hygiène morale, d'assainissement de son être intérieur. Par ailleurs, l'élégance qui en résulte forme un redoutable bouclier contre les agressions du monde extérieur : « Se laver les dents avec un méticuleux soin, et souvent ; faire ses ongles brillants et ovales ; s'onduler, s'assouplir les cheveux, se frotter d'eau de cologne et garder sa peau fraîche : remèdes contre le désespoir !!! » [30] Mais le remède n'est pas toujours efficace : un soir, secouée par une crise de chagrin enfantine, elle boit l'eau de son pot-à-eau dans l'espoir d'attraper la typhoïde et d'en mourir.

En dépit de ces doléances, Catherine Pozzi travaille à Oxford avec acharnement et profit ; pour oublier sa tristesse d'abord, et aussi pour ne pas déchoir en se montrant incapable de maîtriser la culture étrangère qu'elle s'était proposée d'assimiler. Mais, surtout, c'est son vieil et insatiable appétit de savoir qui l'aiguillonne. Obsédée par le problème de la conscience, elle suit des cours de philosophie qu'elle complète par d'abondantes lectures et entreprend, par ailleurs, une étude des religions de la Grèce antique, y compris les mystères orphiques. Toutefois, l'essentiel de son travail porte plutôt sur la littérature anglaise du XVIIe siècle, l'époque de Milton et de Dryden. Une demoiselle érudite, Miss Miller, lui sert de guide d'études, lui propose des lectures, les discute avec elle et juge avec sévérité son « essai » hebdomadaire.

Ce régime ascétique — intellectuel, moral et alimentaire — porte enfin ses fruits, car Catherine Pozzi prend une nouvelle confiance en elle-même. Dans la vénérable bibliothèque Bodleienne ou dans la Camera Radcliffiana, elle se sent gagner, ainsi qu'elle le rappellera bien plus tard, « des quartiers de noblesse intellectuelle » [31]. D'autre part, un délicieux printemps avait succédé aux pluies diluviennes. Pour rentrer dans son collège, elle commence à prendre le chemin

29. *Journal*, mai 1907. CB.
30. *Ibid.*
31. Lettre du 1er décembre 1918 à Mme Bulteau. CB.

qui traverse le parc. Elle flane le long de la rivière Cherwell, se laissant enchanter par des masses de fleurs dont elle n'avait jamais vu les pareilles en France. Au milieu de cette floraison printanière se pose une question angoissante : elle avait été admise à Saint Hugh's à titre provisoire ; serait-elle admissible en automne comme étudiante régulière ? Faisant appel à tout son courage, Catherine va trouver Miss Miller pour lui demander si elle la croyait capable de poursuivre plus loin ses études à Oxford. La réponse est affirmative : Miss Miller est enchantée de son travail et de ses progrès. Devant cet encouragement, Catherine lui révèle toute l'étendue de son ambition : elle veut vivre en Angleterre et gagner sa vie comme essayiste ou comme journaliste. En est-elle capable ? Miss Miller lui assure qu'elle l'est.

Aussitôt rassurée, Catherine se met à organiser sa vie pour le trimestre d'automne. Elle se présente à son « tuteur » futur, le révérend Carlyle, personnage sympathique dont la figure baudelairienne l'intimide quelque peu. Il affiche un mépris joyeux de ses étudiantes et un grand amour pour le XVIe siècle. Ayant décidé de quitter la sinistre caserne qu'est Saint Hugh's, elle loue en ville un appartement confortable où elle s'apprête à faire installer un piano pour se remettre aux exercices de Marie Jaëll. C'est donc sans inquiétude et pleine de confiance que le, 6 juillet 1907, elle rentre en France pour passer les vacances d'été.

DEUXIÈME PARTIE

LA FEMME

I

[illegible]

1

De retour à Paris, Catherine sent sa mère inquiète. Elle vient de se montrer capable de voler de ses propres ailes, et Thérèse [illegible] craint que sa fille ne lui échappe complètement. Au cours de l'été, elle emploie toutes les armes d'un arsenal bien fourni pour briser la volonté de Catherine et la faire revenir sur sa décision de repartir en Angleterre. Tout d'abord, la flatterie : elle loue sa nouvelle [illegible] intellectuelle, aussi bien que [illegible] dont elle fait preuve dans ses arrangements domestiques. Par ailleurs, elle [illegible] à Catherine le plaisir qu'elle pourrait avoir à faire du cheval à La [illegible], ou plus tard de la chasse à courre dans les Pyrénées. Également, elle use du chantage sentimental : à plusieurs reprises, elle [illegible] en [illegible] voudrait sa fille de se marier et d'[illegible] [illegible]. [illegible] [illegible] de [illegible] [illegible] Catherine [illegible] ne [illegible] [illegible] en Angleterre.

Elle [illegible] [illegible] [illegible] [illegible] [illegible] [illegible] [illegible] [illegible] [illegible] [illegible] [illegible] [illegible] [illegible] [illegible] [illegible] [illegible] Samuel Bacon [illegible]

Le [illegible] [illegible] de Catherine [illegible] [illegible] [illegible] [illegible] [illegible] [illegible] [illegible]

1. [illegible]

I

CHERS DIEUX... REVENEZ

De retour à Paris, Catherine sent sa mère inquiète. Elle vient de se montrer capable de voler de ses propres ailes, et Thérèse Pozzi craint que sa fille ne lui échappe complètement. Au cours de l'été, elle emploie toutes les armes d'un arsenal bien fourni pour casser la volonté de Catherine et la faire revenir sur sa décision de repartir en Angleterre. Et d'abord, la flatterie : elle loue sa nouvelle discipline intellectuelle aussi bien que celle dont elle fait preuve dans ses arrangements domestiques. Par ailleurs, elle fait miroiter à Catherine le plaisir qu'elle pourrait avoir à faire du cheval à La Graulet, et plus tard de la chasse à courre dans les Pyrénées. Finalement, elle use d'un chantage sentimental : à plusieurs reprises, elle fond en larmes accusant sa fille de cruauté et d'ingratitude. L'opération réussit, et au-delà de toute attente : Catherine Pozzi ne retournera jamais plus en Angleterre.

Elle cède aussi sur un autre front et se réconcilie avec son père, ou plutôt sa mère la réconcilie avec lui, l'obligeant à lui parler la première. Quant à Samuel Pozzi, il se conduit vis-à-vis des siens avec plus de distance qu'autrefois mais sans violence, laissant échapper de temps à autre, comme par mégarde, des allusions à des activités prestigieuses auxquelles sa famille ne participe point : « Je dîne avec France... le duc de Connaught m'a dit... Clemenceau croit... Heredia... Sardou... Sarah... » [1].

La tentative d'évasion de Catherine se solde donc par un échec. Sa vie reprend comme avant, sans heurts violents, sur un fond de

1. Lettre à Mme Bulteau, 1er décembre 1918. CB.

mélancolie. Aussitôt rentrée en France, elle s'empresse de renouer avec des amis comme les Bourdet. Baca qui, à dix-neuf ans, gardait encore un aspect enfantin, préparait son bachot. C'était un gros garçon, assez sombre d'humeur, qui s'animait brusquement de temps à autre. Il s'exprimait alors avec naturel et grâce, ses yeux verts s'allumant avec une malice souriante. Catherine commence à prendre un grand ascendant sur lui. Mais son frère André, dont elle avait repoussé les avances, lui en gardait rancune. Il s'était marié par dépit et, resté amoureux de Catherine, continuait à la poursuivre de ses attentions. Résignée, elle accompagne ses parents dans leur ronde annuelle de villégiatures : elle passe la fin de l'été à Puys, leur plage normande préférée, et l'automne à La Graulet. Exceptionnellement, elle se fixe pour l'hiver à Pau auprès de sa grand-mère souffrante et s'y livre aux joies promises de la chasse à courre. Mais Pau ne la met pas à l'abri des dissensions familiales. De nouveau, des disputes éclatent entre ses parents, laissant Catherine plus accablée que jamais.

Ses efforts pour se libérer de l'emprise de sa famille ayant échoué, elle se laisse envahir par le découragement. « Chère Madame », écrit-elle à Marie Jaëll, « je vieillis et l'espèce d'élan vers "le bonheur au dehors de moi", j'en vois, hélas, l'inanité et la folie. Je comprends qu'il n'y a de joie possible qu'en dedans — que, dans une autre acception de la belle parole : le royaume de Dieu est en nous-mêmes. »[2] Déçue par son ouverture vers le dehors, elle reprend l'exploration de son monde intérieur. « Puisque la douleur n'a pu que me rendre plus fermée encore, et puisque mon intelligence n'a su choisir aucune foi, aucun but positif — je me confie à la musique pour me rendre harmonieuse. Ma main me présente une image si frappante de ce que je suis, que je ne veux plus m'adresser qu'[à la musique] comme directeur de conscience. »[3] Suivant le conseil de Marie Jaëll, elle fait venir un piano muni d'une glace sur le devant et, en attendant sa livraison, se remet à exercer des pressions sur le bout des doigts. Ces exercices, joints à d'autres d'ordre vocal et visuel, la mettent souvent dans un état d'exaltation : à l'expérience intime de l'unité de son corps et de son esprit s'ajoute l'impression de faire partie — corps et esprit — d'un grand tout qui

2. Lettre du 15 décembre 1907. CB.
3. Lettre du 12 octobre 1907. CB.

prolonge et dépasse sa personne. Elle ne réussit pas toujours à se mettre dans cet état, mais le caractère aléatoire de la méthode de Marie Jaëll ne porte pas atteinte à sa croyance en elle. « Quand on a la foi et que l'on prie, il arrive qu'on sente ou on ne sente pas Dieu, et cela est indépendant de la prière ; eh bien, on peut, on *doit* en travaillant sentir aussi qu'on communique avec un absolu. » [4] C'est, en somme, une révélation mystique que la méthode de Marie Jaëll lui apporte, et Catherine s'y adonne avec la ferveur de quelqu'un qui a trouvé la voie du salut : « Depuis que je travaille ma main régulièrement... les yeux de mon intelligence se sont ouverts à ce que Platon, Plotin, Kant, Schopenhauer et Nietzsche n'ont pu me faire voir. Je suis entrée dans la certidude. » [5]

Catherine est encore à Pau quand, au cours de l'hiver, elle reçoit une nouvelle qui la touche profondément : Marguerite Bourdet, la mère de Baca, est morte. Dans une tendre lettre de condoléances, elle invite son jeune ami à venir la rejoindre à Pau s'il a trop de chagrin. Divers engagements l'en empêchent, mais en lui envoyant ses regrets il se laisse aller à un véritable cri de désespoir : désormais seul au monde, il ne pense qu'à Catherine, l'appelle de tout son cœur. Il ne la retrouvera qu'à son retour à Paris, en mai. La compassion qu'alors elle lui témoigne resserre leur amitié — au grand déplaisir d'André Bourdet, sur le point de divorcer. Baca est éperdu d'admiration pour cette grande fille de cinq ans son aînée qui lui tend une main — et sans doute une épaule — secourable. Mais son admiration se teinte d'un sentiment d'une autre nature — est-ce le respect ? la conviction de sa propre infériorité ? Catherine est plus âgée, plus grande de taille, d'une famille plus riche que la sienne, elle brille davantage en société. Elle l'intimide quelque peu ; il est le seul de sa famille à ne pas la tutoyer.

Fière du pouvoir qu'elle exerce sur Edouard Bourdet et confiante dans l'influence bienfaisante de son amitié, Catherine Pozzi lui propose de passer une partie de l'été 1908 ensemble. Pendant un certain temps, ils pensent retrouver Marie de Régnier et d'autres amis en Haute Engadine, mais ce n'est finalement qu'en septembre qu'ils peuvent se revoir à La Graulet. A ce moment-là,

4. Lettre du 13 mars 1908. CB.
5. Lettre du 29 janvier 1908. CB.

Baca, très amoureux, voit en Catherine l'esprit le plus extraordinaire qu'il ait jamais rencontré et se comporte à son égard comme un disciple envers son maître. Quant à Catherine, elle éprouve pour son jeune admirateur une grande tendresse, un sentiment qui est plus que de la camaraderie mais bien moins que de l'amour.

De retour à Paris, Baca fait un geste qui d'un seul coup bouleverse leurs rapports et le pose en maître de la situation : en huit jours, il loue et meuble — tout en vert — un rez-de-chaussée, 91 rue de Grenelle ; puis il annonce à Catherine qu'il l'y attend. Celle-ci, consternée, se trouve dans un dilemme : d'un côté cette action romanesque la ravit ; personne ne lui avait jamais témoigné tant de désir. D'un autre côté, elle ne se sent pas le courage de se lancer dans une aventure irrégulière — d'autant plus qu'elle n'est pas amoureuse. Une nuit de réflexion lui apporte une solution : en retrouvant Baca, elle lui déclare : « Voilà. Je viendrai. Mais... pas comme ta maîtresse. Comme ta fiancée. » [6] Baca est inquiet, mais il accepte.

Le rôle de la garçonnière de la rue de Grenelle dans les rapports de Catherine et de son amoureux n'est que symbolique ; ils ne s'y retrouvent que deux fois et ne font que s'embrasser. Au cours de ces réunions clandestines, la peur du mariage disparaît chez Baca et il commence, au contraire, à le désirer. En revanche, Catherine commence à en avoir peur. D'abord elle a le sentiment, en se fiançant, de faire une chose raisonnable, de répondre à l'attente de ses parents et de la société. Par ailleurs, elle est persuadée que le caractère de Baca ne lui réserve pas de surprises désagréables. Ayant sondé l'âme de son futur époux, elle se sent capable de construire avec lui le foyer paisible et sûr que ses parents n'avaient jamais su lui donner. Mais en annonçant ses fiançailles à Marie Jaëll elle lutte contre un doute persistant ; elle sent obscurément le besoin de justifier sa décision à ses propres yeux : « J'épouse un très cher ami à moi dont j'admire depuis longtemps la noblesse et le cœur. Il est beaucoup plus jeune que moi, et cependant il me semble que je fais un mariage raisonnable — car n'est-ce pas tout de se lier à quelqu'un *en qui l'on voit clair ?* Je crois que je vais *enfin* avoir un foyer, et

6. *Journal,* 10 août 1921. CB.

l'avenir m'apparaît comme stable et facile, après tant de luttes et de dissentiments. »[7]

Elle se trompe. André Bourdet, sa première conquête, devient fou de jalousie à la nouvelle des fiançailles de son frère et essaie par tous les moyens de casser le mariage : il fait à Edouard des scènes d'une violence extrême et va jusqu'à séquestrer leur grand-mère dans le Midi pour l'empêcher de donner son consentement. En décembre 1908, Catherine semble éprouver des regrets en écrivant à Marie Jaëll : « Je suis très fatiguée et assez triste aussi car il se mêle à mon changement de vie trop d'hostilité et de rancune. Je ne sais pas pourquoi la destinée m'a offert l'amour quand j'y avais si bien renoncé — et je trouve qu'on me le fait payer beaucoup trop cher. Si c'était à refaire, je lui dirais certainement : *allez-vous-en* — et laissez-moi à mon meilleur moi-même qui se trouve près du Luxembourg ! »[8] Son temps est rongé par les luttes engagées autour d'elle, il n'y a plus beaucoup de place pour son travail avec Marie Jaëll. Le côté déraisonnable de ce mariage de raison lui devient de plus en plus évident car elle sent bien que dans sa décision il manque quelque chose d'indispensable : l'amour. Elle se rend compte que ni l'estime, ni la confiance, ni la camaraderie ne peuvent le remplacer. Ayant exalté l'amour absolu depuis sa plus tendre enfance, elle se marie à l'âge de vingt-six ans « pour se marier », et elle en est humiliée.

La cérémonie a lieu dans l'intimité — les Bourdet étant en deuil — fin janvier 1909, dans la chapelle de Saint-Pierre de Chaillot. Catherine, habillée de noir, est, de son côté, en deuil d'une certaine image d'elle-même. C'est en proie à un désespoir qu'elle ne s'avoue pas qu'elle part pour Cannes en voyage de noces. A l'Hôtel du Parc, Edouard (« Baca » devient « Edouard » ou bien « Paddy » après leur mariage) se montre très épris, plein de prévenances et de gentillesses, mais Catherine trouve qu'ils ressemblent davantage à des camarades qu'à des époux. Ils passent leurs journées à jouer au golf et, quant à l'amour, pour Catherine, c'est comme s'ils continuaient sur un autre registre un de leurs jeux d'enfants.

Sous l'apparence affectueuse et polie de leurs rapports se profile un désaccord profond : Catherine n'est toujours pas éprise ;

---

7. Lettre s.d. (1908). CB.
8. CB.

Edouard le voit bien et en souffre. Ils passent trois semaines à Cannes et vers la fin de leur séjour Edouard se met à écrire *Le Rubicon*, la première de ses pièces qui le rendront célèbre. Elle jette une curieuse lumière sur ses relations avec sa femme.

Il est évident qu'en composant son intrigue et ses personnages Edouard Bourdet a fait de larges emprunts à sa propre expérience. Le milieu social où se déroule la pièce est, tout d'abord, le sien et celui de son épouse : une bourgeoisie aisée, sociable et spirituelle, où les jeunes gens s'amusent en jouant la comédie. Le personnage principal, Germaine — jeune femme vive, intelligente, volontaire, nouvellement mariée avec Georges qu'elle a épousé sans amour —, est de toute évidence calqué sur Catherine. D'autre part, la situation de Georges à l'intérieur du couple est bien celle d'Edouard Bourdet qui savait que Catherine n'était toujours pas conquise. L'action du *Rubicon* commence par l'arrivée de François, ami d'enfance de Germaine avec laquelle il avait flirté avant son mariage (comme André Bourdet avec Catherine). Elle est attirée par lui et accepte de lui rendre visite. Pourtant, François, imbu de scrupules bourgeois, refuse cette visite quand il apprend qu'elle est restée vierge après son mariage. Pour qu'elle puisse devenir sa maîtresse, il l'engage à coucher avec son mari. Elle le fait, y prend goût, commence à aimer son mari et finit par lui demander de repartir en voyage de noces. En somme, la situation de Germaine devant les deux personnages masculins de la pièce est bien celle de Catherine par rapport à Edouard et à son frère, celle d'une jeune femme brillante qui se refuse et, en se refusant, qui les domine. Les rivaux se trouvent voués l'un et l'autre à la frustration, situation ridicule que François, comme séducteur, supporte naturellement avec meilleure grâce que Georges comme mari. Edouard Bourdet se projette dans ces deux personnages, car leur situation, infériorisante et un peu scabreuse, est la sienne.

La lune de miel finie, s'instaure rapidement chez Edouard une sorte d'interdit dans ses rapports conjugaux : il ne se sent amoureux de Catherine que de loin ; de près, son ardeur tombe et il devient renfermé, taciturne, bourru. Catherine ne lui cache pas son mécontentement. Cédant à un mouvement de désespoir, Edouard lui confie ses craintes d'un air prophétique : elle le trompera sûrement, dit-il, parce qu'elle ne l'aime pas comme il le souhaite. Sans doute sa crainte renferme-t-elle un désir profond ; se refusant à elle lorsqu'ils sont ensemble, la punissant il n'en jouit pas moins d'elle sur le plan imaginaire, car il se projette dans ses éventuels rivaux [9].

Au retour de leur voyage de noces, ils font escale dans leur nouvel appartement, 19, avenue Mac Mahon, et repartent pour passer l'été à Jouy-en-Josas, où ils avaient loué la jolie maison de leur ami Daniel Halévy. Catherine est déjà enceinte, et son médecin lui déconseille les voyages. En dépit des prévenances de son mari, très attentif à son égard, Catherine ne peut se défaire de la mélancolie qui l'accable de plus en plus depuis son mariage. C'est naturellement à Marie Jaëll, principal artisan des espoirs qu'elle pense avoir sacrifiés au mariage et à la maternité, qu'elle confie ses regrets :

> Comme je me sens différente de l'être presque masculin d'autrefois ! Je ne suis plus qu'une femme malade, et ce n'est pas un progrès. Ai-je eu raison d'aller dans le sens de l'instinct plutôt que dans le sens de l'énergie pure et consciente ? Je ne réponds pas — il y a des moments où je *regrette* avec passion, l'immense espoir égoïste que j'ai sacrifié, qui tenait entier dans mon individu seul. Il y a d'autres moments où je suis presque heureuse. Mais le passé orgueilleux, *rebelle* et amer était plus enivrant... Je n'étais pas de taille à ne boire que ce vin-là, et j'ai déchu jusqu'au « lait de la tendresse humaine » [10].

En septembre 1909, Catherine rentre avec Edouard avenue Mac Mahon où, en dehors de quelques accès de tristesse, elle attend son enfant avec calme. Quoiqu'elle se porte bien, son médecin l'oblige à s'aliter, craignant une naissance prématurée. Edouard, associé à un agent de change, se rend tous les jours à la Bourse. Mais leur destin à tous prend subitement un tournant décisif le jour où Madame de Porto-Riche, la femme du célèbre auteur dramatique, annonce à Edouard que son mari avait proposé *Le Rubicon* à deux théâtres et qui l'un et l'autre l'avaient accepté. Les répétitions au Théâtre Michel devaient commencer fin octobre.

En octobre, Catherine met au monde un fils, Claude, et peu de temps après part pour le Midi avec lui et sa nourrice. Quittant Edouard sur le quai de la gare, elle se sent tranquille, pleine

---

9. En effet, ce thème d'un homme qui pousse une femme à le tromper surgira à plusieurs reprises dans le théâtre d'Edouard Bourdet. Il forme, par exemple, un des ressorts dramatiques de *Vient de paraître* (1927).

10. Lettre écrite vers mars 1909. CB.

d'affection — *presque* éprise de l'homme qui lui avait donné un fils. De son côté, Edouard, le visage empreint de tendresse, se sentait un homme comblé, devenu d'un seul coup père de famille et auteur dramatique. Catherine s'installe à l'hôtel, à San Salvadour dans le Var, où elle demeure un mois, ne revenant à Paris qu'à la mi-janvier 1910, pour la répétition générale de la pièce. A sa descente de train, elle est bouleversée par l'accueil glacial d'Edouard. Elle se demande si c'est la tension qui accompagne inévitablement la production d'une pièce de théâtre qui a transformé son mari en homme harassé, énervé, se réfugiant dans le silence, et elle s'étonne de l'hostilité de la vedette de la pièce, Madeleine Lély.

Après la première, Edouard raccompagne Catherine et Claude dans le Var, où ils demeurent pendant que *Le Rubicon* remporte un succès triomphal à Paris. Sans doute regrette-t-il cet exil, car son humeur s'assombrit davantage. Catherine trouve auprès d'elle un époux lourd, taciturne, absent.

Désormais, aucun geste de la part de Catherine ne parvient à lui arracher un mot de tendresse. En revanche, chaque fois qu'il part en voyage, Catherine reçoit de magnifiques lettres d'amour. Mais les espoirs ainsi réveillés sont déçus à chaque retour : Catherine juge leurs étreintes muettes, brutales, anonymes. A Paris, Edouard délaisse de plus en plus son foyer, passant des journées entières — et finalement des nuits — hors de la maison. Catherine n'a pas besoin d'entendre la confession de ses infidélités avec Madeleine Lély, la vedette de sa pièce — il finira par en faire une — pour se sentir humiliée par de telles absences. Dans une crise de désespoir provoquée par une de ces fugues, elle avale du chloroforme acheté en cachette et livré par un pharmacien impressionné par le nom du professeur Pozzi. A son retour, Edouard la retrouve inanimée. La dose prise n'était pas mortelle et elle s'en remet rapidement, mais ce geste permet à Edouard de prendre toute la mesure de la détresse de sa femme et le pousse à s'expliquer avec elle. Peine perdue ; sa maladresse est extrême : à son chevet, il lui reproche brutalement de ne pas s'être montrée plus légère, frivole, indifférente, le genre de femme, en somme, dont un auteur dramatique a besoin pour lui fournir des sujets.

Un an à peine après son mariage, Catherine est convaincue qu'elle s'est trompée de route. Elle a beau se lancer de nouveau dans une étude approfondie du bouddhisme, le sentiment de démission qui la travaille est si intense qu'il fait renaître en elle l'image du compagnon imaginaire, fait de ses désirs d'amour et de connaissance, qui avait hanté toute son adolescence. Ce n'est qu'à cet autre elle-même qu'elle ose confier sa déception :

> *Vous,* chère Pensée
> *Vous,* pensive, ardente, étreinte attendue !
> *Vous,* fröhliche Wissenschaft !
> *Vous,* mon amant que j'ai appelé au fond de l'avenir par moi-toutes-les-petites-filles-passées... Pardonnez-moi de vous avoir été un an infidèle, d'avoir aimé cet enfant « si parisien », et parce qu'il n'était pas vous, d'avoir désespéré de l'amour et de m'être haïe moi-même. Pardonnez-moi d'avoir désespéré...[11]

En fait, Catherine ne se pardonne pas — et ne pardonne pas davantage à Edouard —, mais sa rancune demeure rentrée, invisible aux autres. Dans le monde, où elle joue le rôle conventionnel de l'épouse soumise, on la félicite d'avoir un mari si attentif. Toutefois, le sentiment qu'elle n'existe aux yeux des autres qu'en tant que femme d'Edouard Bourdet l'exaspère — d'autant plus que son mari ne tient nullement à l'associer à sa réussite littéraire. Le succès du *Rubicon* lui ayant valu la commande d'un livret d'opéra, Catherine s'amuse à en écrire les couplets, comme à l'époque où elle montait des spectacles à La Graulet. Enchanté de sa contribution, Edouard Bourdet n'hésite pas à utiliser le pronom « nous » en évoquant des révisions éventuelles à faire. Mais ensuite il recopie le texte de sa main pour effacer toute trace de la collaboration de sa femme. Il ne veut à aucun prix accréditer le bruit qui attribue à son épouse un rôle important dans la conception de ses pièces. Catherine Bourdet n'a évidemment pas droit à une existence littéraire.

Par ailleurs, elle constate que le mariage a exigé d'elle un autre renoncement. Elle voit beaucoup moins ses anciens amis. Edouard Bourdet les trouve ennuyeux, trop intellectuels. Peu à peu se substitue à l'ancien cercle un monde plutôt gai et frivole où Edouard fait figure de chef de bande. Catherine le trouve d'une écrasante nullité.

A la fin de l'été 1912, Catherine est en villégiature à

---

11. Ms. 9 avril 1910. CB.

Baden-Baden. Elle habite une petite maison claire entourée de bois où elle dispose d'une grande chambre et d'un piano. Sur l'instrument, elle met une gerbe de fleurs et reprend les exercices prescrits par Marie Jaëll. Elle travaille, écrit-elle à celle-ci, « comme on attrape la bouée qui seule peut sauver de la noyade » [12]. Elle a bon espoir de sortir enfin de son découragement. Déçue par le mariage, elle s'y était néanmoins installée, en avait pris son parti, et comme récompense il y avait Claude, un petit garçon de trois ans joli et alerte.

Mais au moment où elle commence à reprendre la direction de sa vie elle tombe malade. Un gros rhume attrapé à Baden-Baden persiste et s'aggrave à La Graulet où elle s'installe pour l'automne. Pendant qu'Edouard et quatre invités jouent au poker au salon, Catherine est en proie à quarante degrés de fièvre. Le rhume s'étant transformé en pleurésie, elle a besoin de plusieurs mois pour s'en remettre. En réalité elle ne se rétablira jamais ; son mal est sans doute le premier avatar de l'infection tuberculeuse qui la poursuivra, avec des intermittences, le restant de sa vie. En l'obligeant à se retirer du monde, il va renforcer son orgueilleuse inclination à se considérer comme un être à part et accroître sa tendance, déjà grande, à vivre par son imagination. La tuberculose diminuera progressivement son souffle ; ayant du mal à parler, elle aura de plus en plus recours à l'écriture pour établir un contact avec le monde.

C'est à l'Hôtel Saint Charles à Cannes, où elle achève sa convalescence, qu'elle reprend le *Journal* intime qu'elle tient, avec des interruptions, depuis son enfancc. Comme par le passé, c'est la solitude qui l'incite à écrire. Rebutée par le monde autour d'elle, elle se met à aimer son *Journal* comme une personne. Elle y rassemble ses différentes personnalités, fait le bilan de sa vie, évoque ses dieux, s'adresse à un ami imaginaire. Mais le *Journal* n'est plus un jeu d'enfant ; il s'agit, à présent, d'une entreprise consciemment subversive. En donnant une substance écrite à ses insatisfactions conjugales, elle en prend davantage conscience : elle constate, par exemple, qu'elle ne se trouve bien qu'en l'absence de son mari et redoute leurs retrouvailles. « Chers dieux que le mariage a fait fuir », écrit-elle, « revenez, vous vous êtes trompés, je suis seule comme

12. Lettre du 16 octobre 1912. CB.

avant »[13]. Relisant son cahier d'un trait, elle se voit comme un étranger, un personnage de roman. Aime-t-elle son mari ? La réponse ne vient pas tout de suite. Oui, sans doute, par devoir du moins. Mais elle se trouve sur le point de ne plus l'aimer du tout. Que va-t-il lui arriver ? L'amour, bien entendu... mais pas tout de suite.

Si l'amour arrivait, ce serait par surprise et malgré elle, car elle s'était résignée à vivre sans lui. Elle n'a même plus envie d'être heureuse ; c'est bien autre chose qui la passionne et la tourmente : « J'ai envie de remplir ma mission, c'est tout. Enfin, voilà le mot, mon mot ! Et qui ne me croirait folle ! Mais depuis que je suis toute petite, ce destin a pesé sur moi, qui fait que je me savais un devoir, un lourd devoir, obscur, immense, impératif. »[14] De quelle mission s'agit-il ? Elle ne le sait pas ; son but demeure vague. Qui la lui avait imposée ? Elle-même. Seule lui apparaît clairement l'impérieuse importance de sa tâche qui la voue à la gloire et au malheur. A trente ans comme à quinze, Catherine est tourmentée par le même besoin : l'obligation de justifier son existence. Pour la première fois depuis qu'elle tient ce *Journal*, elle pense lui donner un titre : *De l'ovaire à l'absolu.*

Le point de départ de cette obscure mission est une revendication : rejetée par les hommes, par son père d'abord, par son mari ensuite, sa conduite circonscrite par les limites étroites imposées par la société bourgeoise, elle sent le besoin d'affirmer la dignité du travail féminin. Elle en trouve un exemple insigne dans la carrière de Marie Jaëll dont elle se propose de répandre la méthode. Elle y met une ferveur toute religieuse : « Ce rôle de Saint Jean-Baptiste me sacre », écrit-elle à Marie Jaëll, « ... et m'effraie ; mais je n'y résisterai pas ; je sais bien que toute ma vie y prendra le sens qui la légitimera d'avoir été. »[15] Elle s'enorgueillit de faire partie du petit cénacle d'initiés, détenteur d'une science secrète : « Je la sens profondément, cette responsabilité terrible qui fait que nous sommes quelques-unes de qui dépend une nouvelle sagesse, quelques-unes de qui il dépend que ceux qui suivent voient un jour plus clair... C'est pour cela que je travaille. C'est pour cela que je voudrais que

13. *Journal*, 22 janvier 1913. BN.
14. *Journal*, février 1913. BN.
15. Lettre s.d. à Marie Jaëll. CB.

vous m'appreniez même ce que je suis encore trop bête pour savoir, la culture de la voix, l'influence des chiffres pairs et impairs, etc. »[16]

Né dans l'indifférence et l'hostilité de ses proches, cet apostolat ne rencontre naturellement aucune sympathie chez Edouard Bourdet. Une lettre à Marie Jaëll témoigne de son exaspération croissante : « Ce serait un homme d'une conscience bien supérieure, sans doute, qui comprendrait que même le travail d'une femme est respectable... Oh la fatigue de lutter pour son temps comme pour une nourriture superflue, de luxe, dont un être ainsi sexué n'a que faire !!! Et l'agacement quotidien d'être entravée à plaisir dans un effort dont on sait qu'il vaut tous les efforts de ceux qui l'entravent. »[17] A mesure que ses forces lui reviennent sous le soleil méridional, elle souffre de plus en plus de négliger ses travaux musicaux et ses lectures. Au cours du printemps 1913, les cures de repos se succèdent les unes aux autres, mais elle trouve qu'elle ne dispose pas davantage d'elle-même en convalescence qu'en bonne santé. Installée en juin dans un coquet petit chalet à Montana-sur-Sierre, elle éprouve pour son mari une sorte de tendresse blessée. Il apparaît à ses yeux comme un pauvre petit garçon qui a besoin d'elle. Mais elle est de moins en moins encline à répondre à ses appels.

Bientôt elle trouve une issue partielle à ses frustrations. Fritz Kiener, professeur d'histoire à l'université de Strasbourg, lui demande un article sur Marie Jaëll, sa tante, pour *Les Cahiers Alsaciens*. Il offre ainsi à Catherine Pozzi l'occasion de faire pour Marie Jaëll ce qu'elle avait autrefois rêvé de faire pour William James : saisir une âme à travers une œuvre et la faire connaître. Investie de cette mission, Catherine retrouve sa confiance en elle-même. Pendant sa convalescence en Suisse, ensuite à La Graulet où elle passe l'automne de 1913, elle approfondit ses idées en les discutant avec ses proches. Elle parvient à éveiller l'intérêt de sa mère, mais Edouard, comme elle l'avait prévu, fait preuve d'une grande incuriosité pour tout ce qui ne touche pas à l'art dramatique. C'est enfin à La Graulet qu'elle se met à rédiger son premier texte

16. Lettre s.d. à Marie Jaëll. CB.
17. Lettre s.d. CB.

publié : *Le Problème de la beauté musicale et la science du mouvement intelligent : l'œuvre de Marie Jaëll.* [18]

Disciple devenue prophète, Catherine Pozzi y défend la doctrine de Marie Jaëll avec une rhétorique toute militaire : « Le monde fait la vie dure aux idées nouvelles. Aucun poète épique n'a tenté le récit de leurs luttes monstrueuses, des tragiques batailles que leur livrent au fond des crânes les vieilles idées, les vieux jugements, les vieilles habitudes, la cavalerie légère des préjugés et les gros canons de la croyance. » Pour Catherine, un des principaux obstacles à l'épanouissement des idées de Marie Jaëll est la féminité de leur auteur : « L'Alsace quand elle était encore française, a produit un génie qu'elle ne connaît pas encore. C'est une femme. Ces trois mots-là pèsent lourd, hélas, sur l'œuvre de Marie Jaëll : ils seront cause longtemps que ceux qui pourraient la comprendre ne liront pas ses livres. »

Catherine situe la pensée de Marie Jaëll dans l'un des principaux courants intellectuels de l'époque : l'irrationalisme. En effet, la vérité du jaëllisme, qui cherche à atteindre l'esprit par la discipline du corps, est proche de celle définie par William James. Pour celui-ci la vérité est « ce qui paie » et découle de l'observation et de l'expérience, plutôt que des raisonnements. Selon Catherine Pozzi, Marie Jaëll avait réussi là où les bergsoniens échouèrent : elle avait trouvé le moyen de faire partager à l'esprit la vie de l'instinct et du corps. Toutefois, l'irrationalisme de Marie Jaëll n'était pas synonyme d'anti-intellectualisme. Catherine Pozzi se gardait bien de se ranger dans le camp des jeunes personnes interviewées par « Agathon » (Henri Massis et Alfred de Tarde) qui se révoltaient contre la vie de l'esprit pour se lancer dans l'action guidées seulement par des principes moraux, politiques et religieux traditionnels et conservateurs [19]. Au contraire, comme son maître à penser, elle gardait intacte sa foi dans les sciences exactes. Loin de répudier la raison, Marie Jaëll souhaitait seulement l'intégrer dans un système plus large où l'instinct, l'intuition et la sensation auraient également leur place, un système qui déboucherait enfin sur un spiritualisme de style conventionnel. C'est ainsi qu'elle confond la « science du mouvement » avec celle de la « beauté ». Les épigraphes que

18. *Les Cahiers Alsaciens*, n° 14, mars 1914, pp. 96-107.
19. *Les Jeunes gens d'aujourd'hui*, Plon, 1913.

Catherine Pozzi met en tête de son essai, tirées du Phédon et de Charles Maurras, montrent bien le caractère à la fois moral, idéaliste et néoclassique que revêtait la pensée de Marie Jaëll à ses yeux.

Son texte achevé, Catherine l'envoie à l'intéressée, qui pour toute réponse le lui renvoie, sans commentaire mais couvert de menues corrections. Catherine en est blessée mais attribue cette désinvolture à l'égoïsme naturel du génie créateur. Et bientôt elle se considère récompensée de ses efforts : Fritz Kiener lui fait part du chaleureux éloge de l'article que Marie Jaëll venait de lui adresser.

Sa santé apparemment rétablie, Catherine Pozzi reprend son travail avec Marie Jaëll à Paris en novembre 1913. En montant les cinq étages de l'immeuble sale de la rue Gay-Lussac où elle habite, Catherine a l'impression de retrouver une femme de génie comblée par son travail et en prise directe avec la réalité. « Elle existe », écrira-t-elle dans son *Journal* en mai : « Nous, nous singeons l'existence. » [20]

Au cours des mois suivants, Catherine Pozzi approfondit également ses connaissances dans d'autres domaines. A la Bibliothèque nationale, elle reprend ses études sur le bouddhisme qui confirment une expérience qu'elle avait faite autrefois chez Marie Jaëll. Elle avait tenu dans sa main plusieurs barres métalliques de composition différente, tout en se représentant mentalement un son, et il lui avait semblé que la résonance variait selon le type de métal qu'elle tenait ; elle en avait conclu que le son « pensé » était une « chose » aussi réelle que la matière. C'est précisément la leçon qu'elle tire de ses lectures bouddhiques. Frappée par cet accord, elle commence à ébaucher une étude sur le bouddhisme dont certaines phrases lui reviendront en mémoire un peu plus tard en écrivant son *Journal* : « La pensée n'est pas du "rien", ne fait pas partie d'une sorte de domaine intermédiaire où les grandes lois naturelles seraient abolies... Les actes, (les pensées) sont mêlés au monde, et dans l'échange éternel des choses, sont une quantité aussi... Le vieux dualisme entre le pondérable et l'impondérable n'est plus, et la science approche tous les jours du Bouddhisme davantage. » [21] La science en question est la physique quantique qui, en analysant la constitution de la matière, ramène celle-ci à des

20. *Journal*, 27 mai 1914. BN.
21. *Journal*, 4 juin 1914. BN.

particules si fines qu'elles paraissent confiner à l'immatérialité de la pensée ou de la conscience. Pour avancer dans ce domaine, Catherine se rend compte que des connaissances mathématiques lui sont indispensables. Elle ne tarde pas à engager un professeur et à se mettre à l'étude.

Par ailleurs, elle suivait attentivement bien d'autres courants qui étaient en train de modifier le paysage intellectuel de la France, s'abonnant, par exemple, à la *N.R.F.* qui, sous l'impulsion d'André Gide, s'efforçait de renouveler le goût du public bourgeois. Elle soutenait aussi l'œuvre de Charles Maurras et de l'Action Française qui luttaient contre la République, motivés par le rêve d'une société hiérarchique et d'un rationalisme supérieur. D'autre part, elle s'intéressait vivement au renouveau de la pensée catholique. Parmi les jeunes théologiens dont elle souhaitait connaître davantage l'œuvre, elle mettait au premier rang Jacques Maritain. Ce n'est que vers la fin de sa vie qu'elle fera sa connaissance, mais déjà en 1913 elle était fascinée par son effort d'asseoir la foi catholique sur une base rationnelle.

De tous les écrivains à la mode, celui qui l'intéresse le plus est Julien Benda, qui dans *Bergsonisme ou une philosophie de la mobilité* [22], avait osé pourfendre au nom de la raison le penseur le plus célèbre de l'époque. Catherine admire dans sa prose tranchante et acerbe un instrument de défense, d'agression et de domination proche de son propre langage. D'autre part, elle sent chez Benda un culte de l'intelligence qui, tout comme le sien confine au mysticisme ; elle voit, comme lui, dans la culture de l'esprit le moyen de se soustraire au quotidien et au contingent pour se hausser aux vérités éternelles.

Dans *L'Ordination* [23], le roman pour lequel Benda avait failli obtenir le prix Goncourt, elle trouve un portrait merveilleusement évocateur de la vie intellectuelle telle qu'elle l'envisage : une fuite de l'amour, certes, mais aussi, paradoxalement, une source de voluptés bien supérieures à celles qu'on retire de la passion charnelle. Une mystique de la raison, un élan vers un absolu qui n'est pas de ce monde, et qui néanmoins s'appuie sur des raisonnements rigoureux, tout cela touche Catherine Pozzi profondément. Chez Benda, elle

22. Mercure de France, 1912.
23. Emile Paul, 1912.

rencontre un esprit qui marche dans le même sens qu'elle. Sans le connaître personnellement, elle le place déjà au rang de ses relations intimes. Bien plus tard, elle fera sa connaissance, et il sera un des grands soutiens intellectuels et moraux de ses dernières années.

Si elle se montre à tel point sensible à la volupté de la vie intellectuelle, c'est sans doute parce qu'elle se trouve le plus souvent aux côtés d'un époux maussade et renfermé. Edouard Bourdet ne semble s'épanouir que dans la compagnie d'amis frivoles qu'elle a parfois du mal à supporter : les frères Samazeuilh, René, Pierre, Jean et Jacques, leurs sœurs Brada et May (celle-ci mariée avec le frère d'Edouard Bourdet, Michel), Jacques Audinet, Eddy Segrestâa. Ce petit monde ne plaît guère davantage à Thérèse Pozzi qui laisse entendre à son gendre qu'elle ne souhaite pas les accueillir à La Graulet. Par conséquent, en octobre 1913, pendant que Catherine achève son article sur Marie Jaëll, Edouard, fâché, retrouve quelques-uns de ses amis — ceux mêmes avec qui il avait joué au poker l'année précédente à La Graulet pendant que Catherine grelottait de fièvre — dans la maison de campagne des Samazeuilh près de Bordeaux. En rentrant à Paris à la fin du mois, Catherine s'y arrête brièvement et découvre un décor et des mœurs dignes d'une pièce d'Edouard Bourdet ! Une pancarte affichée à l'entrée indique le ton qui règne à l'intérieur de la maison : « Dans le jardin de nos instincts, allons cueillir de quoi guérir. »[24] Pendant sa visite, Catherine se prête à divers flirts et pelotages dont elle fait part à son mari. Mais le chemin du libertinage ne la mène pas loin ; elle ne cède guère aux sollicitations, aussi bien masculines que féminines, qu'elle juge compromettantes. Elle y résiste pour la même raison qu'elle avait autrefois repoussé les avances de Georgie Raoul-Duval : la peur des émotions que ces jeux risquent d'éveiller en elle. S'il ne lui est pas difficile de se dérober aux attentions d'un amoureux velléitaire que la timidité empêche de lui donner un baiser en public, un autre baiser, de Jeanne Rabier celui-là, auquel elle finit par consentir, la trouble bien davantage — au point de lui faire fuir la maison. Une déclaration d'amour l'attend à Paris. Elle y répond aussitôt par une fin de non-recevoir mais le ton du refus témoigne clairement de son regret et de sa reconnaissance : « Adieu, — tu

24. *Journal*, 26 octobre 1913. BN.

m'as fait revivre, une minute, la plus terrible tentation que j'aie jamais vaincue. »[25]

Cette scène inspire à Catherine un mélancolique retour sur son passé. Rentrée à Paris, elle apprend que Georgie Raoul-Duval est gravement malade, que ses jours sont probablement comptés. Un pèlerinage sentimental la conduit devant sa maison, rue de la Pompe, où elle se laisse envahir par la nostalgie. Une visite inattendue de Marguerite Moreno, de retour d'une tournée en Argentine, accroît ses regrets. L'ancienne rivale de Georgie revient la voir pour « essayer de deviner si la petite fille qui l'avait troublée autrefois était une femme plus accessible »[26]. Elle repart déçue. Georgie succombe à sa maladie le Jour des Morts, au matin. Catherine croit s'en apercevoir sur le moment par une voie de communication mystérieuse. En mourant, Georgie rejoint dans son imagination le panthéon d'amies disparues où elle avait déjà placé Audrey Deacon, partie, elle, le jour de la fête de l'Esprit Saint. A son culte, Catherine ajoutera celui de l'infidèle, partie le jour de la fête des morts, fête qui deviendra désormais celle des fantômes du désir. Comme par le passé, ce souvenir de tentation vaincue se confond dans sa fantaisie avec sa vieille quête d'infini car, conformément à l'enseignement de Marie Jaëll, Catherine ne distingue pas clairement dans son expérience ce qui est physique de ce qui relève de l'esprit.

Si, orgueilleuse et timide, Catherine Pozzi amorce des aventures qu'elle n'ose pas mener à terme, elle cède volontiers, en revanche, à des tentations imaginaires. Ses travaux sur le bouddhisme à la Bibliothèque nationale ne lui ayant pas inspiré une sérénité orientale, la simple vue de son vieil ami Daniel Halévy, venu se documenter pour son étude sur Charles Maurras, la trouble : sa barbe virile et sa veste de velours déclenchent chez elle une rêverie où figurent des mains liées et des chevaux galopants. A d'autres moments, Catherine rêve de se jeter en pleurant dans les bras du timide Fritz Kiener, en dépit de son physique qui ne lui plaît guère. De tels fantasmes lui font honte, d'autant plus qu'elle sent renaître en même temps la vieille peur de ses quatorze ans : elle se trouve laide, trop maigre, trop mal bâtie pour jamais inspirer un grand amour, et humiliée par son impuissance à dominer la violence de ses désirs : « Je ne sais quel

25. *Journal*, 27 octobre 1913. BN.
26. *Journal*, 1er novembre 1913. BN.

appétit de cœur étrange me tient et me tenaille », écrit-elle dans son *Journal.* « Hélas, que me veut ce sexe avilisant, et à quels airs aspirent ces nerfs, violons à romances. » [27] Tandis que tout l'élan de son esprit la porte à se distinguer de ses contemporains, elle se sent rejoindre, malgré elle, le troupeau immense et vulgaire des femmes insatisfaites : « Idiote, femelle, utérus et médiocrité. » [28]

En dressant le bilan de sa vie depuis son mariage, Catherine Pozzi ne se dissimule plus son échec. C'est à la Vierge de Lourdes qu'elle confie d'abord sa déception dans un langage qui fait pressentir déjà l'éloquence d'un des grands poèmes de sa maturité : « O Rose de Lourdes ! Nous n'y ferons rien, voyez-vous. A quoi bon se cramponner à ce grand amour que vous m'aviez donné. *Aviez.* » [29] En prenant conscience de son échec, elle commence déjà à entrevoir la possibilité d'un avenir plein de promesses où son mari n'aura pas de place : « O chercheuse d'absolu, dites-moi qu'il est léger. Dites-moi que le silence éternel des espaces infinis ne l'effraie... ni l'attire. Dites-moi que la tendre et dure Karin sera forcée de le laisser derrière quand elle partira vers les étoiles. » [30] Nul doute que ce départ ne soit imminent.

---

27. *Journal*, 22 novembre 1913. BN.
28. *Ibid.*
29. *Journal*, 3 mars 1914. BN. Cf. *Vale :* « La grande amour que vous m'aviez donnée... », *Œuvre poétique, op. cit.,* pp. 25-26.
30. *Ibid.*

II

Ô MA COMPAGNIE
À TRAVERS LES ÉTOILES

En décembre 1913, Catherine Pozzi suit une cure d'altitude, préventive, à Villars-sur-Ollon, en Suisse. A l'hôtel Palace, elle est une des femmes les plus élégantes de la saison avec sa remarquable collection de robes parisiennes et une énorme variété de costumes de montagne. Ses forces revenues, elle passe des heures au grand air, sur les pistes de ski ou à la patinoire. Elle est seule, Edouard ayant rejoint sa bande d'amis au « Pingalant », près de Bordeaux. Elle en éprouve d'abord un certain soulagement, mais elle s'ennuie vite, et sa solitude tourne à l'amertume.

C'est donc avec plaisir qu'elle accueille à déjeuner un ami d'Edouard qui, de passage à Lausanne, monte à Villars la saluer. Il s'agit d'André Fernet, un camarade de collège retrouvé par Edouard le printemps précédent. Catherine le connaît à peine ; elle l'avait quelquefois reçu avenue MacMahon, mais avec une telle indifférence qu'elle n'avait même pas feuilleté les livres qu'il lui avait offerts. Ce jeune magistrat, auditeur au Conseil d'Etat, destiné sans doute à un poste élevé dans la fonction publique, est aussi écrivain, déjà auteur d'un roman et de deux pièces de théâtre [1]. Bel homme blond de 28 ans, il a l'air fatigué en descendant du train, mais il est de bonne humeur et rit de contentement en montant déjeuner à l'hôtel. Ils restent à table tout l'après-midi. Catherine parle à voix

1. Sous le pseudonyme d'André Fergan, il avait publié un roman, *L'Ascète*, chez Grasset en 1910 ; André Antoine avait représenté une de ses pièces, *La Maison divisée*, à l'Odéon en février 1913 ; une autre pièce, *Le Cœur pur*, date de la même année.

basse et l'ironie de ses propos semble parfois démentir la douceur de son ton : les paroles de Fernet, en revanche, ont une gravité et une sincérité presque enfantines. Leur entente croissante les surprend, les enchante — et les inquiète. Quand la conversation s'oriente vers la religion, c'est avec un certain soulagement qu'ils constatent leurs différences d'opinion : Catherine voit dans la raison une voie éventuelle de retour au christianisme ; pour Fernet, seul le sentiment peut y conduire, et il rejette ce chemin, qu'il considère comme une lâcheté. Si Catherine ne partage pas son avis sur la question religieuse, elle est néanmoins touchée par le culte qu'il voue à l'esprit et par l'austérité dont il se targue. Jeune homme au profil de médaille grecque, Fernet n'a, en apparence, rien d'un ascète ; Catherine pense qu'il doit avoir beaucoup de succès auprès des femmes, qu'il a certainement une maîtresse. Le contraste entre son charme physique et la sévérité de ses opinions rend Catherine perplexe, et, au risque d'apparaître indiscrète, elle hasarde une question sur sa vie intime : « Oui, mais, alors, comment faites-vous ? » Sa réponse l'inquiète, dans la mesure où elle va à l'encontre de l'idéal unitaire qu'elle a conçu pour elle-même : « Je fais deux parts de ma vie. La cloison étanche. Le reste ne compte pas. » [2] En dehors de ce désaccord, Catherine voit dans le mépris orgueilleux des plaisirs communs proclamé par Fernet, dans sa quête anxieuse du salut, dans son besoin d'une règle de conduite intellectuelle et morale, dans sa mélancolie, les mouvements qui dominent sa propre vie spirituelle.

André Fernet est fils d'un médecin distingué, le docteur Charles Fernet, membre de l'Académie de Médecine. Ayant perdu sa mère à l'âge de huit ans, il avait grandi dans une famille austère qui refoulait systématiquement tout épanchement du cœur. L'école avait parfait son apprentissage de la solitude. A la sortie du collège Fénelon, il avait préparé Polytechnique, mais avait vite renoncé à une formation scientifique et commencé des études littéraires et philosophiques à la Sorbonne. Vers sa vingtième année, il avait « fait alliance » avec son frère aîné, Jean, qui lui avait ouvert des horizons grâce à l'expérience acquise en Extrême-Orient comme officier de marine. Cette influence, jointe à la dure discipline imposée par son père, furent sans doute à l'origine du conservatisme politique et intellectuel qui

2. Ms. s.d. CB.

rapprochait André Fernet des positions défendues par Charles Maurras et l'Action Française [3].

Etudiant, André Fernet n'était pas parvenu à secouer le poids d'une enfance janséniste fondée sur l'idée du péché. Plus tard, il s'était lié d'amitié avec Marie Laurencin qui ne devait pas beaucoup se soucier de ses préoccupations métaphysiques. Celles-ci, il les avait partagées plutôt avec un groupe d'hommes où figurent plusieurs amis futurs de Catherine Pozzi, dont le romancier Elémir Bourges, l'islamisant aventureux Louis Massignon.

Si Catherine avait lu le roman autobiographique de Fernet, *L'Ascète*, elle se serait rendu compte que les attitudes qu'elle avait admirées dans sa conversation étaient le fruit d'une longue maturation philosophique. Comme le héros de ce livre, Fernet s'était retiré sur une île dépeuplée, à la suite d'une crise métaphysique. Il en était revenu avec une philosophie bien peu orthodoxe, ayant substitué au Dieu des Eglises, compatissant et secourable, une divinité distante d'une perfection inhumaine. Seule moralité, selon Fernet : se rendre semblable à ce Dieu, tâche dont on s'acquitte par l'action héroïque. Cette éthique méprise le bonheur comme une chose fade et estime le risque parce qu'il augmente la puissance :

> La seule joie dans la vie sociale [dit Fernet par la bouche de son personnage] est de cultiver le danger, d'aimer le risque et de tirer de ses muscles la plus complète utilisation. Il ne faut pas se maintenir dans la situation acquise, mais toujours, quitte à tomber, chercher une autre chose, poursuivre un autre idéal, s'exercer à sauter les précipices et, comme l'avait dit Nietzsche, vivre dangereusement [4].

Il y a quelque chose d'inhumain dans cette doctrine nietzschéenne de domination de soi, dans la mesure où la réussite semble inséparable du sacrifice — et par conséquent de la souffrance et de la mort. Mais, aux yeux de Fernet, le héros qui dépasse ainsi la condition humaine est un bienfaiteur de l'humanité ; dans l'hé-

3. Son frère, Jean Fernet, restera fidèle à cet héritage. Bien plus tard, devenu vice-amiral, il laissera sa marque sur son époque comme un des proches collaborateurs du Maréchal Pétain ; dans le gouvernement de Vichy, il exercera les fonctions de secrétaire du Président du Conseil.

4. *L'Ascète*, p. 65.

roïsme, il érige « comme une statue l'acte insigne qui sera dans les mémoires une victoire, une raison d'espérer »[5].

Au cours de tout un après-midi de conversation, Catherine Pozzi se domine et ne laisse rien paraître de son émotion. André Fernet non plus. Catherine le croit plutôt indifférent à son égard. Charmée, envoûtée même, elle ne se croit pas amoureuse pour autant ; l'envie de pleurer qui la prend subitement en voyant le funiculaire emporter André Fernet lui demeure inexplicable.

Elle voit finir l'année, seule dans son palace des neiges où l'élégance de ses robes lui paraît inutile. L'atmosphère de volupté qui règne au bal costumé du jour de l'An lui paraît une ironie méchante : Edouard, qui fête le nouvel an près de Bordeaux parmi ses amis, se manifeste seulement par un envoi de violettes.

De retour à Paris, en février 1914, guérie, Catherine reprend le visage hautain qui lui a valu une réputation d'inaccessibilité. Ce visage et la carapace d'élégance qu'elle s'était construite, visent à compenser les mêmes tares : elle se trouve toujours laide, d'une maigreur déplaisante. Pour parachever son malaise, Edouard ne se gêne plus pour donner devant elle des coups de téléphone à une certaine Antoinette dont il est amoureux. Ce n'est qu'aiguillonné par la jalousie qu'il revient — de temps à autre — vers elle. En effet, un baiser donné à Catherine dans l'ombre par un de ses amis au cours d'une séance de spiritisme avait récemment rallumé son ardeur. André Fernet était présent à la séance, lui aussi — distant et désapprobateur.

Par ailleurs, elle se sent agitée par un désir obscur qu'elle ne parvient pas à s'expliquer : « Ni l'amour, ni l'amitié, ni le mariage », écrit-elle dans son *Journal*, « ne donneront pâture à ce sentiment vraiment sans nom qui au dedans de moi pleure d'impuissance et d'inapaisable soif »[6]. C'est dans un effort pour assouvir cette envie indicible qu'elle se jette avec une ardeur renouvelée dans ses lectures sur le bouddhisme et reprend son travail avec Marie Jaëll. Si ses

5. *Ibid.*, p. 91. Cette même morale altière de discipline et de sacrifice apparaît dans le théâtre de Fernet. *La Maison divisée* met en scène un vieux chancelier qui, responsable du maintien de l'ordre, sacrifie son propre fils à son devoir. Le héros du *Cœur pur*, qui incarne un succès gagné à force de volonté, n'est pas plus aimé dans son usine que le chancelier dans son pays : comme le héros de la pièce précédente, il atteint une haute spiritualité en renonçant aux affections humaines.

6. *Journal*, 26 mai 1914. BN.

progrès dans ces études sont lents, le but qu'elle y recherche devient plus clair : « O ma vérité que je ne sépare de Dieu ! Règne de l'esprit qu'il faut établir dans mon inquiète et famélique cervelle, unité de la pensée et de l'étendue, devinette de Spinoza ! » [7] La certitude de ne s'être pas trompée de route en reprenant ses études l'arme d'une patience sans bornes.

De tels efforts, cependant, l'épuisent et, à la mi-juillet 1914, elle part se reposer à Val-Mont-sur-Territet en Suisse. Se trouvant sur le point de quitter Paris, elle reçoit la visite d'André Fernet, venu, des roses à la main, lui souhaiter bon voyage. Arrivée à Val-Mont, elle lui adresse son article sur Marie Jaëll, paru en mars dans *Les Cahiers Alsaciens*. La réponse de Fernet parvient rapidement à son sanatorium et lui va droit au cœur : « Vous êtes celui qui allez marcher dans le même chemin que moi, où *nous sommes les premiers*. Vous êtes celui à qui il faut que je fasse confiance et celui qui me remplacera si je meurs. » [8] Il lui propose, en somme, sous la forme d'un pacte solennel, l'alliance intellectuelle dont elle avait toujours rêvé. Elle l'accepte. Puisqu'une réserve de bon ton continue à gouverner ses échanges avec Fernet, ce n'est que dans son *Journal* que Catherine ose donner toute la mesure de son émotion : « O André, vous êtes celui à qui je passe la petite lumière dont nous devons faire "tout le jour" ! O Prince Savant, mannequin naïf de mes 18 ans ! Amour qui auriez le mot suprême : "ton Dieu sera mon Dieu". Mariage mystique dans le soleil. O ma compagnie à travers les étoiles. » [9]

Catherine croit avoir trouvé finalement l'homme dont elle porte l'image depuis son enfance. Mais son amour — si toutefois il faut donner ce nom à leur étrange alliance — est curieusement désincarné. André Fernet ne lui témoigne aucune marque de désir, par crainte, dit-il, de vivre avec elle une histoire banale. Il méprise les sentiments de tout le monde, fuit « l'humain » et ne souhaite pas que Catherine soit « humaine ». Et elle, de son côté, est certaine de n'éprouver aucun désir pour Fernet.

A la demande de Catherine, André va voir Marie Jaëll qu'il trouve, au premier abord, déconcertante : « J'aurais assurément pu

7. *Journal*, 8 juin 1914. BN.
8. *Journal*, 21 juillet 1914. BN.
9. *Ibid.*

croire qu'elle allait me demander si je désirais "le marc de café, le blanc d'œuf ou la bougie" », écrit-il à Catherine. « J'en rougis maintenant. Lorsqu'on la voit presque de profil, les yeux fixés sur la marche assurée de son raisonnement, la lèvre lourde, et ses admirables mains abandonnées sur son gros ventre, on lit avec émotion un admirable visage de vieux penseur, de vieil homme sagace et nourri d'expériences. » [10] Marie Jaëll parvient à ébranler ses anciennes certitudes sans, toutefois, obtenir son entière adhésion à ses idées. Sa théorie de la correspondance des couleurs et des sons, par exemple, le laisse sceptique : « Je n'arrive pas à croire que cela soit une vraie réalité... et non pas une élégante image ou une involontaire autosuggestion. Mais, si c'est vrai, c'est là qu'est l'intuition géniale, avec cette volonté, cette foi de confier à l'intelligence et non pas à toutes les orthopédies des anciennes animalités, le gouvernement de nous-mêmes, et l'ordre sur nos corps. » [11] Le 25 juillet, il passe une heure chez elle à tracer au-dessus du clavier de son piano des arabesques bizarres tout en prononçant le son « oooynnn » [12].

Bientôt des événements menaçants survenus sur la scène internationale vont interrompre ces paisibles exercices. Comme Edouard Bourdet, avec qui il conserve des relations de camaraderie tout en gardant un silence prudent au sujet de Catherine, Fernet en est très préoccupé : « Mais pouvons-nous encore parler de musique et de rythme et d'allégresse », écrit-il à Catherine, « quand déjà peut-être roulent les canons dans les chemins creux ? Hier soir, Edouard, Farge et moi, nous avons anxieusement tâté le pouls de l'Europe. » [13]

En effet, celui-ci bat la chamade. Catherine rentre précipitamment de Suisse à Paris au début d'août 1914. A sa descente du train, Edouard lui annnonce l'assassinat de Jaurès ; on s'attend à ce que des barricades surgissent dans les rues de Paris, mais il n'en est rien. Le 3 août, pendant que les Allemands envahissent la Belgique, la France mobilise. La bataille des frontières commence.

Obéissant à l'ordre de réquisition, Edouard amène sa voiture

10. Lettre du 21 juillet 1914. CB.
11. *Ibid.*
12. Lettre du 26 juillet 1914. CB.
13. *Ibid.*

immédiatement aux services concernés ; il commence sa carrière militaire comme maréchal des logis dans le train des équipages. Plus tard, il sera affecté au quartier général où ses principales fonctions seront celles de chauffeur et d'interprète auprès de l'armée anglaise. Quant à Fernet, il est attaché d'intendance à l'Etat-Major de la 3e Division. Dans une lettre du 6 août, teintée de condescendance, il tient à rassurer Catherine sur le sort de son mari : « Je puis vous assurer que si Edouard mène la même vie que les automobilistes de la 3e Division de Cavalerie, il mène la vie la plus charmante, la moins bousculée et la moins exposée qui puisse se rêver. » [14] Pour le moment, Fernet ne court pas de danger non plus, et il s'irrite des multiples dérangements qui l'empêchent de suivre « la valse des idées » qui seule le passionne. Toutefois, de temps à autre, il semble se réjouir de l'irruption subite de l'Histoire dans sa vie : « Nous entrons en Belgique tout à l'heure, et prendrons position devant Bouillon. Tout à l'heure, une admirable galopade de cuirassiers devant une vieille église XVe. Que c'est beau, parfois, la vie brutale. »[15] La guerre est encore à ses débuts et l'idée que Fernet s'en fait n'a pas encore été démentie par les événements : comme dans la guerre de 1870, la cavalerie tient la vedette ; les anciens idéaux de la chevalerie demeurent intacts.

Dans les premières semaines d'août 1914, Catherine retrouve un Paris pavoisé comme pour le 14 juillet et s'étonne de la subite amabilité des gens dans la rue. Voyant les premiers blessés arriver du front, elle essaie de s'informer du sort d'Edouard et d'André en s'adressant à Colette, mariée depuis 1912 avec Henry de Jouvenel, directeur du *Matin*. Mais les journalistes sont aussi mal informés que quiconque. A la place des renseignements, elle reçoit de la part de Colette des marques d'attention qui la gênent, car leur amie commune, Georgie Raoul-Duval, ne l'avait jamais convertie au goût des parties intimes à trois. Catherine n'a pas de difficulté à esquiver celle qui lui est offerte.

Autour d'elle les dames du monde se mobilisent à leur façon. Le professeur Pozzi inscrit sa fille comme infirmière au Val-de-Grâce, où le contact avec la souffrance la conduit à juger avec sévérité la forme que prend chez certaines femmes le dévouement à la patrie.

---

14. CB.
15. *Ibid.*

Par exemple, chez Mme de Brantes, organisatrice d'une œuvre de secours aux réfugiés, elle regarde d'un œil ironique une assemblée de dames parées qui écoutent avidement une conférence faite par son père, resplendissant dans son uniforme de lieutenant-colonel. On n'y prête guère attention aux objets de leur bienfaisance : les quarante malheureux Alsaciens cachés au fond de la salle.

Informés par des communiqués de presse mensongers, les parisiens ne se rendent pas compte de la déroute des armées alliées et du danger qui les menace, venant du Nord. A la fin août, ils s'étonnent d'entendre le tonnerre lointain de l'artillerie. L'armée de von Kluck atteint Senlis au début de septembre et les Allemands occupent Amiens, Laon, Reims. Le gouvernement fuit la capitale pour s'installer à Bordeaux. Catherine, partie en voiture, suit le même chemin sur des routes encombrées d'un million de réfugiés. Après être passée par Limoges et par Bordeaux, elle arrive, épuisée, à La Graulet.

A l'hôpital, elle donne des soins aux blessés, mais elle sait que sa vraie mission n'est pas de veiller à la santé des corps. C'est plutôt de nourrir son « petit feu d'intelligence et puis de le passer à d'autres, joie, sagesse et santé » [16]. Par conséquent, pendant que le général Maunoury organise la défense de la capitale et qu'une nouvelle armée britannique se regroupe du sud-est de Paris, Catherine, face à un horizon paisible et familier, s'adonne avec ardeur aux mathématiques. La contre-attaque déclenchée par les Alliés en septembre remporte un succès initial, pour ensuite s'enliser dans la Bataille de la Marne. Le mois suivant, le front se fige sous la forme qu'il gardera, dans l'ensemble, pendant quatre années meurtrières : une ligne qui s'étend des Flandres jusqu'à Verdun. Paris n'étant plus menacé, c'est sans inquiétude que Catherine Pozzi regagne l'avenue MacMahon à la fin octobre 1914.

Les lettres qu'André Fernet lui adresse à Paris consolident leur alliance. Il n'avait jamais rencontré une femme capable, comme elle, de comprendre sa conception exaltée de Dieu : une conscience parallèle à la nôtre mais indifférente à nos besoins et sourde à nos prières ; personne, autant qu'elle, n'avait sympathisé avec sa fuite de « l'humain ». C'est ainsi qu'il approuve chaleureusement sa pratique

16. *Journal*, 29 août 1914. BN.

des mathématiques, dont il admire « l'enivrante sécheresse » [17]. Au mois de novembre, Fernet revient à Paris en permission et « l'humain », proscrit par sa philosophie, fait irruption, malgré lui, dans leurs rapports. Catherine le reçoit dans un salon où elle fait brûler des parfums ; elle se promène avec lui au Bois de Boulogne et lui offre d'héberger son ami, le romancier Elémir Bourges. Emu par tant de prévenances, Fernet évoque l'appartement qu'il aura après la guerre, où un coin sera toujours réservé à Catherine. Mais leurs paroles pudiques n'expriment pas la profondeur de leur attachement qui n'éclate qu'une fois Fernet retourné sous les drapeaux. Alors seulement il reconnaît que l'ordre qu'il avait essayé d'imposer à sa vie est mensonger :

> Je suis près de vous avec une infinie tendresse. Vous avez lentement répété avant-hier, cette phrase que je vous avais dite : l'invincible fidélité d'un cœur fraternel. Et aussi, vous m'avez appelé : mon frère chéri. J'en ai le cœur inondé de tendresse. Jamais l'on ne m'avait dit cela. Tout disparaît devant cela. Dites-moi ce que vous pensez de nous, de notre avenir. Il n'est pas possible qu'il nous faille renoncer l'un à l'autre... Parlez-moi franchement. Vous savez qu'il ne doit y avoir entre nous, autour de nous, aucun mensonge. [18]

Catherine, qui avait mis du temps à se l'avouer, reconnaît enfin qu'elle est amoureuse. C'est une constatation qu'elle assume « avec une lâcheté profonde et sans espoir » [19].

Au début de décembre 1914, elle envoie à Fernet deux cahiers récents de son *Journal.* C'est la suprême preuve de confiance, la façon de lui faire comprendre que désormais elle s'autorise à lui parler comme à elle-même. Fernet les lit et les relit, envoûté, s'emportant contre Edouard responsable d'avoir entouré Catherine d'une société vis-à-vis de laquelle il proclame avec brutalité son mépris : une certaine Jeanne-Qui-Baise lui inspire des nausées ; quant aux autres, leur lâcheté le dégoûte tout autant. Par contraste avec la grossièreté futile de ce milieu, la mission spirituelle qui guide la vie de Catherine lui apparaît d'autant plus admirable, une entreprise remarquable à laquelle il souhaite ardemment collaborer.

---

17. Lettre du 7 septembre 1914. CB.
18. Lettre du 1er décembre 1914. CB.
19. *Journal*, 23 septembre 1914. BN.

« Si vous croyez que je puis aider votre route et soutenir votre pas », lui écrit-il, « soyez-en certaine, je ne vous ferai pas défaut. »[20] Fernet encourage Catherine à subordonner tous les autres aspects de sa vie à son développement intellectuel et spirituel : « Le reste », écrit-il, « n'a que très peu d'importance. » Ce qu'il désigne comme « le reste » et qu'il souhaite mettre rigoureusement de côté, est de taille. Il y a de son côté, sa maîtresse, et, du côté de Catherine, Edouard et son monde libertin ; il y a surtout leur tendresse mutuelle et les appels de leur propre sensualité. Fernet définit avec fermeté le protocole de leur entente : « Il ne doit pas y avoir entre nous de mots ou de scènes romantiques. Tout est infiniment simple, et se réalise. Il n'est que d'y consentir. »[21] Un tel consentement serait sans doute plus facile pour André Fernet, déjà entraîné à rendre étanche la cloison qui divise sa vie, que pour Catherine Pozzi, qui avait appris de Marie Jaëll que le corps et l'esprit sont la même chose.

Catherine est constamment l'objet de sollicitations auxquelles elle ne cède pas, notamment celles d'un jeune diplomate, Robert Siegfried, secrétaire d'ambassade au Caire et vieil ami des frères Bourdet. Il est au courant des difficultés conjugales d'Edouard et souhaite occuper dans la vie de Catherine une place qu'il juge vacante. Sa cour commence vigoureusement : aux envois de fleurs et de bibelots succèdent des dons de livres, des ouvrages de philosophie pour la plupart, car Siegfried cherche — en vain — à impressionner Catherine par son érudition platonicienne et cartésienne. De tels hommages, s'ils apportent de vives satisfactions à sa vanité, laissent son cœur indifférent. Repousser les avances de Siegfried devient un divertissement pour Catherine : elle ne consent à l'inviter chez elle, par exemple, que pour le présenter à cette jeune femme prénommée Jeanne dont les mœurs avaient scandalisé André Fernet. Et elle lui adresse tantôt des vers narquois, tantôt des lettres signées « The Thin Clergyman », où elle se qualifie de « serpent ironique », pour rappeler à Siegfried, tout en se refusant à lui, l'ondulante minceur qui l'attire.

Il ne se décourage pas pour autant et renouvelle ses attentions tout au long de l'hiver et du printemps de 1915, répondant ainsi à un

---

20. Lettre du 10 décembre 1914 citée dans le *Journal.* BN.
21. *Ibid.*

certain ton prometteur, évident sous le persiflage de sa correspondante. Tout en s'esquivant, elle lui fait miroiter la possibilité de consolations futures : « Si plus tard quelque chose ou quelqu'un vous faisait très mal, vous pourriez encore venir poser votre tête contre l'épaule du mince pasteur protestant, fourbe, dur et solitaire. » [22] Au printemps 1915, elle parvient à repousser une visite de Siegfried qui souhaite venir la voir au Moulleau où elle est en vacances, en faisant valoir la froideur du lieu, la présence d'amis à demeure, et même sa mauvaise humeur. Mais elle est obligée de l'accueillir en juin. Elle lui avait bien précisé qu'elle ne lui offrait qu'une camaraderie sportive, mais il avait, malgré tout, espéré davantage. Il repartira vers ses chancelleries, déçu et fâché. Catherine est toute prête à reconnaître ses torts : « J'ai joué au plaisir », lui écrit-elle, « sans vouloir consentir au plaisir — calcul ignoble que vous avez le droit de mépriser. » [23] Cependant elle attribue l'échec de leurs relations principalement à Siegfried : « C'est votre violence qui nous a séparés surtout, bien plus que mes paroles ironiques. » [24]

Il subsiste entre eux une entente intellectuelle car Robert Siegfried est, lui aussi, en train d'élaborer un système philosophique qui occupe une large place dans leur correspondance [25]. Sa pensée, comme celle de Catherine, est animée par un puissant élan vers l'au-delà : « Je suis hanté et n'ai jamais été hanté que d'absolu », lui écrit-il. « Il y a quelque chose qui derrière les apparences vit. » [26] Au lieu de chercher cet absolu par la privation et l'ascétisme comme le fait André Fernet, il essaye de l'obtenir par la satisfaction de ses désirs. Sa quête d'absolu débouche naturellement sur une théorie de l'amour :

> Il n'est pas de théorie de l'amour plus haute que la mienne. Ceux qui, dans un imaginaire besoin d'infini, estiment que réaliser une chose c'est en finir avec elle, sauraient, s'ils avaient

22. Lettre du 11 février 1915. CB.

23. Lettre du 21 mars 1915. CB.

24. Lettre du 29 juin 1915. CB.

25. Robert Siegfried est l'auteur de trois essais philosophiques réédités chez G. Crès en 1925 : *Lettre et discours sur les passions* (1918) ; *Traité des devoirs* (1920) ; *Traité succinct des œuvres de la perfection* (1920).

26. Lettre du 13 décembre 1915. CB.

> le cœur d'affronter ce que leur pauvreté prend dans le vide, que c'est justement parce qu'au-delà de la réalisation il n'y a plus rien, qu'il y a tout. C'est au moment, en effet, où il n'y a plus rien à ajouter aux choses qu'elles quittent, achevées, c'est-à-dire parfaites et désormais existantes, le domaine mesuré du temps pour le domaine illimité de l'infini.[27]

Pour Siegfried comme pour Catherine Pozzi elle-même (qui suit ici l'enseignement de Marie Jaëll), la perfection n'est pas une conception indépendante de la vie du corps, mais représente, au contraire, l'entière réalisation de celle-ci. De là, sa violente réaction face aux refus de Catherine Pozzi : en se dérobant à sa poursuite, elle le prive de ce qu'il recherche par-dessus tout : l'absolu.

Tout en gardant une distance prudente à l'égard de Robert Siegfried, Catherine Pozzi poursuit de son côté, au cours du printemps 1915, une méditation sur la relation des « choses » avec l'absolu. Sûre de la compréhension et de la sympathie de son admirateur, elle s'empresse de lui faire part, sur le ton désinvolte qu'elle adopte habituellement avec lui, d'un vaste projet philosophique qu'elle vient de concevoir au cours d'une promenade en forêt : « J'ai commencé d'écrire un machin sur l'intellectualisme de la sensation qui vous fera grande joie. »[28] Il s'agit d'un essai intitulé *De Libertate*, tentative audacieuse pour fonder la liberté humaine sur une théorie de la sensation. C'est une entreprise destinée à l'occuper pour le reste de ses jours et à nourrir toute sa création poétique. Elle reconnaît immédiatement dans cette subite inspiration l'appel spirituel qu'elle attend depuis sa jeunesse.

Pendant qu'elle joue la coquette auprès de Robert Siegfried et donne la réplique à André Fernet dans un dialogue exaltant, Catherine garde son ascendant sur Edouard Bourdet. En dépit de leurs désaccords, elle réussit à lui communiquer certaines de ses propres aspirations ; à l'instar de sa femme, par exemple, il souhaite acquérir de la discipline et de la volonté : « Sache seulement », lui écrit-il en janvier 1915, « que la confiance que tu mets en moi... est ce qui par-dessus tout peut me faire triompher de ce qu'il y a de plus faible en moi, de paresseux, de jouisseur et de superficiel. »[29] Tout en s'arrogeant une supériorité morale, Catherine cherche à atténuer

27. *Lettre et Discours sur les passions*, p. 48.
28. Lettre s.d. (été 1915). CB.
29. CB.

la sévérité de ses exigences en témoignant à son mari une tendresse un peu distante. Malgré leurs dissensions, reconnues de part et d'autre, elle essaye de rassurer Edouard sur l'avenir de leur union en lui brossant un tableau idyllique de la vie qu'elle mène au Moulleau au printemps de 1915 : la beauté de leur fils, Claude, a fait les délices de Sarah Bernhardt, revue lors d'un bref passage ; vêtue d'une jupe de toile blanche et d'un chandail de marin, elle-même passe de longues journées à bord de son voilier, le « Traumatic », dans la compagnie de leur vieille amie, May Samazeuilh.

Vers la fin juillet 1915, une subite et violente recrudescence de sa maladie pulmonaire la terrasse de nouveau, mettant sa vie en danger pendant plusieurs semaines. De loin, Edouard Bourdet assiste à son lent rétablissement, accablé par son impuissance à aider sa femme. Il a l'impression que la maladie a éloigné Catherine davantage encore, et que désormais il n'a qu'une place dérisoire dans son existence : « Je sais bien », lui écrit-il dans une mélancolique lettre de fin d'année, « que ce n'est pas ta faute si tu es loin, si tous les embêtements que tu as avec ton corps te font peu à peu oublier que cela sert au plaisir, quelquefois, ni si tu as déserté le pays des corps pour le domaine de l'âme, un domaine où je ne suis qu'un promeneur curieux qui regarde par-dessus la grille, sans entrer, et où ça ne fait guère te déranger quand je t'appelle à la porte. » [30] Toutefois, il lui demeure attaché, même si elle n'en a cure, par le souvenir de toute leur vie commune. Il fait part à sa femme des images qui l'obsèdent :

> Catherine dans sa chambre jaune et blanc, avenue d'Iéna qui sentait la lavande et me demandait avec des yeux qui embrouillaient pas mal mon cœur de petit garçon, si j'avais assez d'amitié pour elle pour lui procurer de quoi se tuer au chloroforme, Catherine que j'aimais déjà sans savoir et qui occupa plus mes années d'adolescent que les femmes avec qui je couchais. Puis Catherine de La Graulet qui venait me dire bonsoir dans ma chambre, qui me disait tu et à qui je disais vous et dont je ne voulais achever le plaisir, puis Cannes, Jouy... [31]

Si la maladie éloigne Catherine d'Edouard Bourdet, elle l'unit davantage à André Fernet qui a l'impression que, de loin et d'une

---

30. Lettre du 29 décembre 1915. CB.
31. *Ibid.*

autre manière, elle met sa vie en danger elle aussi : « ... désormais nous voici pleinement égaux », lui écrit-il, « en pareil équilibre sur le bord de la mort. Mais la même foi d'avenir nous anime, il n'est pas autre chose, et c'est bien votre volonté, ces cheveux serrés sur votre front, cette barre dure qu'il faut creuser entre vos sourcils, une tension de volonté à s'en faire mal... » [32]. Quelques jours plus tard, le risque que court Catherine arrache à cet amateur de péril des paroles d'amour qu'elle comptera pour les plus belles — les seules — qu'elle ait jamais reçues : « ... ce que je sais, c'est que vous êtes plus moi que moi-même, que je n'accepte l'avenir que si vous êtes là pour me guider, pour m'aider dans mes hésitations, dans mes angoisses... Si je dois valoir quelque chose, ce ne pourra être que par vous, parce que vous m'y aurez contraint ; je n'attends l'avenir que de vous. » [33] Malade, Catherine tient entre ses mains le destin de deux hommes.

Depuis le début de la guerre, André Fernet franchit méthodiquement les obstacles qui l'empêchent d'affronter l'ennemi. Déjà en décembre 1914, il avait voulu quitter son bureau dans l'intendance pour entrer dans la cavalerie ; il avait expliqué à Catherine que c'était pour « partager la vie très dure des tranchées, avec la vieille délectation chrétienne de mortifier, de contraindre mon corps, de me consacrer à des hommes dont [je serai] le chef. Et la volupté du risque. La seule, la plus belle occasion que je ne retrouverai jamais, de travailler sur moi-même, de me poursuivre jusqu'à me trouver enfin, jusqu'à me tenir à la gorge, comme un bandit que je haïrais, et me traîner à la lumière. » [34]

Ce n'est pas dans la cavalerie qu'il trouve enfin le danger qu'il recherche, mais plutôt, à partir de février 1915, dans l'aviation. Après un court entraînement comme élève-observateur au Bourget, il part dans de périlleuses missions de reconnaissance au-dessus des lignes ennemies en Champagne. En juin, il s'engage dans un duel aérien, sa carabine contre une mitrailleuse allemande, sous les regards des deux armées, qui parient sur le résultat. Une panne de moteur survenue en août au-dessus des lignes allemandes le contraint à regagner les tranchées françaises en vol plané. Son avion est endommagé, mais il se tire de l'accident avec de légères blessures

32. Lettre du 2 août 1915. CB.
33. Lettre du 8 août 1915. CB.
34. Lettre du 15 décembre 1914. CB.

dont il se remet rapidement. Le rôle d'observateur ne le satisfait plus ; il ambitionne un brevet de pilote pour avoir un avion à lui (qu'il propose d'appeler « le Traumatic » en souvenir du bateau de Catherine). En novembre 1915, il s'inscrit comme élève officier à l'Ecole Militaire d'Aviation à Pau.

Si Fernet recherche le danger, c'est parce qu'il y voit une expérience formatrice : « ... il ne faut pas refuser cette admirable destinée qui aura été celle de quelques-uns d'entre nous », avait-il écrit en juillet 1915, « de rencontrer la vie d'action et d'aventure à la pleine force de leur jeunesse et de pouvoir retourner ensuite à nos métiers avec le cœur paisible et l'esprit plus assuré. Je me demande quel est donc le trésor sur quoi veillent si précieusement tous ceux-là qui fuient le danger comme la chose terrible. »[35] Si au début de la guerre, Catherine avait été heureuse de savoir ses proches à l'abri du danger, Fernet avait réussi à la convertir au culte qu'il vouait au risque. S'identifiant à lui, Catherine Pozzi a l'impression de vivre une aventure exceptionnelle, de découvrir en elle-même des forces inconnues. Fernet l'encourage à rechercher dans le domaine spirituel des idées et du sentiment, la même héroïque maîtrise de soi qu'il poursuit en mettant systématiquement sa vie en péril. « Que c'est beau », lui écrit-il en mai 1915, « de vous voir vous chercher vous-même, et travailler sur soi, et clarifier votre large esprit-maître des mouvements désordonnés, des inutilités sentimentales. N'est-ce pas que vous le comprenez bien, que notre lien est tout de même autre chose qu'une basse aventure, et pourquoi faire les gestes de tous et de toutes. Mais c'est si dur de s'affirmer soi-même, de se dépiauter l'esprit de toute la friperie humaine. »[36]

Passionnément amoureuse, Catherine a du mal à se débarrasser des « inutilités sentimentales », d'autant plus que la maladie qui l'avait mise sur un pied d'égalité avec André Fernet, avait du même coup affaibli sa volonté. L'angoisse qu'elle ne peut pas s'empêcher de ressentir face au danger que Fernet encourt quotidiennement finit par s'épancher dans un rêve énigmatique. Au cours d'une poussée de fièvre nocturne survenue vers la fin de l'été 1915, elle croit entendre une voix lui dicter des vers qu'elle s'empresse de

35. Lettre du 24 juillet 1915. CB.
36. Lettre du 24 mai 1915. CB.

noter, sans les comprendre, tant ils lui semblent empreints d'une lourde et sinistre beauté :

Si tu veux
Nous irons ensemble
Tous les deux
Vers le vieux figuier.
Il aura
Des fruits noirs qui tremblent
Sous le vent
Qui vient d'Orvillers.

Tu iras
L'âme renversée
Sur ta vie
Et je te suivrai
Le ciel bas
Tiendra nos pensées
Par la lie
D'un malheur secret.

Tu prendras
L'un des fruits de l'arbre
Et soudain
Le feras saigner
Et ta main
Morte comme marbre
Jettera
Le don du figuier.

Le vent vert
Plein du bruit des hêtres
Ouvrira
La gêole du ciel.
Je crierai
Comme un chien sans maître
Tu fuiras
Dans le grand soleil [37].

Un an plus tard, Fernet sera abattu sur le front de l'Est près du village de Weiher (Villers en français). Catherine y reconnaîtra l'« Orvillers » de son poème, qui revêtira rétrospectivement une signification prophétique.

---

37. *Œuvre poétique, op. cit.*, pp. 117-118.

C'est, en effet, un étrange amour que cette passion nourrie de refus, avivée par le danger, vécue dans la solitude, où Catherine met néanmoins son espoir de réformer sa vie et de pouvoir un jour créer. Dans son éloignement fabuleux, Fernet incarne pour elle l'amant qui avait hanté ses rêves d'adolescente, le compagnon de sa recherche inquiète de Dieu et de la connaissance. En témoigne la prière qu'elle lui adresse dans son *Journal* le 1er janvier 1916 et qu'elle recopiera fidèlement à cette date tous les ans pendant le reste de sa vie :

> Ma vie, mon esprit,
> Je suis la même chose que vous pour l'éternité.
> A travers vous, je vais vers Dieu.
> A cause de vous j'exige de moi ma difficile réalité.
> Nous serons mêlés parce qu'il le faut, dans un soleil qui n'est point encore, et que nous aidons à créer par la peine infinie et la volonté de notre amour qui ne se connaît pas, et pourtant, trouve.

Dans ses lettres du front, Fernet presse Catherine de reprendre son travail, en premier lieu l'essai philosophique qu'elle avait esquissé au printemps de 1915 : « Extrayez de sa gangue », lui écrit-il, « cet étonnant traité de la sensation qui aboutira à une théorie de la liberté. » [38] Profitant d'un bref passage à Paris au cours de l'hiver 1916, il lui fait parvenir en Suisse, où de nouveau elle fait une cure d'altitude, des notes sur le bouddhisme qu'elle avait laissées sur sa table à côté d'un article inachevé sur Marie Jaëll. Un peu plus tard, il juge avec sévérité *De Profundis*, sorte d'adaptation d'un mètre grec que Catherine compose dans le Var en mars 1916. Il trouve le poème « bien tarabiscoté d'expression » [39].

A cette époque, Fernet est lui-même préoccupé par des problèmes de versification. Ayant passé son brevet de pilote, il consacre les loisirs que lui laissent ses patrouilles de reconnaissance à la composition d'une longue pièce de théâtre en vers, *La Folle nuit*, dont il envoie à son amie de longs extraits [40]. Si Catherine est sensible à la gaieté de la pièce comme à sa mélancolie — l'ouvrage met en scène l'échec d'une tentative de vivre dans le rêve —, elle

38. Lettre du 7 février 1916. CB.
39. *Journal*, 29-30 novembre 1926. BN.
40. CB.

s'intéresse davantage encore au commentaire dont Fernet l'accompagne. Là, il justifie la prolifération des symétries rythmiques, des assonances et des rimes internes dans sa pièce : il souhaite ainsi pouvoir se passer de la rime traditionnelle. Catherine a dû méditer longuement ces essais, car bien des libertés prosodiques dont témoignent les vers de sa maturité leur sont proches.

Au mois de mai 1916, Catherine décide de quitter le Var pour revoir André Fernet à Paris. Mais, à la demande d'Edouard, elle retarde son départ de quelques jours : son mari souhaite la rencontrer, lui aussi, lors du passage de son régiment dans la capitale. Arrivée avenue MacMahon, elle est consternée d'apprendre qu'elle vient de manquer la visite d'André Fernet qui a dû repartir au front sans l'avoir revue. Cette déception aigrit les rapports, déjà tendus, avec son mari. Quand Edouard regagne Paris au mois de juin, il trouve Catherine malade d'angoisse sur le sort d'André Fernet, porté disparu au-dessus de la Lorraine. La voyant à la limite de ses forces, il l'encourage à quitter Paris pour se reposer au Moulleau. Devant sa fermeté, elle s'incline. Désormais tous les gestes d'Edouard portent à faux. Au Moulleau, Catherine ne peut s'informer sur le sort de Fernet qu'avec une extrême difficulté et en veut à son mari de l'avoir pressée de partir. Edouard, qui est au courant de son attachement passionné, a beau faire preuve de compréhension et de magnanimité, sa tendresse et sa sollicitude ne parviennent pas à apaiser la rancune de sa femme. « Catherine, ma bien-aimée », lui écrit-il, « à qui je ne sais pas dire mon amour en face parce que d'indéfinissables choses m'arrêtent, prends garde à toi ! Tu portes mon espoir dans la vie, ce que j'aime sur la terre, et si tu penses à moi de loin, que chaque pensée amène avec elle ma prière : prends garde à toi ! » [41]

De loin, Catherine cherche désespérément à obtenir des renseignements sur le sort d'André Fernet, faisant appel aux relations de sa famille dans l'armée, dans le gouvernement et dans les ambassades des pays neutres. Toutes les tentatives demeurent infructueuses. Le 9 juin, dans une crise d'angoisse sans doute exacerbée par la morphine dont elle a tendance à abuser, elle a une « vision » d'André Fernet, apparu pour la consoler de sa mort, où elle a l'impression de partager son agonie. Mais ce n'est qu'en juillet

---

41. Lettre du début juin 1916. CB.

qu'elle apprend, par une lettre de son père, sa mort chevaleresque : abattu en combat singulier au-dessus de la Lorraine, il avait été enterré, avec les honneurs militaires, dans le cimetière de Weiher — l'Orvillers du rêve prémonitoire de Catherine —, à quelques kilomètres de Morhange.

Comme dans ses deuils précédents, elle idéalise l'image de son ami perdu dont le sacrifice devient l'emblème de l'intransigeante poursuite de la perfection. Désormais, c'est selon ce modèle héroïque que Catherine Pozzi essaiera de refaçonner sa vie et celle de ses proches.

Dans l'immédiat, elle doit accomplir un certain nombre de rites pénibles : en dépit de l'hostilité du père et de la sœur d'André, son frère, Jean Fernet, restitue à Catherine ses lettres et l'engage à accepter un souvenir du défunt. Dans le monde, elle passe pour avoir vécu un simple adultère mondain — comme dans les pièces d'Edouard Bourdet. Elle n'aura ni la satisfaction de rectifier cette méprise ni même la consolation de rendre à la mémoire de son ami un hommage public. Quoiqu'elle soit, selon toute probabilité, l'auteur de l'émouvante notice nécrologique sur Fernet qui paraît dans *L'Action Française* [42], elle n'ose pas la signer de son nom.

42. « Les Amis de l'Action Française », *L'Action Française*, 6 août 1916.

III

DEVENIR LIBRE, C'EST PERDRE L'UNIVERS

Parmi les messages de condoléances qui parviennent à Catherine, l'un des plus émouvants est celui que lui adresse son mari, qui se comporte avec une générosité et une discrétion exemplaires. Malgré tout ce qui les sépare, il lui demeure tendrement attaché. « Il est juste que tu aies de la peine », lui écrit-il le 16 juillet 1916.

> Et moi qui t'aime plus que tout au monde et qui donnerais ma vie pour t'éviter une souffrance, je ne trouve pas qu'on doive se mêler de ce qui te regarde seule... Ainsi, je m'écarterai de toi pour que tu sois seule devant sa tombe si nous allons un jour y mettre des fleurs. Oh ! il faut bien que tu comprennes combien je trouve naturel ta douleur et que tu saches que je n'en éprouve aucune jalousie. Il était ton ami, il n'était pas le mien. J'éprouvais à le rencontrer un plaisir très rare et j'aurais fait n'importe quoi pour lui, mais nous nous connaissions peu et j'avais toujours un peu le sentiment en restant de vous priver un peu l'un de l'autre... J'avais trop d'admiration pour lui pour qu'il ne soit pas devenu davantage mon ami un jour [1].

Mais, pour Catherine, un point de non retour avait été atteint dans ses relations avec Edouard Bourdet ; si elle n'envisage pas le divorce, elle tient à affirmer son indépendance à l'intérieur du mariage. Le 10 juillet 1916, elle définit clairement les limites de leur entente : « J'ai trouvé en toi depuis que nous sommes liés, avec bénédiction et puis désespoir, *mon meilleur ami* et l'être qui m'*est le plus incompatible*... Cela que je t'avais tellement, si longtemps et si en

1. CB.

vain offert, je le donnais à Jaëll, à Bourges, à Fernet, qui vinrent partager mes enthousiasmes et mon travail. » [2]. Bourdet accepte le rôle infériorisant de « meilleur ami » auquel Catherine le relègue, avec une sorte de désespoir suicidaire : « Je serai ton ami, Catherine, ton meilleur ami toujours, si je reviens. Mais — c'est le miracle bienfaisant de ta lettre — cela ne m'intéresse plus de revenir. » [3]

En effet, la mort, que Bourdet déclare lui être désormais indifférente, est une menace réelle ; depuis février il travaille méthodiquement pour s'en rapprocher. Sous l'emprise de Catherine, elle-même influencée par l'idée exaltante que Fernet s'était faite du danger, il avait cherché à quitter la sécurité d'un poste d'automobiliste-interprète attaché à l'armée britannique pour s'exposer au feu dans l'Infanterie. Catherine avait chaleureusement encouragé cette décision : « Oui, tu ne seras qu'un petit sous-off, mais peut-être te sentiras-tu tout de même autre chose qu'assis à la table du général. Edouard, c'est des heures terribles, songe à ce qui se passe. Il faut y aller, [sinon] c'est le dam de la honte éternelle. Je te veux décidé et sans regrets. Je te veux heureux de cela... » [4].

Au début de l'été 1916, Bourdet est finalement nommé sous-lieutenant responsable des communications auprès du chef du 48e Bataillon des Chasseurs à Pied. En attendant de monter en première ligne à la fin de juin, il tient à faire comprendre à sa femme toute l'importance qu'il continue à attacher à son soutien moral :

> La pensée que tu es là, que tu penses à moi quelquefois, — oh, je sais de quelle façon différente — est tout ce dont j'ai besoin pour supporter ce qui peut m'échoir d'épreuves. Mais, sans toi, la vie me serait trop lourde parce que je ne serai plus bon que pour ses plaisirs. Il me faut toi : toi, malade et que je guérirai, toi, étrangère et ironique, toi fermée ou violente, parfois tendre aussi et me donnant l'illusion que je te protège, toi telle que tu es et pas du tout... laide comme tu dis (parce que dans une glace on ne se voit [que] par les yeux) et que j'aime bien plus que la vie puisque sans toi, elle ne m'est rien. Je t'ai dans l'âme comme d'autres ont une femme « dans la peau. » [5]

2. CB.
3. Lettre du 20 juillet 1916. CB.
4. Lettre du 29 février 1916. CB.
5. Lettre du 26 juin 1916. CB.

L'épreuve à laquelle il se soumet est plus dure qu'il n'aurait pu l'imaginer : « Vois-tu Catherine », écrit-il le 31 juillet, « il ne faut pas demander à quelqu'un qui, depuis près de trois semaines, vit dans le tonnerre et la poussière, dormant peu ou pas, sur une planche ou sur la terre, mangeant mal, sans jamais se déshabiller ni se laver, dans une odeur de poudre, de sueur et de pourriture — d'être tout à fait dans les conditions voulues pour voir seulement la beauté du sacrifice, la grandeur de l'effort. » [6] Cependant, malgré tout, il se rend lui aussi compte de cette beauté et de cette grandeur ; jusqu'à la fin de la guerre, Edouard Bourdet combat vaillamment, souvent dans des conditions d'extrême danger. Son courage lui vaudra la Croix de Guerre avec palmes et la Légion d'Honneur à titre militaire.

Son héroïsme finit par le grandir aux yeux de sa femme — suffisamment pour qu'elle envisage une reprise de leur vie conjugale après la guerre : « ... si tu tiens à moi », lui écrit-elle le 30 septembre 1916, « sache qu'une intuition quasi divine t'a dirigé vers ce sacrifice présent où tu risques de périr. Car sans cela je ne te serais jamais revenue. Je n'aurais pu, du fond sans bornes de mon désespoir, revenir vers toi dans la vie même que je n'estimais pas. Ni tendresse, ni le souvenir du passé, n'auraient contraint mon antipathie pour un avenir qui, sans être lâche aurait été veule, et sans être médiocre aurait été petit. Mais tu m'as redonné toute la confiance... Et sans doute, si quelque bonheur nous est possible demain, il sera ton œuvre de maintenant. » [7] Ce bonheur hypothétique commence bientôt à prendre une forme plus précise : Catherine se met à rêver d'un avenir souriant où, la paix revenue, elle ferait un deuxième enfant avec un Edouard Bourdet dont elle aurait réussi à réformer le caractère. Dans ses lettres, elle l'exhorte à abandonner après la guerre son existence oisive d'auteur dramatique ; elle ambitionne pour lui une vocation plus noble, celle, par exemple, de journaliste de combat dont elle voit le modèle parmi les militants de l'Action Française. Elle encourage Edouard à consacrer les rares loisirs que lui laissent les bombardements à l'étude de l'histoire française pour se préparer à un éventuel rôle politique. En somme, la vie future

6. CB.
7. CB.

qu'elle préconise, réunissant la pensée à l'action, témoigne de l'héritage spirituel d'André Fernet.

Vers la fin de la guerre, Catherine se rend compte qu'elle s'était bercée de chimères. Edouard se révèle incapable de se plier à ses exigences, et le fossé qui les sépare l'un de l'autre se creuse toujours davantage. En septembre 1917, elle semble déjà avoir abandonné tout espoir de vie commune : « Au revoir, Edouard. Je n'attends plus rien de toi... Je sais que, de loin, tu penseras m'aimer ; je sais que, de près, tu m'estimes et me préfères à beaucoup... En pratique, la première femme venue... m'a toujours dépassée. » [8] Et la lettre qu'elle lui écrit peu après la conclusion des combats, le 18 novembre 1918, a l'air d'un congé : « ... maintenant, nos chemins se séparent ; mais, pendant la paix comme avant, je continuerai de te suivre de loin avec affection. » [9]

En dépit de sa santé précaire et de la vie nomade qu'elle lui impose — elle erre de station en station, de cure en cure —, Catherine est hantée par le besoin d'accomplir une tâche intellectuelle rémunérée — et par conséquent reconnue. Se sentant capable d'écrire des chroniques sur une variété de sujets, elle demande à son mari, tout loin qu'il est, de la recommander auprès des journaux où il a ses entrées. Peine perdue, elle ne trouve pas de travail. Elle a beau avoir demontré sa maîtrise de l'anglais en rédigeant la version anglaise du *Rubicon,* on ne lui propose aucun texte à traduire. Catherine jalouse Marie de Régnier et d'autres amies ayant su se tailler des places de choix dans le monde des lettres, mais répugne à suivre le même chemin qu'elles : « Evidemment », écrit-elle à son mari le 5 décembre 1917, « je puis faire des vers, "magie nostalgie opale pale fugace vivace" comme mes amies des grandes revues. » [10] Son orgueil l'en empêche.

Pendant sa vie avec Edouard Bourdet, Catherine Pozzi n'avait jamais pu obtenir ce dont elle avait toujours rêvé : une pièce réservée à elle seule, interdite à son mari. Edouard lui avait toujours reproché ses heures solitaires d'intense recueillement créateur, et en l'épousant elle avait dû y renoncer. Au fur et à mesure que leurs liens conjugaux se desserrent, elle se trouve de plus en plus en mesure

8. Lettre du 12 septembre 1917. CB.
9. CB.
10. CB.

d'étancher sa vieille soif de connaissances. A Montpellier — où sa mère s'est établie en 1917 — comme dans ses diverses villégiatures, Catherine Pozzi se livre inlassablement aux lectures les plus diverses : à la stupéfaction de ses proches, elle mène de front des études de philosophie, de religion, de mathématiques, de grec et de sciences naturelles.

Malgré leur apparent désordre, ses études ont un sens et un but : « L'épopée métaphysique », *De Libertate*, commencée en 1915, qu'André Fernet l'avait engagée à finir. Son projet initial, tel qu'elle l'avait défini dans une lettre à son mari de décembre 1915, est de donner une nouvelle assise à la liberté et à la spiritualité humaines en trouvant « ce qui existe en réalité, non pas derrière mais dans les choses » [11]. La distinction est importante : la réalité qu'elle essaie de cerner est une « présence réelle » et non pas une création des mots. Mais elle tâtonne encore ; le projet semble bien souvent dépasser ses forces et elle doute de pouvoir l'achever. Par ailleurs, elle se heurte à de graves problèmes stylistiques : « à la fois poème et traité d'exégèse, du Laforgue prouvé par Poincaré », son ouvrage appelle un nouveau langage qu'elle ne parvient pas à trouver [12].

Catherine postule une « âme » matérielle, faite de la substance de l'univers et déterminée par ses lois. Elle nomme cette âme « Zaïmph » (d'après le voile de la déesse Tanit dans *Salammbô* de Flaubert) et la définit comme un tissu de sensations et d'images héritées d'un passé immémorial qui enveloppe le corps de chair. Mais l'existence du Zaïmph pose un dilemme : l'héritage ancestral présent dans ce tissu fonde la sensation et, en même temps, entrave l'exercice de la liberté. Pour trouver son individualité et permettre son épanouissement spirituel, il faudrait supprimer ce legs. Mais se débarrasser ainsi de son passé, c'est également éliminer la sensation et la conscience. Dépourvu de son passé, on cesserait tout simplement d'exister. Sa méditation conduit Catherine à une impasse ; la liberté débouche sur la mort :

> Ame, la chose à détruire afin que vole l'Esprit. Ame, ce que le *traité de la liberté* — pauvre étincelant fœtus, fils du ciel ! — appelle Zaïmph ; = l'ensemble des sensations, idées, expé-

11. Lettre du 21 décembre 1915. CB.
12. Lettre à Edouard Bourdet, 21 juillet 1916. CB.

riences, de sa race en un individu ; voile ténu d'images, de goûts, d'impulsions, qui colle à tout corps humain et auquel ses impulsions, ses images, ses goûts à lui, ajoutent d'autres arabesques —, fil à fil d'or et de crotte.

> Ce Zaïmph-là — folie de Salammbô — en vérité follement adorable ! Beaux regards, au fond de mes yeux, de ceux qui depuis Adam, pour moi, tissent le roman du monde !
>
> C'est pourtant vous qu'il faut éteindre, afin que j'existe. Mais sans vous aucune chose ne sera plus belle, *et moi je serai éteinte à tout*. Etonnant dilemme ! Devenir libre, c'est perdre l'univers. Il faut choisir [13].

Si Catherine Pozzi se donne la mission d'écrire un *Traité de la liberté*, c'est parce qu'elle ressent partout dans sa vie personnelle des contraintes héréditaires. Elle voit, par exemple, dans la maladie qui s'acharne à la détruire la conséquence de ses fautes personnelles, mais aussi celles de sa famille et de sa race : « La maladie », écrit-elle à son mari le 15 juillet 1917, « est de ma faute, entièrement, *comme tous les maux humains* ; je regarde dans le passé sa cause exacte, dont le nom est passion, égoïsme et violence... Mais à présent il n'est plus dans mes mains de la diriger ou de la finir... Nous tissons aveuglement une trame qu'il n'est pas en notre pouvoir de briser. » [14] De même, écrivant à Edouard le 4 juillet 1918, elle attribue l'échec de leur vie conjugale à une sorte d'atavisme familial : « Il est certain que ce sont proprement nos familles qui ne s'accordent pas en nous, et ce que tu détestes en moi, c'est seulement la lente et touffue construction de la race. » [15]

Toutefois, cette vision déterministe dépasse de loin son cas individuel : une théorie de la liberté lui semble particulièrement urgente à une époque qui a conduit des nations toutes entières à s'entre-tuer. « Quel est le sens de tout cela ? », écrit-elle à son mari, à l'un des pires moments de la guerre. « Il n'est pas de jour que je ne me le demande avec angoisse, et si nous sommes de misérables parcelles de souffrance jetées au hasard, de gigantesques déplacements de l'énergie, qui n'avons qu'à subir et jamais choisir ; ou bien

---

13. *Journal,* 4 septembre 1916. CB.
14. CB.
15. CB.

si notre petit, petit vouloir dévie le cours des choses et nous soustrait au désastre. En somme, il me paraît... que notre vie est presque écrasée de couler dans ce torrent horrible du monde, mais qu'elle n'est pas absolument entraînée, esclave ; qu'elle peut — à peine — se diriger, se relever, échapper ; et que l'individualité devenue puissante sortirait du martyre. »[16] Echapper au « torrent horrible du monde », voilà ce qu'il faut à un moment où ce courant voue tant d'êtres chers à une mort brutale.

Les forces aveugles, impersonnelles, mécaniques, qui avaient fauché tant d'hommes, ne servent qu'à fortifier sa foi dans l'Esprit. Au fond, elle ne croit pas qu'André Fernet, par exemple, soit mort tout entier ; seul a disparu le composant matériel de son être, celui qu'elle avait essayé de décrire dans son essai sur la liberté : « son "âme mortelle" qui n'était pas lui-même, seulement le vêtement d'hérédités jansénistes qu'il n'avait jamais pu rejeter... »[17]. Un an plus tard, la mort au combat de son ami Paul Dethomas, un des « flirts » de son adolescence, la confirme dans sa foi. En août 1917, elle écrit à Edouard Bourdet :

> Une seule chose me semble sûre, c'est que l'effort spirituel n'est pas inutile et qu'une énergie ne peut périr.
>
> Ceux que nous avons vus tendre si noblement à l'intensité de la conscience, André [Fernet], Paul [Dethomas], ne peuvent pas être détruits, par cela que la chair sur laquelle ils s'appuyaient pour agir, est détruite. Ils dépassaient de beaucoup leur chair, ils en étaient les supérieurs comme un mécanicien de sa machine, — presque les créateurs. J'ai fait de la psychologie selon toutes les dernières découvertes, — aucune n'a pu établir que la conscience était un phénomène matériel... Aucun Le Dantec le plus entêté d'agnosticisme n'a pu honnêtement conclure que l'esprit n'existait pas. Et la matière, en physique *up-to-date*, sais-tu ce que c'est ? Rien qu'une manifestation électrique. Paddy, il ne faut pas imaginer qu'on meure ; l'on change d'état. Le corps se décompose ; peut-être que l'âme se défait, peut-être l'âme de ceux qui n'ont pas exalté leur identité à une tension donnée, se défait et va former d'autres âmes. Mais les sages, les puissants, les centres de force morale, ont le pouvoir d'être à leur tour des soleils, et

16. Lettre du 12 avril 1917. CB.
17. Lettre à Edouard Bourdet du 24 juillet 1916. CB.

illuminent peut-être, en un royaume extra-humain, l'univers des Morts qui continue sous des lois transposées [18].

De l'idéologie scientifique qu'elle a héritée de son père, elle garde la foi dans le progrès, mais à la suite de sa lecture de Nietzsche et des textes bouddhiques, elle la transpose dans le domaine moral. Elle est persuadée que les forces spirituelles (à la différence des forces physiques) ne se perdent pas ; leur conservation et accumulation rendent possible, voire inévitable, le perfectionnement de l'humanité. Toute pessimiste qu'elle soit à bien des égards, Catherine Pozzi se laisse parfois emporter par une vague d'enthousiasme messianique, comme dans la profession de foi qu'elle envoie à son mari le 12 septembre 1916 :

> Je crois que la vie n'est rien, ne signifie rien, compte comme rien, et qu'il ne reste rien, si elle n'est pas un effort constant et ardent vers l'idéal. C'est le royaume de Dieu qu'il faut atteindre... Je regarde en moi la longue patience d'où je suis venue. Je la sens, elle n'est pas finie. Avoir atteint l'humanité pour dépasser l'humanité... Cesser l'effort, c'est redescendre. Il faut aimer, en le sachant si loin, si loin, le pays heureux où l'esprit est en paix avec lui-même. Et chaque acte que je fais et chaque pensée que je pense doit le créer, l'apporter, doit m'approcher de ce pays-là [19].

Partie de la constatation douloureuse de l'impuissance humaine, l'entreprise intellectuelle de Catherine Pozzi veut conduire à une puissante affirmation de la capacité de l'homme à se faire Esprit.

Sa foi se place en dehors des traditions religieuses de sa famille. Catherine Pozzi trouve les convictions de ses parents dans ce domaine bien fades et molles. Elle se sent plutôt attirée par les deux religions de ses grands-parents dont les dogmes, tant protestants que catholiques, abordent les grands problèmes de la destinée humaine. Mais si elle admet comme des vérités les doctrines du péché originel, du libre arbitre et de la grâce, elle reste fort loin de toutes les Eglises constituées pour toutes sortes de raisons : « A cause de ce Christ peut-être dont j'adore la science sereine », écrit-elle à son mari le 21 septembre 1916, « à cause de l'astronomie, à cause du

18. CB.
19. CB.

Bouddhisme, et parce qu'enfin mon cœur n'est pas mûr » [20]. Dans ce refus de l'orthodoxie religieuse, les contradictions théologiques mises en lumière par les sciences naturelles pèsent particulièrement lourd.

Elle vit dans ce qu'elle nomme dans une lettre à son mari, « l'extra naturel » [21] et cet état, tout intuitif qu'il soit, repose sur une base rationnelle : « Je ne sais pas dans quel état me laisserait un miracle », continue-t-elle, « il ne me bouleverserait sans doute pas, tant je sais léger et artificiel notre enchaînement scientifique des causes. » Comme nombre d'illustres savants de l'époque, elle a souvent éprouvé un contact avec un ordre de réalité que la science n'est pas parvenue à expliquer. Les prémonitions, comme celle qui avait précédé la mort d'André Fernet, les apparitions, comme celle qui l'avait suivie, sont des faits vérifiables. En 1917, deux exemples de métempsychose s'ajoutent à ses précédentes constatations spiritualistes. C'est ainsi, que, réveillée tôt le 2 janvier, elle part dans « l'étonnante aventure » : elle a l'impression de traverser des océans d'espace et de temps pour observer pendant quelques instants la vie d'un homme inconnu qui lit et écrit assis à une table de travail [22]. Quelques mois plus tard, elle est de nouveau « transportée » : « Je sais m'annihiler momentanément au point de vue caractère », écrit-elle à son mari le 2 mars 1917, « et en suivant les lettres d'un mot écrit comme si je l'écrivais (sans faire de geste, par représentation mentale) je suis envahie par les sentiments de celui qui tenait la plume ; c'est en somme le *rythme de son mouvement* que je m'approprie de façon intime et qui me *transporte* en lui. »[23] Les doctrines sur lesquelles elle a fondé son traité de la liberté — la continuité de l'esprit à travers le temps et l'espace — trouvent ainsi leur confirmation dans son expérience quotidienne.

En dépit des soucis que lui inflige la guerre, Catherine Pozzi se croit suffisamment rétablie en mai 1917 pour tenter un voyage à Rome avec son amie Brada Samazeuilh. Pendant trois semaines, elle y éprouve un regain d'énergie extraordinaire : les deux jeunes femmes passent des journées entières à flâner dans les rues, revenant

20. CB.
21. *Ibid.*
22. Lettre à Edouard Bourdet du 29 janvier 1917. CB.
23. CB.

de leurs expéditions fourbues et ravies. La Chapelle Sixtine donne à Catherine un des plus grands plaisirs esthétiques de sa vie : dans les fresques de Michel-Ange elle croit voir la chair redevenue esprit. De nouveau, comme lors du séjour avec son père en 1902, elle est prise en charge par le très mondain comte Primoli, neveu de la princesse Mathilde. Elle lie connaissance avec l'érudit auteur de l'*Histoire ancienne de l'Eglise*, Mgr Louis Duchesne, académicien et directeur de l'Ecole Française de Rome, qui la promène dans la ville, la reçoit chez lui au dernier étage du Palais Farnèse, où il lui fait les honneurs de son immense bibliothèque, et noue avec elle un dialogue qui se poursuivra par lettre longtemps après le retour de Catherine en France.

Le « Cher Seigneur » — c'est ainsi qu'elle l'appelle — est réputé pour ses bons mots : l'encyclique *Digitus in oculo* ; la barque de Saint Pierre manœuvrée à la gaffe. Catherine s'enchante de son ironie, même quand elle est exercée à ses dépens. Dans une lettre du 30 juin 1917, par exemple, il lui laisse gentiment entendre qu'elle fait parfois trop d'efforts pour briller : « Je ne vous ai jamais voulu que du bien ; pourquoi m'accabler d'Anaxagore, de Plotin, de Parménide ? »[24] Mais s'il arrive à Catherine d'exaspérer Duchesne par l'étalage d'un savoir fraîchement acquis, celui-ci sait néanmoins reconnaître la sincérité de sa quête religieuse. Toutefois, son indulgence s'accompagne d'une mise en garde : « Fille de France, ce n'est pas pour vous que le Coran a été écrit, que Bouddha s'est macéré, que les penseurs égyptiens ont théologisé sur leurs fétiches. »[25] Mgr Duchesne, vieillard couvert d'honneurs, ne réussira jamais à ramener Catherine Pozzi vers l'orthodoxie catholique ; en revanche, il éveillera chez elle une vive et durable tendresse filiale. « Ce qu'il y a entre le Cher Seigneur et moi est un mystère », écrira-t-elle plus tard. « Nous avons exactement l'esprit contraire. Je suis un de ces orientaux mystiques dont il a triomphé, — mais rien ne m'a bouleversée comme sa présence, quelquefois, et j'ai quitté Rome avec un cœur d'amant torturé. »[26]

A son retour d'Italie, Catherine s'installe dans une villa à Grasse, quitte à émigrer un peu plus tard à Thorenc dont l'air est réputé

---

24. CB.
25. Lettre du 18 novembre 1917. CB.
26. Lettre du 1er décembre 1918 à Mme Bulteau. CB.

salutaire aux gens qui souffrent de maladies respiratoires. En automne, elle retourne à Montpellier chez sa mère où elle reprend les études dont Mgr Duchesne lui reproche la variété : musique, littérature, philosophie, histoire, grec, sciences naturelles. Voulant que ses connaissances soient, en quelque sorte, officiellement reconnues, elle décide de passer le baccalauréat. Pour s'y préparer, elle commence à assister à quelques cours à la Faculté.

Catherine Pozzi se plaît chez sa mère mais n'y demeure pas en permanence. Outre les voyages qu'elle entreprend à la recherche d'une santé qui la fuit toujours, elle fait de périodiques retours à Paris. Au cours d'une de ces visites en automne 1917, elle rencontre Mme Augustine Bulteau, amie de son père et de Mgr Duchesne. Ecrivain, Mme Bulteau signe ses chroniques au *Figaro,* « Foemina », ses romans, « Jacque Vontade » [27]. Ses œuvres expriment la même mélancolie stoïque et sereine que sa conversation. Le mercredi, son salon se remplit de gens de lettres, de peintres et d'hommes politiques : Léon Daudet, Anna de Noailles, sa sœur Hélène de Chimay, Henri Gonse, Jean-Louis Vaudoyer, Henri de Régnier et sa femme, P.-J. Toulet, Aristide Briand, Maxime Dethomas et Jacques-Emile Blanche, parmi d'autres. Beaucoup d'entre eux viennent chercher son conseil pour les problèmes de leur vie intime. Mme Bulteau essaie de leur communiquer sa vision désabusée mais anoblissante de l'existence humaine en leur prodiguant des exhortations à faire preuve de volonté et de courage moral dans leurs épreuves.

Entrée en relations avec Mme Bulteau en septembre 1917 sur le conseil de Mgr Duchesne, Catherine se présente comme une convalescente tant au physique qu'au moral : « mon père m'a conduite une fois jusqu'à votre porte... je vous reviens maintenant que j'ai perdu la flamme de vie qui eût été mon seul droit à votre amitié », lui écrit-elle [28]. Mme Bulteau répond généreusement à cet appel au secours et leur entente est immédiate et chaleureuse. Le mois suivant, Catherine, de retour à Montpellier, lui envoie sa photographie avec une prière instante : « Prenez-moi dans vos bras,

---

27. Parmi ses ouvrages les plus connus : un roman, *La Lueur sur la cime* (Calmann-Lévy, 1905) ; un recueil de chroniques, *Dans la paix du soir*, préface de Raymond Schwab (Au Sans Pareil, 1929).

28. Lettre du 24 septembre 1917. CB.

gardez-moi bien, ma chère lumière ; je ne veux pas d'autre amour que vous jusqu'à la fraîcheur du sommeil. »[29]

Catherine trouve chez Mme Bulteau la protection, à la fois paternelle et maternelle, qu'elle avait toujours recherchée. De loin, Mme Bulteau lui adresse ses habituelles objurgations morales : « Je hais le gâchage », lui écrit-elle le 19 octobre 1917, « les forces perdues, l'éparpillement. Je veux qu'on *devienne* avec toute l'ardeur qu'on a, avec plus d'ardeur qu'on n'en a ! Je ne conçois pas la tendresse qui n'est pas incitation vers plus d'énergie, plus d'activité, plus de beauté. »[30] Quelques semaines plus tard, elle se permet de gronder sa protégée comme on gronde un enfant : « Si vous continuez ainsi, je vous le dis, vous n'arriverez à rien. Vous ne ferez pas votre œuvre, vous aurez jeté quelques lueurs magnifiques et puis, vous vous éteindrez. »[31] Comme Marie Jaëll, ce professeur d'énergie prend rapidement un très grand ascendant sur son élève. En témoignent les dispositions que Catherine, retombée sérieusement malade, se hâte de prendre en cas de décès : elle lègue ses papiers à Mme Bulteau, la désigne membre du conseil de famille et mère adoptive de son fils Claude.

Dans la quête anxieuse de l'idéal menée par les personnages romanesques de Mme Bulteau, Catherine reconnaît sa propre recherche spirituelle. Elle découvre aussi chez elle des idées sur l'hérédité remarquablement proches de celles qu'elle est en train de mettre au net dans *De Libertate.* Dans une de ses chroniques, Mme Bulteau avait écrit, par exemple :

> Avant d'être ce que nous sommes, nous avons été des millions d'autres créatures, et reçu de gens sans nombre des émotions innombrables. Nous avons aimé avec le cœur et les sens de nos ancêtres. Le souvenir de ces amours se transmet de génération en génération dans le mystère silencieux des cellules : quand l'une d'elles reconnaît dans l'être qui traverse notre chemin une goutte de sang, quelques molécules d'un être jadis chéri, alors nous aimons véritablement. Comme le génie, l'amour n'est que le pouvoir de réveiller les images endormies au fond d'un passé lointain[32].

29. Lettre du 9 octobre 1917. CB.
30. CB.
31. Lettre du 14 novembre 1917. CB.
32. « Sur l'amour », *Dans la paix du soir*, p. 97.

Cependant, leur accord intellectuel n'est pas entier. Mme Bulteau ne partage nullement les préoccupations religieuses de Catherine Pozzi. A son avis, l'âme humaine n'a aucun besoin de secours divin. D'autre part, elle juge excessif l'enthousiasme de Catherine pour certains systèmes de perfectionnement social, se défiant en particulier de la théorie de l'ingénieur américain Taylor qui proposait de révolutionner la production industrielle en rationalisant le travail de l'ouvrier : « Je me méfie des systèmes construits dans les bibliothèques », écrit-elle à Catherine Pozzi en mars 1918 [33]. C'est ainsi qu'aux élans mystiques de Catherine Pozzi et à ses engouements sociologiques, Mme Bulteau oppose un vigoureux bon sens pragmatique.

Au demeurant, ses discussions avec Mme Bulteau aident Catherine à préciser sa position politique. Croyant la France menacée par le bolchevisme intérieur, ennemi aussi redoutable que l'Allemagne, elle s'était ralliée à l'Action Française dès 1915, prenant chaleureusement à son compte son idéal monarchique et néoclassique. Charles Maurras lui-même l'en avait félicitée, voyant en elle une convertie venue de loin. Dans une lettre qu'il lui avait adressée le 17 décembre 1915, il avait remarqué que la monarchie ne serait rétablie que « quand un nombre suffisant de familles *ultra radicales* » (comme celle de Catherine) seraient en faveur de la restauration. Catherine Pozzi n'hésite pas à proclamer son mépris pour la démocratie parlementaire, renouant ainsi avec une tendance de sa famille maternelle, et croit trouver une justification de sa vision élitiste de la société dans l'histoire et dans la science. C'est ainsi qu'elle voit dans la Révolution française, « un départ qui est faux en biologie, en sciences, en raison. On l'a faite contre l'hérédité, qui est le fait le plus général à la fois et le plus démontré de l'histoire naturelle... Je crois que je serais capable de mourir pour refaire une France différenciée et inégale à l'excès, avec parlements provinciaux, avec corporations, avec hérédité des charges » [34].

Le soutien de Mme Bulteau devient plus précieux que jamais pour Catherine avec la disparition subite et brutale de son père. C'est à Montpellier qu'elle apprend, en lisant son journal du matin, le 14 juin 1918 que Samuel Pozzi avait été assassiné chez lui, avenue

---

33. CB.

34. Lettre s.d. à Mme Bulteau. CB.

d'Iéna, par un ancien patient déséquilibré, Maurice Machu, qui s'était immédiatement fait justice en se tirant une balle dans la tête. Mortellement blessé au ventre par onze balles, Pozzi avait gardé toute sa présence d'esprit : ayant prévenu les gens chez qui il devait dîner, il avait lui-même dirigé, sous anesthésie locale, l'opération à laquelle il devait succomber, veillé par son ami Georges Clemenceau. Catherine, bouleversée, veut accourir à Paris, mais sa mère, craignant une rechute, l'en dissuade. Quelques jours plus tard, Mme Bulteau lui fera un récit circonstancié des grandioses funérailles militaires par lesquelles la République avait reconnu les services rendus par son père : on l'avait couché sur des drapeaux en grand uniforme de lieutenant-colonel ; derrière le caisson sur lequel il reposait, un immense cortège dans lequel se trouvaient d'illustres représentants du gouvernement, de l'Académie et de l'Armée avait remonté les Champs-Elysées vers l'Etoile.

Catherine qui croyait travailler obstinément pour se libérer du poids de son hérédité, s'étonne de se trouver toute désemparée par la mort de son père : « Je ne savais pas », écrit-elle à Mme Bulteau, « que cette vie ardente, toujours lointaine, étayait mon univers. Les choses les plus sûres flottent et se défont ; il y a quelques part une immense blessure par où je m'en vais. » [35] Catherine s'était toujours plainte de la froideur de son père, mais Mme Bulteau, en lui faisant part de sa dernière conversation avec Samuel Pozzi, lui apprend qu'elle s'était trompée sur son compte : « Il avait une irritation très pareille à celle d'un amoureux éconduit. Ce n'était pas de l'indifférence, du détachement. C'était le contraire absolu de cela. Il parlait de vous avec un frémissement intime. » [36]

La mort de son père met Catherine devant le dilemme qu'elle avait exposé dans *De Libertate* : pour affirmer son individualité, il fallait renier son hérédité. Si, dans son deuil, Catherine reconnaît ce qui la rapprochait de son père, elle a soin en même temps de se rappeler ce qui la distinguait de lui, en bien ou en mal : « Il était l'être complémentaire de moi », écrit-elle à Edouard Bourdet le 18 juin 1918, « comme une sorte de Catherine triomphante. Il était le bonheur et le succès de ceci dont je suis la douleur ; comme une autre traduction de moi, mais de joie. » [37] Semblablement, en

35. Lettre du 14 juin 1918. CB.
36. Lettre du 1er juillet 1918. CB.
37. CB.

expliquant à Mme Bulteau ses deux principales orientations intellectuelles en août 1918, elle souligne son ambition personnelle tout en reconnaissant sa dette envers son père. Elle souhaite, écrit-elle, se distinguer en science et en métaphysique : « L'hérédité dont je possède un cadeau royal m'aide au premier chef ; ma conscience la plus individuelle, au second. » [38]

Et pourtant, dans les mois qui suivent la mort de son père, son occupation la plus pressante n'a trait ni à la science ni à la métaphysique, mais plutôt au droit industriel. Une telle orientation n'est pas sans précédent dans sa carrière intellectuelle : elle avait essayé d'intéresser son mari à une carrière unissant la pensée à l'action, par exemple, et avait souvent discuté des questions d'ordre politique et social avec Mme Bulteau. Dans ce domaine, elle espère exercer une action par personne interposée, grâce à un homme.

Il s'agit de Gaston Morin, professeur de droit à l'université de Montpellier qui entre dans la vie de Catherine Pozzi en mars 1918. Elle l'y admet d'une façon désinvolte, le décrivant laconiquement à Mme Bulteau comme « un type qui vient me faire des leçons de droit industriel... » [39]. Leurs rapports évoluent vite. Epuisée par de multiples deuils, des échecs sentimentaux et par sa lutte contre la maladie, Catherine Pozzi ne se sent plus le courage d'affronter la vie toute seule. Souhaitant brusquement l'amour, elle réussit à le provoquer en Morin. L'assassinat de son père en juin auquel succède, en novembre, la mort de sa grand-mère maternelle, Félicité Loth-Cazalis, finissent par la décider : se croyant abandonnée de sa famille, elle envisage de se remarier.

Dans leur entente, le travail en commun occupe une importante place. En aidant Morin à remanier ses anciens articles pour en faire un livre [40], Catherine revient quelque peu sur le soutien qu'elle avait accordé à l'Action Française et se rapproche davantage des idées défendues par Morin en matière économique : syndicaliste anti-étatiste, Morin refuse l'individualisme et revendique un contrat de travail collectif. Mais s'il favorise la formation des syndicats, il croit en revanche que leurs pouvoirs doivent être strictement limités. Réformiste, somme toute, modéré, il rejette la nationalisation de

---

38. Lettre du 13 août 1918. CB.
39. Lettre d'avril 1918. CB.
40. *La Révolte des faits contre le Code*, Grasset, 1920.

l'industrie et croit que le maintien du capital entre des mains privées est la meilleure manière d'augmenter la production.

En janvier 1919, Morin se rend à Paris et, à la demande de Catherine, va voir Mme Bulteau dont il fait immédiatement la conquête. Mme Bulteau croit voir en lui un grand esprit, destiné à un avenir politique de premier plan. Catherine s'attribue un rôle déterminant dans la formation de cet esprit, écrivant à Mme Bulteau pour la remercier d'avoir accueilli son fiancé : « Oui, c'est un très grand esprit... Je l'ai trouvé par hasard, avec étonnement, dans la plus médiocre des Facultés de la France. Il y travaille depuis dix ans, obstinément seul, sans espoir de servir. Il a fallu qu'une vieille petite cogitative tombe de Paris pour qu'il imaginât une vie différente — cela s'est fait vite ; il m'a lu des travaux précédents, enterrés en des revues inabordables, et j'ai compris... D'enthousiasme, il a fait un livre — il n'a fallu que réunir ses travaux et les notes que je connaissais... » [41].

Mais de toute évidence, chez Gaston Morin, ce n'est ni la vigueur de son esprit ni la force de son caractère qui attirent Catherine Pozzi ; c'est plutôt sa bonté — qu'elle reproche à Mme Bulteau de ne pas reconnaître. Malgré toute l'affection que Catherine porte à son fiancé, il manque à leurs rapports un élément indispensable : Catherine ne l'aime pas d'amour. En octobre 1919, elle avait pris suffisamment de recul à son égard pour se l'avouer clairement : « Devenir son plaisir m'épouvante. » [42]

Son repli affectif se double d'un désaccord sur le plan intellectuel. Catherine se rend compte qu'elle ne s'intéresse pas beaucoup aux questions économiques et sociales qui, à son avis, passent à côté de la réalité. « Quel est le fait majeur ? » écrit-elle dans son *Journal* le 21 avril 1920. « C'est le prolétariat, dit Jouhaux ; c'est l'ordre, dit Maurras ; c'est l'organisme avec idée de but, dit Morin ; mais le doyen de la Faculté des Sciences répond : “C'est l'esprit”. La société qu'ils bâtissent, en mépris de cette seule, de cette invisible Puissance, me fait dégoût. » [43]. Catherine se plaint de l'indifférence de Morin à l'égard de ses recherches. A ses côtés, son désir le plus profond reste inassouvi : « Je n'ai pas besoin que l'on

---

41. Lettre du 14 janvier 1919. CB.
42. *Journal*, 20 octobre 1919. BN.
43. BN.

aime tant ma figure, que l'on me mêle au vert du printemps. J'ai besoin qu'on aime ce que j'adore, et qu'on serve le même Dieu. » [44]

Cependant, ses travaux personnels avancent avec une rapidité gratifiante. Ayant écrit plus de cinquante pages de son essai sur la liberté, elle aborde de nouvelles lectures concernant la notion d'entropie, la loi physique qui voue la matière à la déperdition. La théorie de l'esprit qu'elle est en train d'exposer dans *De Libertate* prend le contrepied de cette idée dans la mesure où elle établit dans le domaine spirituel une loi d'accumulation et d'accroissement. Par ailleurs, elle travaille à la Faculté de Montpellier, avec plaisir et profit, en vue de la première partie du baccalauréat (série B, latin, langues) qu'elle passe avec succès en octobre 1919 à l'âge de trente-sept ans, obtenant même une mention. Ce devoir accompli, elle commence à se préparer pour la deuxième partie, qu'elle souhaite passer en juin 1920. Elle n'a pas l'intention de s'arrêter là, ambitionne d'obtenir une licence et d'autres diplômes plus élevés encore. Catherine Pozzi semble, enfin, avoir trouvé sa voie.

Armée d'une nouvelle confiance en elle-même, elle tergiverse sur le chapitre du mariage. Non, d'ailleurs, sans se sentir coupable, car elle se rend compte qu'elle avait voulu bouleverser la vie de Gaston Morin pour la reconstruire selon le modèle d'André Fernet, et qu'elle n'a réussi qu'à le rendre profondément malheureux. Mais loin de s'apitoyer sur lui, elle l'accable de son mépris. En octobre 1919 elle se plaint de Morin à Mme Bulteau : « Oh Foemina, je n'exige pas qu'il se jette de l'Eiffel en parachute, mais il passe le temps à céder à Fatum. Fera-t-il même de la politique ? Je ne crois pas. Il a “peur de s'engager avec Jouhaux”. Il craint le Recteur, la Faculté, sa famille, ce parti-ci, cet autre. Il s'appelle “Timoré”, Charlot sera plus joli. » [45]

Ayant vécu séparée d'Edouard Bourdet depuis longtemps, Catherine Pozzi ne voit pas la nécessité absolue de divorcer, envisage plutôt une simple séparation de corps. Son indécision sur ce point incite Mme Bulteau, que Morin avait prise comme confidente et qui avait épousé sa cause, à la gronder sévèrement : « Avec cette incroyable maîtrise cérébrale, vous avez une sensibilité enfantine. C'est d'ailleurs un de vos nombreux charmes. Mais c'est le chemin

44. *Journal*, 30 avril 1920. BN.
45. Lettre du 17 octobre 1919. CB.

du malheur définitif, et, ce qui est pis, de l'avortement de vos grands espoirs intellectuels, et des espoirs mis en vous par d'autres... Tâchez de savoir ce que vous voulez. — Mais voulez-vous quelque chose ? Je commence à me le demander. »[46] Ce qu'elle veut pour Catherine est évidemment le mariage avec Gaston Morin.

Dans un premier temps, Catherine cherche une annulation de son mariage avec Edouard Bourdet en cour de Rome, s'en remettant pour la procédure ecclésiastique à Morin, ami de Monseigneur de Cabrières, Evêque de Montpellier. L'annulation est difficile à obtenir et Catherine finit par y renoncer, après avoir reproché à Morin son inefficacité et traité le prélat, dans son for intérieur, de mondain vaniteux. Ayant finalement opté pour le divorce, elle confie ses intérêts civils à deux avocats que bientôt elle accusera d'incompétence et même de mauvaise foi : excédée par les longueurs de la justice, elle croit que, en tant que catholiques, ses défenseurs répugnent à faciliter un divorce et pour cette raison laissent traîner l'affaire.

L'aspect financier de la chose paraît moins compliqué qu'elle ne l'avait pensé : son père ne lui avait pas donné de dot et la contribution de sa mère à son foyer avait été limitée à 375 000 francs ; par contre, elle estime la fortune d'Edouard Bourdet à 800 000. Ce ne serait donc pas par intérêt que son époux s'opposerait au divorce. Leur fils, Claude, devenu un enjeu dans la lutte, pose un problème autrement compliqué, car Edouard Bourdet n'entend nullement renoncer à son fils. En avril 1920, il adresse à sa femme un ultimatum : si elle ne reprend pas la vie conjugale, elle risquera de perdre Claude. Catherine refuse d'obtempérer, décidée à se battre, si nécessaire, pour soustraire le garçon, alors âgé de dix ans, à l'influence paternelle qu'elle estime malsaine. « Pensez que j'ai travaillé avec ce petit », écrit-elle à Mme Bulteau le 27 avril 1920, « que j'ai passé des examens idiots pour être capable de l'élever jusqu'au grade universitaire — pensez qu'il se passionne pour ce que je fais (les sciences), que déjà nous projetons d'avoir un laboratoire pour nous deux que nous ferons construire près d'ici — et pensez qu'on va remplacer cela par les traîneries sur les boulevards avec des poules et les comparaisons de divers portos. »[47]

46. Lettre du 1er avril 1919. BN.
47. CB.

Ayant retiré à Gaston Morin sa promesse de mariage au cours de l'automne 1919, Catherine Pozzi revient sur son refus suffisamment pour laisser planer un doute sur ses intentions. Dans les mois suivants, Morin n'abandonne pas tout espoir de l'épouser et essaie de faire avancer son divorce pendant ses séjours à Paris. Mais Catherine hésite toujours à se lier à un homme qu'elle juge, au fond, irrémédiablement médiocre : « Quand il disait "cette dame est très regardante"... pour "avare" ; quand il versait de l'eau dans le Montrose 1895 ; quand il assurait que le XVIIe siècle est supérieur, puis prouvait n'en avoir rien lu ; — quand il écoutait une musique divine en la subissant comme du shampooing ; quand il "n'avait pas le temps" de lire un chapitre capital ; quand il faisait la théorie du socialisme sans connaître Marx ; quand il ne prenait de tubs que pour l'été ; quand il s'esbaudissait d'être très bien avec l'adjoint du maire de Marseille... ça n'était plus possible de lui répondre : "O mon cher le meilleur !" » [48] Ayant besoin d'une présence masculine et d'un semblant de protection, ayant peur surtout de perdre son fils si elle divorce, elle propose à Morin de lui demeurer attachée tout en restant mariée à Edouard Bourdet.

Ainsi, au printemps de 1920, Catherine Pozzi garde dans sa vie deux hommes qu'elle regarde à titres divers comme des obstacles à son épanouissement personnel. Ils n'avaient aucunement réussi à combler le vide dans son existence laissé par les êtres qu'elle avait aimés et perdus : Audrey, Georgie, Fernet, son père. Même les rapports filiaux qui depuis trois ans l'attachent à Mme Bulteau se sont quelque peu relâchés, car cette femme impérieuse ne lui a pas tout à fait pardonné son refus de suivre ses recommandations en ce qui concerne le mariage. Toutefois, sa sentée rétablie, son examen réussi, ses recherches en bonne voie, Catherine Pozzi éprouve moins qu'autrefois le besoin de protection. Se sentant plus autonome, elle souhaite renouer avec sa vie parisienne, délaissée depuis le début de la guerre. C'est donc confiante et disponible que, le 24 mai 1920, elle part pour Paris.

48. *Journal*, 1er mai 1920. BN.

TROISIÈME PARTIE

LE DIALOGUE

TROISIÈME PARTIE

LE DIALOGUE

I

CŒUR DE L'ESPRIT

Le 30 mai 1920, Catherine Pozzi s'installe avenue Montaigne, à l'Hôtel Plaza Athénée, où son téléphone ne cesse de sonner et son carnet de se remplir de rendez-vous. Habillée par Callot et par Vionnet, elle s'acquitte allègrement de ses obligations mondaines, se donnant à la joie de plaire. Mme Bulteau, en signe de l'estime qu'elle continue à lui porter malgré leur désaccord récent, lui rend visite et l'invite chez elle. Dans cette maison amie, Catherine Pozzi a la joie de revoir Mgr Duchesne et se lie avec la sœur d'Anna de Noailles, Hélène de Chimay, la préférée de son hôtesse. Chez la belle Renée de Brimont, poète et critique de talent et petite-nièce de Lamartine, elle écoute de la musique, ainsi qu'elle le confie à son Journal, en compagnie des « dix plus nobles Saphos du temps », dont la vieille princesse de Polignac et Clermont [illegible] Élisabeth de Clermont-Tonnerre. « Celle-ci précipitée à mon canapé, où j'ai eu dix minutes d'un snobisme imbécile qui m'a fait l'inviter à dîner. »[1] Mais les gens du monde ne lui apportent que peu de satisfaction intellectuelle et la laissent avec un vague malaise : « Ah ! quelles choses disent-ils ? Des choses qu'il est impossible de définir et qui sont cependant à l'intelligence ce que la politesse est à la beauté... »[2] Sa lassitude la conduit à porter des jugements sévères même à l'endroit d'amis de longue date ; c'est ainsi que Jean-Louis Vaudoyer lui paraît empâté ; quant à Marie de Régnier, elle lui fait l'effet d'une « branche rose » qui ne l'aime que de loin. Chez [illegible]

1. *Journal*, 2 juin 1920, p. [illegible]
2. *Journal*, [illegible] juin 1920, p. [illegible]

I

CŒUR DE L'ESPRIT

Le 30 mai 1920, Catherine Pozzi s'installe avenue Montaigne, à l'Hôtel Plaza Athénée, où son téléphone ne cesse de sonner et son carnet de se remplir de rendez-vous. Habillée par Callot et par Vionnet, elle s'acquitte allègrement de ses obligations mondaines, se donnant à la joie de plaire. Mme Bulteau, en signe de l'estime qu'elle continue à lui porter malgré leur désaccord récent, lui rend visite et l'invite chez elle. Dans cette maison amie, Catherine Pozzi a la joie de revoir Mgr Duchesne et se lie avec la sœur d'Anna de Noailles, Hélène de Chimay, la préférée de son hôtesse. Chez la belle Renée de Brimont, poète et critique de talent et petite nièce de Lamartine, elle écoute de la musique, ainsi qu'elle le confie à son *Journal,* en compagnie des « dix plus nobles Saphos du temps : dont la vieille [princesse de] Polignac et Clermont-Boumboum [Elisabeth de Clermont-Tonnerre]. Celle-ci précipitée à mon canapé, et j'ai eu dix minutes d'un snobisme imbécile qui m'a fait l'inviter à dîner » [1]. Mais les gens du monde ne lui apportent que peu de satisfaction intellectuelle et la laissent avec un vague malaise : « Au fait, quelles choses disent-ils ? Des choses qu'il est impossible de définir "bêtes" et qui sont cependant à l'intelligence, ce que la politesse est à la beauté... » [2]. Sa frustration la conduit à porter des jugements sévères même à l'endroit d'amis de longue date : c'est ainsi que Jean-Louis Vaudoyer lui paraît empâté ; quant à Marie de Régnier, elle fait figure de « phalène rose », qui ne l'aime que de loin [3]. Chez Paule et

1. *Journal,* 12 juin 1920. BN.
2. *Journal,* 17 juin 1920. BN.
3. *Journal,* 12 juin 1920. BN.

André Siegfried elle rencontre un des meilleurs amis d'André Fernet, Roger Martin du Gard, qui la déçoit aussi : « Deux heures de discours m'ont appris qu'il méprisait l'intelligence, et souhaitait "créer". Dégoût. » [4] De passage à Paris, Gaston Morin ne trouve pas grâce à ses yeux non plus : il n'avait pas montré suffisamment de fermeté dans les négociations concernant le divorce ; par ailleurs, il s'était rendu ridicule en faisant annoncer « le docteur » lorsqu'il était monté la voir dans sa chambre. Le 17 juin, elle note dans son *Journal* sa décision de quitter Paris pour reprendre ses études dans le Midi. « Cependant, ajoute-t-elle, Clermont-Tonnerre, Brimont et Paul Valéry, qu'elles amènent, dînent à ma table ce soir. »

Elisabeth de Clermont-Tonnerre s'étant décommandée, Catherine Pozzi n'attendait que deux personnes en descendant dîner. Paul Valéry arrive le premier pendant qu'elle est retenue au téléphone. Catherine Pozzi le trouve tapi au fond du salon, sur un canapé en train de feuilleter nerveusement les journaux. « J'avais une robe grecque de Vionnet », rappelle-t-elle dans son *Journal* le 28 juin, « tunique noire, sans *rien*, et cent mille francs de perles. » Quand Renée de Brimont les rejoint (« aussi mal vêtue que jamais, avec un ridicule chaperon d'or ; mais jolie »), ils passent dans la salle à manger grise et rose du Plaza où, pendant les premiers trois quarts du repas, Valéry s'adresse le plus souvent à Mme de Brimont, ne tournant la tête vers son hôtesse qu'en fin de phrase par simple courtoisie. Il parle de *L'Après-midi d'un Faune* de Mallarmé dont il vient de découvrir une nouvelle version. Ce n'est qu'au moment du dessert que Valéry sent la présence de Catherine Pozzi qui lui parle du livre de Houssay, *Force et cause* [5] et de son idée de la réversibilité de la loi de Carnot dans le monde de l'esprit. Elle lui explique l'image qu'elle s'était faite, le printemps précédent, à Montpellier, de la théorie d'Einstein où le temps apparaît comme la quatrième dimension de l'espace. Valéry lui répond avec une rapidité et une maîtrise que Catherine Pozzi n'a jamais rencontrées, en émettant une objection tout à fait pertinente : le temps peut-il s'assimiler à l'espace même dans l'effort statique ?

Renée de Brimont perd pied, s'ennuie et, dès que les convenances le lui permettent, s'éclipse pour laisser ses amis

4. *Journal*, 17 juin 1920, BN.
5. Flammarion, 1920.

poursuivre leur dialogue au salon. Valéry cite des vers du *Cimetière marin,* qui vient de paraître dans la *NRF* : « Lentement, d'une voix basse un peu chantante il me les dit », écrit-elle dans son *Journal* le 28 juin. « Et j'écoute avec une telle intensité, qu'à un certain moment, *j'ai eu peur de mon visage*, et je me suis retournée pour voir si on le voyait... Ces vers sont plus que je n'espérais d'aucun être vivant. Ils rejoignent la Grèce. » [6] A onze heures le salon se vide et le concierge éteint. Valéry reste un quart d'heure devant la porte à parler de lui-même avec l'air de quelqu'un qui se trouve. Quand Catherine Pozzi monte dans sa chambre, elle se sent à la fois très lasse et comme « changée ».

Peu après cette rencontre, Catherine Pozzi quitte Paris. C'est à La Bourboule, où elle est venue faire une cure, qu'elle reçoit de Valéry une interrogation anxieuse dont les conséquences seront immenses, pour lui comme pour elle : « Puis-je être plusieurs ? Suis-je le seul ? Suis-je compatible avec le nombre ? » La réponse qu'elle confie à son *Journal* le 5 juillet est sans ambiguïté :

> Plus aveugle qu'une taupe, êtes-vous, Apollon ? Moi, du moins, je n'ai jamais douté de la lumière. Misérable, ivre de ma différence, j'ai toujours su que *moi-même vivant existait hors de moi.* Etait-ce en cet espace ? En ce temps ? Sous ce Dieu ?... [J]e vous ai rejoint une heure, je suis *entière* pour l'éternité.
>
> Jamais je n'ai connu cette certitude, cette sérénité douloureuse, à la fois exaltée, écrasée [7].

Catherine Pozzi a le sentiment grisant d'avoir enfin rencontré dans la réalité le soi-même étranger, l'inconnu dont l'image avait hanté son *Journal* de jeune fille et d'épouse insatisfaite. Elle exprime son exaltation sur un ton apocalyptique : « Tu vivras misérable et brûlée, tu mourras frissonnante et conquise, dans le soleil », écrira-t-elle quelques mois plus tard [8]. Chez elle, l'extase, le violent sentiment qui la porte en dehors d'elle-même, est indissociable des images de la souffrance et de la mort : « Je suis vous », écrit-elle dans son *Journal* en juillet, « jusqu'à consentir à ma perte, et vous donner mon esprit pour que vous vous en serviez à tenter l'impossible. Et

6. BN.
7. BN.
8. *Journal,* 11 novembre 1920. BN.

déjà vous le savez ; et je sais que vous le savez ; car, sans conscience de le savoir, vous cherchez déjà à me rejoindre. Si pourtant cela n'est point, dans ce lieu, dans ce temps ; ah, ne me manquez pas, battement de ma conscience, en l'espace inconnu auquel vous ne croyez point. » [9]

Catherine Pozzi a le sentiment d'avoir joué son destin en envoyant à Valéry deux feuilles de son essai sur la liberté. Attendant sa réponse, elle a l'impression de s'être constituée prisonnière. « Mon maître chéri », écrit-elle dans son *Journal* le 12 juillet, « ... [s]i vous venez, je commettrai d'un élan l'action sans pardon possible et je vous laisserai prendre une vie de pensers, de patience, pour en faire votre beauté. Qu'importe, lequel de nous deux, si la richesse en est laissée aux hommes. O mon amour à qui, d'abord, il faut que je donne ma gloire. » [10] Mais la réponse si ardemment attendue tarde à venir et l'anxiété de Catherine Pozzi s'accroît. Le 21 juillet, elle écrit dans son *Journal* : « O mon esprit, et centre de ma douleur ! Nouvelle, suprême, extrême aventure terrestre, la même et non pas la même cependant. Cet impossible, qu'André m'a présenté deux ans, — ce refus total après le consentement sans retour, est-ce donc vous encore ? Je ne veux plus vous subir, ayez pitié de moi. Je ne me suis pas marchandée en venant vers vous, je n'ai pas fait les sourires de prudence, je ne me suis pas ménagé de sortie par le couloir. J'ai été brave, P.V., je vous ai donné d'un coup le secret de ma pensée, ma raison de ne pas mourir. Il n'est pas possible d'aimer comme je vous aime, avec un regard si clair, si profond sur l'essence de vous, si fraternel, si tendre sans que vous n'en ressentiez pas, un jour, la douceur. » [11]

Le 22 juillet, elle n'y tient plus et décide de repartir pour retrouver Valéry à Paris. Ce qui s'y est passé demeure obscur. D'après son *Journal*, une chose du moins semble certaine : pendant son séjour, Catherine Pozzi s'est entièrement livrée à Valéry, émotionnellement et intellectuellement. Toutefois, un texte énigmatique dans son *Journal*, écrit à la fin de son séjour à Paris, suggère que l'offrande de sa pensée s'est accompagnée d'un don d'une autre nature, car pendant la nuit du 2 août une crise, à la fois physique et

9. S.d., probablement 5 juillet 1920. BN.
10. BN.
11. BN.

morale, éclate chez elle : « Mon bien aimé, c'est donc, ce sera, par vos mains, le don royal. Dix jours, et deux soirs. Presque votre tendresse. Et sûrement, votre adieu. Pour la première fois, j'abandonne et refuse, et pour avoir renié ma vie depuis si longtemps, c'est seulement aujourd'hui que je me retire d'elle. Je serai morte avant l'hiver, absent, ô présent moi-même : morte, et tu vivras. » [12] Avait-t-elle déjà accepté de mettre sa vie en danger —, les médecins lui interdisaient une deuxième grossesse —, en prenant la décision de devenir sa maîtresse ? Sa santé était-elle menacée ? Quoiqu'il en soit, en quittant Paris au début d'août dans la grande berline de sa mère, elle a l'impression de fuir quelque chose. Elle repasse par La Bourboule pour prendre Marie de Régnier, dont le mari, l'éminent poète symboliste, est lié d'amitié avec Valéry depuis leur jeunesse ; ensuite les deux femmes descendent à travers la Corrèze jusqu'à La Graulet. Là, en compagnie de sa mère et de sa cousine, Mme Henri Cazalis, veuve du poète Jean Lahor, Catherine Pozzi essaie de se remettre de ses épreuves parisiennes en reprenant ses études scientifiques. Il s'agit cette fois de la chimie dont elle explore les arcanes à l'aide de tout un attirail de laboratoire.

De son côté, Paul Valéry, quinquagénaire, père de famille marié depuis vingt ans à une femme qu'il aime tendrement, approche en 1920 du sommet de sa gloire littéraire. La brusque intrusion de Catherine Pozzi dans sa vie a bouleversé son équilibre affectif, et menace la paix de son ménage ; mais, tout en lui apportant de grandes souffrances, Catherine lui donne quelques-unes des plus grandes joies qu'il ait jamais connues. A la base de la soudaine et violente attraction qu'elle exerce sur lui, il y a sa réponse affirmative à la question existentielle qu'il s'était timidement posée : « Puis-je être plusieurs ?... Suis-je compatible avec le nombre ? » Son amour pour Catherine Pozzi l'a brusquement tiré de la solitude orgueilleuse où il s'était enfermé depuis sa fameuse crise spirituelle de 1892. Il avait alors pris la décision de se dérober à la tyrannie des « choses mentales » et en particulier de l'amour, pour se consacrer à l'exercice de son esprit — décision destinée à lui permettre d'atteindre ce qu'il appelait son MOI pur : noyau tout spirituel, distinct de sa personne, de ses idées, de ses émotions, de ses actes et siège de sa véritable identité réduite exclusivement à sa conscience.

12. *Journal*, 2 août 1920. BN.

L'acte caractéristique de ce MOI est le refus car, pour Valéry, la conscience se définit et s'affirme en se distinguant de ce qu'elle n'est pas. Or, c'est précisément là, dans sa conscience, c'est-à-dire dans son essence, dans son être le plus intime, que Catherine Pozzi l'a atteint. Se retrouvant en elle, il prend sa conscience pour la sienne ; l'incorporant en lui, il quitte sa solitude. On voit de nombreux témoignages de cette attitude dans les *Cahiers* de Valéry qui, vers cette époque, sont hantés par l'image du double : « Et en vérité l'être complet est double, pour cette raison si claire : que la conscience suppose un dédoublement, que je parle à moi, que je réponds à moi, et que donc moi est nécessairement deux, mais un deux dont les unités sont même et non pourtant de même espèce... » [13]. En se substituant à l'une de ces moitiés, Catherine Pozzi devient précisément une des unités de la conscience « même et non pourtant de même espèce », qui permettent à Valéry de penser. C'est ainsi qu'elle fonde chez Valéry non seulement sa conscience de lui-même mais aussi sa perception du monde : « Entre les êtres », écrit-il dans ses *Cahiers*, « pour représenter leurs rapports, certaines notions se forment. Ainsi le "monde extérieur" est une relation entre des êtres humains. Un seul ne peut l'établir. Ils *s'entendent* pour exister l'un l'autre et le reste avec eux, au regard l'un de l'autre. » [14]

Pour Paul Valéry, il ne s'agit pas d'abstractions ; sa rencontre avec Catherine Pozzi lui donne la conviction qu'il est en train d'entrer dans la plus grande « réalité » de sa vie — lui qui, s'étant retranché de la vie, se plaignait souvent de ne pas exister. Dans son amour pour Catherine, le spirituel se confond avec le corporel, et vice versa. C'est ainsi que dans les *Cahiers* de cette époque, Valéry revient avec une insistence toute obsessionnelle au thème de l'unité de la connaissance et de la jouissance ; témoin la réflexion placée sous le titre « Vénus et Adonis » :

> Pour que tel être atteigne son rendement apparent le plus élevé, pour que la sensation la plus extrême lui soit tirée de lui-même, pour que la connaissance etc.
>
> Il faut au corps et aux sens le secours d'un objet extérieur, et une certaine harmonie entre eux. Ce qui tire de quelqu'être

13. *Cahiers*, Préface de Louis de Broglie, C.N.R.S. 1957-1961, 29 vols., vol. VII, p. 627.

14. *Ibid.*, p. 633.

son plus haut événement, son optimum, son plus puissant effort compensé, c'est cela qu'il « aime » [15].

Cessant de s'opposer à la vie intellectuelle, mais au contraire la nourrissant, l'amour se soumet à la volonté pour devenir une « œuvre ». Il s'insère ainsi dans le projet fondamental de Valéry qui consiste à se maîtriser et à se dominer : « L'intelligence mêlée à l'amour ou se substituant à lui insensiblement », écrit-il, « peut faire quelque chose de ce troûble étranger. » [16]

C'est précisément là où le bât blesse. Chez Valéry, l'amour qui se confond avec son identité se présente parfois de façon paradoxale comme un « trouble étranger ». Valéry a souvent l'impression de revivre la crise qu'il avait surmontée en 1892, au cours de laquelle sa sensibilité, échappant au contrôle de sa volonté, lui imposait des « images mentales » qui le faisaient souffrir et qu'il confondait avec la réalité. Semblablement, son amour pour Catherine Pozzi s'accompagne de souffrance ; il se sent humilié par son caractère obsessionnel. Une fois de plus, il a le sentiment de perdre la direction de sa vie, de ne plus se connaître, de devenir étranger à lui-même ; il lui arrive de vivre parfois son amour non comme un enrichissement mais comme une dépossession. Il semble bien, en tout état de cause, que ce fut une crise de ce genre qui a secoué Valéry lors du passage de Catherine Pozzi à Paris au début d'août 1920 : un texte énigmatique, daté du 2 et omis dans toutes les éditions de ses *Cahiers*, donne toute la mesure de son désarroi. Mortifié par le bouleversement affectif qui semble le priver de son essence, Valéry a l'impression angoissante de sombrer dans la folie [17].

L'abattement moral et physique de Valéry se prolonge pendant août et septembre, et tout son entourage se rend compte qu'il est en train de traverser une crise grave. Catherine Pozzi l'invite à passer quinze jours à La Graulet, où il succède, en septembre, à Marie de Régnier dans une chambre meublée d'un grand lit à baldaquin et du fauteuil de Leconte de Lisle. Il arrive exténué, « dans un état plus mauvais (et qui l'était toujours plus depuis deux mois) que je ne

15. *Ibid.*, p. 634.
16. *Ibid.*, p. 627.
17. BN, Fonds Valéry, *Cahiers*, f. 7213. BN.

m'en suis jamais connu », écrira-t-il à Gide quelques jours plus tard [18]. « Ce sont brusquement des sensations profondes d'inexistence, des chaleurs *insupportables aux mains*, de l'accélération du pouls, de la faiblesse. » [19] D'une part, Valéry en rend responsable ses « devoirs de vacances », dont un essai sur l'*Adonis* de La Fontaine qu'il avait promis à Jean-Louis Vaudoyer ; mais il attribue son état également à « des mois de fatigue, de dîners, de prose, de vers, de notes et de conversations ». Il omet l'essentiel : le tourment que lui cause Catherine Pozzi. Toutefois, celle-ci fait tout ce qui est en son pouvoir pour l'apaiser. « *Vous n'êtes pas là pour parler*, ni pour être intelligent », lui explique-t-elle dans le mot confié au chauffeur qui l'accueille à la gare. « Vous creviez de transitoire et d'événements incoordonnés. Il faut... considérer que vous faites Châtel Guyon ou Vichy ; supporter avec un égoïsme physiologique l'embêtement thérapie, admettre un régime et vouloir dormir. » [20] Valéry est sensible à tant de prévenances et goûte pleinement le confort de la maison ainsi que la paix et le silence de la campagne qu'il parcourt en voiture avec Catherine. Il ironise gentiment sur ses travaux scientifiques en écrivant des vers de mirliton sur un brouillon de son travail en cours. Mais en dépit de tant d'attentions, Valéry avoue à Jean-Louis Vaudoyer qu'il avance « difficilement et mal » dans *Adonis*, son travail étant interrompu par ses « malaises » et ses « absences » [21].

L'amour de Catherine Pozzi et de Valéry prend un tournant décisif un soir de fin septembre 1920, dans le pavillon situé à l'intérieur du parc de La Graulet. Ils s'y rendent après dîner et le trouvent plein de roses et chauffé par un feu. Dans son *Journal*, Catherine Pozzi fait le récit de cette soirée sous la forme d'un hommage qu'elle adresse à Valéry sous le nom de "Lionardo" [22]. Elle y présente leur union comme une victoire remportée par son intelligence, alliée aux roses : « Je ne crois pas qu'une autre vous aurait obtenu. Il fallait être consciente de l'ongle au cil, et ressentir

18. André Gide-Paul Valéry, *Correspondance 1890-1942*, préface de R. Mallet, Gallimard, 1955, p. 478.

19. *Ibid.*, p. 479.

20. Lettre du 20 septembre 1920. BN.

21. Lettre de septembre 1920, *Exposition Paul Valéry*, Bibliothèque nationale, 1971, n° 688.

22. 29 octobre 1920. BN.

votre pensée. Il fallait savoir passer, sans un regard, savoir s'en aller, se taire ; savoir penser ailleurs ; — pour, enfin, savoir votre désir, et que vous n'étiez plus qu'une attente. » Dans ce récit qui change brusquement de la première à la troisième personne, elle figure comme une petite fille soumise et « stupide » qui parle rêves et visions (auxquelles Valéry ne croit pas) et qui cherche, en faisant l'aveu de son amour et de sa faiblesse, à vaincre la résistance d'un homme condescendant et, au fond, indifférent :

> Et puis, il ne persiste pas dans l'attitude dégagée ; car il a pris son front dans ses mains.
>
> Et la petite fille a gémi très bas : « ayez pitié de moi ».
>
> Il lui a demandé *ce qu'elle voulait* ; elle a dit : « rien ». Il a voulu savoir comment cette folie était née — mais vous le savez. C'est une folie qui a l'âge de ma tête : elle ne s'est connue raison, qu'en lisant votre nom.
>
> Et ce soir il l'a un peu embrassée ; mais comme on caresse un animal gracieux, et je ne sentis pas ton corps. Seulement, cet air de joie sur vous o Lionardo, ce visage de joie, ces yeux étincelants que je ne vous savais pas !
>
> Et puis, vous lui avez dit que vous ne pouviez rien lui donner, mais que c'était dur, très dur. Qu'elle comprenne, combien c'était dur.
>
> Vous êtes parti comme quelqu'un qui s'est trouvé.

La conquête de Valéry, aussitôt obtenue, s'avère précaire car il se révèle incapable de se donner sans réserve à sa passion. Son désir éperdu de Catherine Pozzi se heurte à toutes sortes de freins tant spirituels que pratiques ; il se donne l'impression de ne pas savoir ce qu'il veut et de rechercher des buts contradictoires. Sa coutumière lucidité le contraint à prendre de la distance vis-à-vis de sa propre passion, fait qu'il relève dans ses *Cahiers*, non sans un certain mépris de lui-même. Car il est l'homme qui « au moment même de son émotion juge qu'elle lui fera un beau souvenir, un thème interne, une “volupté mélancolique”. J'écris ceci dans le fauteuil bizarre de Leconte de Lisle (!) qui s'est échoué dans cette campagne si tiède, si immobile — si assoupissante, où je ne parviens pas à dormir... Ma volonté était bien compliquée, ces jours-ci. Je la vois clairement cependant en fixant ce feu de bois qui brûle si facilement, au saut du lit, qui s'en fout. Il flambe. Je ne pourrai plus sentir une rose » [23].

---

23. *Cahiers*, vol. VII, p. 632.

S'étant identifié à Catherine Pozzi spirituellement et intellectuellement, il trouve néanmoins en elle ce qui lui est le plus étranger et même le plus antipathique : une tendance au mysticisme et le besoin de croire. Ce sont sans doute ces attitudes qu'il vise en stigmatisant, dans ses *Cahiers*

> Ceux qui se nourrissent de choses indoues, d'upanishads,
> Et de systèmes de choses qui pouvant être niées, doivent l'être...
> Ceux qui croient,
> Ceux qui ont besoin de solennité, de silence, de demi-lumière, de regards magnétiques, d'arrière-mondes, et qui aiment se perdre dans les expressions de leurs propres yeux,
> Ceux qui aiment la profondeur pour la profondeur,
> Ceux qui parlent du Principe, et de Révélation, et de Vérité...[24]

Catherine Pozzi est prompte à se rendre compte que Valéry désire se défendre à la fois d'elle et de sa propre passion, et en est profondément blessée. Tout en lui restant passionnément attachée, elle réagit dans son for intérieur avec violence, notant la « possibilité de le mépriser » dans son *Journal* du 23 septembre où elle trace le « graphique » du comportement de Valéry :

> ... l'étonnement, (l'admiration ?), la curiosité, l'orgueil, le trouble, l'amusement, l'énervement..., la joie, la certitude ?, l'espoir (un soir)... la crainte, la tendresse, le doute... la peur, le raisonnable calcul, et pacte, ce noble pacte.
>
> Est-ce parce qu'il fut accepté, que voici le « ton protecteur ? »... Ou subir cela, ou m'en aller...
>
> Il m'achemine vers cet état : l'état de souvenir flatteur. Y consentir ? accepter la lettre bimensuelle, et de surgir, créée sans le savoir un instant fantôme sur la fumée d'une cigarette absente[25].

A tout cela elle ne se résigne pas facilement. Rentrée brièvement à Paris au début octobre, elle s'efforce systématiquement de faire entrer davantage Valéry dans sa vie quotidienne. Devenu l'ami de la famille, il est naturellement reçu par la mère de Catherine et

---

24. *Ibid.*, p. 563.
25. BN.

recherche la compagnie de ses frères. En dehors de leurs rendez-vous au Plaza, elle ose parfois se montrer avec lui en public, geste d'autant plus facile et naturel que le monde qu'ils fréquentent, chacun de son côté, est dans une large mesure le même. Catherine Pozzi ne le trouve pas toujours à son goût. Chez Natalie Clifford Barney, par exemple, où elle découvre un salon rempli de « larves élégantes », elle doit se défendre des témoignages d'affection excessifs de Marguerite Moreno [26].

La veille de son départ, le 9 octobre, assise sur son lit en robe du soir, elle écrit à Valéry un mot empreint de toute sa tendresse mais où percent son inquiétude et aussi son désir d'être rassurée :

> Tu m'as dit de dormir.
>
> Mon amour, fais alors que je n'aie pas peur, et que ce poids de toi que je porte m'apaise, non pas m'effraie. Dis-moi ce que je sais si bien et qu'une enfant folle en moi ne croit plus : que nous avons trouvé l'explication de la vie et de nous-mêmes, que [ni] le hasard ni les mains humaines ne peuvent défaire cet ordre splendide, que dans tes bras et contre ta pensée je me sentirai pour d'autres jours et d'autres nuits d'accord avec mon passé le meilleur, avec ce qui dans le temps que je me fais, est sincère [27].

Toutefois, le texte qu'elle a ce même jour noté dans son *Journal* rend un son plus plaintif :

> Il n'y aura rien de difficile et rien de plus grand que mon courage, puisque je me suis renoncée en vous mon pauvre amour qui m'aimez si follement mal. Car, ce n'est pas la fièvre, ni la folie que je vous demandais, ma claire conscience. Ni ce mal de mon corps, qui est si simplement à vous, qui est à vous pour achever en tendresse absolue toutes les pensées qui vous laisseraient trop seul. Je veux la certitude, non pas l'angoisse ; je veux que 1 + 1 égale une personnalité supérieure, non le délire, non cet anneau de fer autour du cœur dont vous gémissez...
>
> Sans doute il faut que je parte. J'ai peur de toi. J'ai horreur d'être pour toi ce goût sans répit des caresses, que les pires nuits de ma jeunesse ont imaginé [28].

---

26. Lettre à Paul Valéry, s.d. BN.
27. BN.
28. BN.

Au cours de son séjour à Paris elle avait revu Edouard Bourdet pendant cinq heures, et cela à la demande de Valéry qui, en dépit de sa passion, l'avait encouragée à reprendre la vie conjugale. Elle avait rejeté avec mépris un tel compromis et continuait à souhaiter le divorce. Edouard Bourdet, de son côté, y opposait une résistance opiniâtre et persistait à la menacer de la perte de son fils. Toutefois, en quittant Paris le 9 octobre, elle s'étonne de trouver son mari plus conciliant qu'elle n'avait espéré : il porte ses valises à la gare et lui confie Claude comme si elle avait naturellement le droit de le garder. En fait, il avait probablement déjà changé d'avis au sujet de leur divorce. Souhaitant se remarier, il cessera bientôt d'émettre la moindre objection à leur séparation définitive.

Dans le train qui la conduit vers Montpellier avec son fils, Catherine écrit à Valéry sans cesse. Arrivée chez sa mère, elle cherche à instaurer un rythme régulier dans leurs échanges, lui proposant d'écrire tous les dimanches et jeudis matins. Une telle modération se révèle bientôt insuffisante de part et d'autre ; au cours des mois suivants, ils s'écriront presque quotidiennement, souvent plusieurs fois par jour. Catherine Pozzi envoie ses lettres le plus souvent à la poste restante de la rue La Pérouse, non loin du domicile de Valéry, 40 rue de Villejust.

Pendant son séjour à Montpellier, Catherine Pozzi prie Valéry à plusieurs reprises de lui rendre ses lettres, non pas par prudence mais plutôt parce qu'elle ne veut pas se dessaisir d'une partie essentielle de son être : « Pourquoi ne me renvoies-tu pas mes lettres ? », lui écrit-elle le 21 octobre. « Si tu ne peux les relire, laisse-moi garder ces signes des heures, où il n'y a que vous et que vous. Je sais que tout ce présent poignant me sera rendu, quand je le voudrai, rien qu'en respirant ces écritures de peine et d'élan, — [si] maladroites qu'elles soient. Et si vous ne me permettez pas votre écriture, pour plus tard, il faut aussi que ce qui fut mon âme, je puisse le retrouver. » [29]

Elle est fière de la forme littéraire qu'elle donne à « ces phrases, qui se tiennent, qui s'amusent en images, qui ont une ligne bonne pour l'éditeur » [30] mais à ses yeux leur « littérarité » ne s'oppose pas à la vérité spirituelle et humaine qu'elles véhiculent. C'est ainsi que

29. BN.
30. Lettre à Paul Valéry du 2 novembre 1920. BN.

la Karin, auteur de ces lettres, y apparaît en tant que « personne supposée » (selon la belle expression d'Emily Dickinson), souvent évoquée à la troisième personne. Se transformant en personnage, elle fait subir la même métamorphose à Valéry. Au début de leur intimité, elle l'appelait par le nom que Degas lui avait autrefois donné, « Ange », et bientôt elle lui demande d'accepter un nom de sa propre invention, « Stellio » : « ... je ne puis t'appeler français. D'ailleurs, tu es... singulièrement mêlé aux astres, pour moi... » [31]. En fin de compte, le destinataire de ses lettres ne sera ni « Ange » ni « Stellio », mais plutôt « Lionardo », personnification de la méthode et du génie universel.

Installée dans l'appartement de sa mère, Catherine travaille dans une pièce dont les murs, couverts de livres, sont percés de deux grandes baies fermées par des rideaux verts, l'une ouvrant sur un aqueduc romain, l'Aqua Claudia, l'autre donnant accès à sa chambre. C'est là où, pour préparer la deuxième partie du baccalauréat, elle se penche sur Platon, Spinoza et Kant et se livre à des expériences de chimie. En sortant de l'examen le 18 octobre 1920, elle pense s'être tirée d'affaire, car le sujet de dissertation en philosophie, « comment l'observation subjective peut-elle constituer un procédé scientifique », semblait faire appel précisément aux connaissances qu'elle avait accumulées en vue de son essai *De Libertate*. Dans sa réponse, Catherine avait cité les fondateurs de l'école de psychophysique, Helmholtz, Weber, Fechner, William James, pour justifier l'emploi de l'introspection dans la recherche scientifique. Quelques jours plus tard arrive la mauvaise nouvelle : c'est l'échec. Les lecteurs de sa copie avaient estimé qu'elle n'avait pas traité le sujet. Catherine finit par en convenir, notant plus tard sur son brouillon : « 0 ou à peu près. Tous les cancres de Montpellier furent préférés à ceci. Horreur ! ai traité en métaph[ysicien] une question logique. » [32] Face à cette malchance, elle crâne, expliquant à Valéry qu'au fond elle se sent un peu moins honteuse que lorsqu'il lui arrivait autrefois de perdre un championnat de tennis. Elle décide de se représenter à Paris à la session de juin.

En fait, elle est extrêmement contrariée par son échec, car il lui ferme — ne serait-ce que provisoirement — l'accès aux études

31. Lettre à Paul Valéry, 24 octobre 1920. BN.
32. Ms., s.d. (automne 1920). CB.

supérieures. Elle en prend son parti et cherche à s'engager dans un travail intellectuel ailleurs : « J'ai si impérieusement besoin d'une discipline », écrit-elle à Valéry le 24 octobre. « Hors l'asinarium [l'université], je cherche un autre harnais. Conseille-moi. Une chose, tu comprends, qui *m'oblige, du dehors*. Serait-ce une collaboration fixe quelque part, avec n'importe quel machin à livrer à intervalles fixes ? Tout ce que j'ai fait, toujours, ne m'était imposé que par moi ; ou alors, donné à d'autres (j'ai bâti un livre pour ce Morin. Il l'a écrit, malheureusement, avec de l'eau d'Evian !) »[33] De nouveaux, elle va s'atteler à un travail imposé par elle-même mais offert à autrui. Valéry lui propose une tâche de grande envergure dont il se sent lui-même incapable : il souhaite qu'elle classe ses *Cahiers* afin d'en dégager le « système » ou la « théorie » du fonctionnement de l'esprit qu'ils contiennent. Catherine s'empresse d'accepter cette proposition qui la ravit comme preuve d'attachement et la fascine en tant que problème intellectuel : « Voulez-vous vraiment que je rassemble les membres de votre philosophie ?... Ce serait un travail de Titan. Mais plus qu'aucun autre, c'est mon travail. Je ne sais quel démon me souffle qu'on m'a mise sur ton chemin pour ça (et dans ton lit ?) »[34].

C'est ainsi que, rentrée à Montpellier dans l'intention de finir *De Libertate* pendant l'hiver, Catherine change sans remords d'idée et se lance dans le passionnant projet que Valéry lui propose. Elle s'y résout d'autant plus facilement que leur entente intellectuelle, allant jusqu'à une identification réciproque, lui donne la conviction que la pensée de Valéry est, en un sens, la sienne. Catherine éprouve une sorte de volupté à sacrifier son œuvre à celle de Valéry : « Je sais bien que je ne travaillerai plus qu'à comprendre votre pensée », lui écrit-elle le 13 octobre 1920. « Plus difficile — mais enfin, plus beau, que créer la mienne. Et puis, il le faut, pour la richesse future des hommes. »[35] Le cahier « A2 » lui parvient en octobre et, en attendant la suite, « Lyre » et « Compas », elle est émerveillée par ce qu'elle y découvre. Elle remplit les *Cahiers* de Valéry d'annotations où, jointes aux expressions de sa vive admiration, elle n'hésite pas à ajouter conseils et critiques. Elle figure elle-même dans beaucoup de

33. BN.
34. *Ibid.*
35. BN.

ces *Cahiers* sous les noms de « Béatrice », « Bce », « Bice », « B », « Laure », « Eurydice », « Eurydiké », « K », « C.K. », « Karin » ou tout simplement comme « les femmes ».

Par ailleurs, tout en classant ses *Cahiers*, Catherine livre à Valéry le fruit de ses anciennes recherches sur l'orphisme. C'est un sujet qui fascine Valéry depuis sa jeunesse et qui est devenu une obsession depuis l'arrivée de Catherine dans sa vie. Dans le mythe d'Orphée, Valéry s'intéresse surtout au thème de la souffrance amoureuse qu'il a soin de lier à celui de la création poétique. Catherine lui révèle d'autres dimensions du personnage en lui présentant un Orphée sans Eurydice, apôtre d'une nouvelle religion [36]. Son exposé, plein de références érudites, remonte aux origines ésotériques du mythe dans la philosophie et la religion égyptiennes et retrace la transformation subie par l'orphisme en Grèce à travers le culte de Zeus et de Dionysos. Ces recherches mises à jour à l'intention de Valéry nourriront également l'inspiration poétique de Catherine Pozzi, profondément imprégnée de doctrines mystiques et ésotériques.

De plus en plus subjugué par sa passion, Valéry commence à rêver à un roman, à la fois sensuel et cérébral, qu'il appelle *Eurydiké*. Ne se décidant pas à l'écrire, il encourage Catherine Pozzi à l'entreprendre au cours de l'automne de 1920. Elle ne l'écrira pas non plus, et le roman n'a qu'une existence virtuelle sous la forme de quelques vagues esquisses qu'elle consigne dans son *Journal*. Toutefois, elle donne une indication assez claire de ce qu'il aurait été si elle l'avait écrit lorsqu'elle le résume dans un poème en prose, qu'elle envoie à Valéry début novembre 1920 :

> Orphée errant sent son âme enlevée au loin. Il la perçoit et sait qu'elle est là-bas faite femme et plus profonde. Présent à soi, cependant ravi de soi, il se parle et lui parle et chante.
>
> Et l'harmonique infiniment pur résonne à travers l'espace, exprimant chaque fois l'accord, la note absolue.
>
> Si haut, si clair et si doux, que la musique traverse le monde comme un fil d'or la laine : Eurydice existe.
>
> Ainsi se poursuit de l'absence à l'absence, l'onde immortelle qui est conscience, amour et lumière.

---

36. Voir William Stewart, « Le thème d'Orphée chez Valéry », *Entretiens sur Paul Valéry*, La Haye, Mouton, 1968, pp. 163-172.

> Orphée appelle, écoute, et va. Quand la musique devient trop belle, il ouvre un coffret, froisse des roses, et, dans une halte brève, couche avec qui se trouve là [37].

Ici, Orphée-Valéry est précisément un homme qui a réussi à séparer sa vie de poète et d'amant des gestes de la « personne ». La trivialité de son acte forme un contraste pénible avec la haute spiritualité de son art fondé sur l'amour.

Catherine Pozzi a une toute autre vision du bonheur, unitaire et par conséquent tout à fait opposée à celle de Valéry. Marie Jaëll avait enseigné que le corps et l'esprit sont une seule chose, idée que Catherine Pozzi avait faite sienne et à laquelle elle adhérait farouchement. « Lionardo », écrit-elle le 30 octobre 1920, « je ne sais plus si ton bras est autour de mon esprit ou ta pensée appuyée à mon corps qui te cède. » [38] Chez elle, l'érotisme est médiatisé par l'intelligence : « Je n'ai jamais été atteinte par rien qui ne fut conscience. Je ne sais aimer sans comprendre. Je ne sais sentir sans concevoir. Mais si je comprends, j'adore, et ce qui est conscience est sensation. » [39] Chez elle, le corps se trouve si étroitement lié à l'esprit « qu'admirer était déjà une sorte de volupté, qu'une victoire sur l'intelligence semblait un droit à la caresse » [40].

Catherine réagit donc violemment face à ce qu'elle considère comme une tentative de la part de Valéry de séparer sa pensée de ses actes, se refusant à l'admettre pleinement dans sa vie quotidienne : « Mais tu n'étais, toi aussi, qu'un homme », lui écrit-elle le 12 octobre. « L'homme de ma vie, mais un homme. Soudain bizarrement étranger, dissimulé, inaccessible, ennemi, un homme qui me parlerait demi-vérité ; qui songerait ailleurs ; qui me traiterait en soi comme un des termes d'une équation à construire, un parmi *n* possibles — qui me placerait, souvenir, dans un jardin de mots, — avenir dans une quelconque, une passante heure future ; qui me changerait d'espace pour que ça l'arrange ; m'oublierait sur une table... et puis aurait Des Ménagements. » [41] Ce qu'elle veut incarner pour lui, ce n'est pas un futur hypothétique mais un vivant présent.

---

37. 5 novembre 1920.
38. BN.
39. Lettre à Paul Valéry, 2 novembre 1920. BN.
40. *Ibid.*
41. BN.

« Mon ami chéri, je ne suis pas une image, une feuille d'album, un voile dans le vent. Je suis là, quand tu m'as perdue, serrée contre toi ou couchée à tes pieds. Je te regarde, mon amour, et recueille ta fatigue et j'appelle cet espoir que tu ne connais pas. Je vois en toi avant toi-même le possible présent qui sera parce que je l'adore : ce paradis de pensée fait de ce moi que je t'ai donné parce que je t'aimais. » [42] De nouveau, le 23 octobre 1920, elle lui écrit : « Mon amour, je ne sais d'où vous venez — quelles terreurs, quelles richesses — quels voyages. Mais je sais que l'extrême passé tout entier — ses luttes, ses folies, ses figures — vous dirige vers l'extrême présent que je suis. » [43]

Opposé au présent qu'elle croit représenter, se profile celui de Valéry que Catherine voit comme une série de compromis sordides. Tout en remplissant ses lettres de ses scrupules et de ses doléances, Valéry ne cesse de fréquenter les salons que Catherine Pozzi méprise comme des « bordels à psyché » [44]. Elle déteste tout particulièrement celui de la voisine de Valéry, Mme Jeanne Muhlfeld, connue familièrement comme « la Sorcière » et que Catherine appelle « Muhlpilate » ou bien « la Tordue » (à cause de son infirmité à la hanche). Parmi les amies de Valéry, seule l'Américaine Natalie Clifford Barney trouve grâce à ses yeux, mais, connaissant les goûts saphiques notoires de celle-ci, Catherine tient à garder ses distances du fameux « Temple de l'Amitié » de la rue Jacob.

Aussi entreprend-elle avec ténacité de sevrer Valéry de ses fréquentations mondaines et d'organiser leurs rencontres. Libre de ses mouvements, elle pense pouvoir retourner souvent à Paris ; quant à Valéry, il pourra facilement trouver des prétextes pour lui rendre visite à Montpellier, où son frère est Doyen de la Faculté. Ayant vendu par ailleurs une petite propriété qui lui était échue en héritage, elle se propose de consacrer 4 000 francs à la location d'une garçonnière à Paris. Elle veut disposer d'un endroit où Valéry puisse la retrouver discrètement pendant ses séjours dans la capitale ; pendant ses absences, il pourrait profiter du local pour travailler en paix, loin des distractions et des servitudes imposées par sa famille. Chez Catherine Pozzi la solitude à deux est un vieux rêve

42. Lettre du 14 octobre 1920. BN.
43. Lettre du 23 octobre 1920. BN.
44. Lettre à Paul Valéry, 14 octobre 1920. BN.

dont son amour rend la réalisation urgente : « Eh bien, ce paradis pour être seul, je le veux encore », lui écrit-elle le 20 octobre 1920, « trouve-le-moi... Voulez-vous ? Et puis, je ne te demande pas si tu veux. Il le faut. Voici des coupures de journal, allez voir ; et coupez-en d'autres. Le *prix m'est égal...* J'aimerais quelque chose sur la Seine... ou alors, au Bois. » [45]

Mais Valéry ne montre aucun empressement à satisfaire ce désir. Il ne semble pas vouloir espacer ses visites au salon de Madame Muhlfeld non plus. Tout en restant en proie à la plus violente passion de sa vie, il résiste à l'envahissement de son existence quotidienne par Catherine Pozzi. Malgré tout, ce conflit le déchire et sa santé s'en ressent. Les lettres qu'il adresse à tous ses correspondants, à cette époque, donnent la mesure de son abattement et de son désarroi, réactions que Catherine Pozzi accueille avec une irritation croissante. « Te suis-je seulement cette détresse constante ? », lui écrit-elle le 25 octobre 1920. « Une seule fois, tu m'as dit que j'ai passé "comme un son admirable de pureté" dans le chaos des choses. Une seule fois ? » [46] Quelques jours plus tard, le 30, son agacement s'exprime encore plus clairement : « Le trouble où vous êtes doit cesser. Je dois vous être une liberté, cela qui abolit l'ennui des choses : quelle victoire ce serait, si j'ajoute un tourment, sans lequel vous ne pouvez vivre ! » [47]

Au début novembre, agacée par la morosité de Valéry et excédée par la résistance qu'il oppose à toute tentative de modifier son existence, Catherine Pozzi envisage la rupture. Elle le prévient de cette menace dans une longue lettre datée de la Toussaint 1920 où, analysant son caractère, elle juge inacceptable sa tendance à ne compter pour rien sa conduite dans le monde :

> J'ai senti [chez toi] ceci : une horreur extraordinaire pour, contre, le donné qui t'entoure. Une capacité de souffrir, aux abords de la démence, de l'univers que l'univers t'a fait : et alors, alors, un NON formidable. Un NON et un départ. Tandis que l'automate anesthésié continue, vous êtes parti ; et parti dans un autre univers si haut et si difficile, que rien et que nul d'ici ne vous y rejoindra.

45. BN.
46. BN.
47. BN.

> Ainsi depuis des années, vous avez construit en vous cette dérivation étrange : toute puissance et toute action portée dans une 4e dimension de l'espace, où vous êtes maître et seigneur. Mais la rançon : plus d'action, plus aucune puissance, dans cet espace-ci. Une habitude de désintéressement, que les imbéciles nommeraient veulerie, un je-ne-me-mêlerai-pas-de-changer-les-choses-auxquelles-mon-esprit-dit-non, elles n'auront pas un élan de mon doigt — qu'elles soient ce qu'elles soient et zut. Ainsi.
>
> Mais un jour, dans cet espace humain qui a un haut et un bas, et où vous marchez comme un rêve, vous vous êtes cogné contre une réalité de votre ordre, qui marchait, elle, éveillée. Je me *souviendrai toujours* de l'étonnement indescriptible de vos regards, me regardant. Moi hors moi ? Moi dans les choses ?
>
> Hélas mon bien, si je ne suis pas mêlée à vous encore — je crois de toute ma force l'être, espace quitté — il faut que vous comptiez les choses pour quelque chose... il faut que vous leur fassiez l'honneur d'une action et d'une volonté. D'elles hélas, dépend que je puisse être dans vos bras ; il faut les forcer à consentir.
>
> Il faut que vous exerciez cette dureté et cette rigueur à me donner non trop loin de vous, le moyen de vous rejoindre. Et alors, perdus et retrouvés l'un en l'autre, nous oublierons si tu veux tous ces univers [48].

Elle demande à Valéry soit de prendre une garçonnière ou une chambre d'hôtel près de la sienne à Paris, soit de la rejoindre à Montpellier. « Je t'annonce », ajoute-t-elle pour agrémenter cette dernière alternative, « que je serai ta maîtresse aussi bien que dans le vieux lit rose : jamais personne ne s'aventure dans mes appartements. »

Au début novembre, n'ayant rien fait pour trouver un gîte, Valéry demande à Catherine sa compréhension en promettant de ne faire que « quelquefois » et « très rarement » les choses qu'elle trouve si déplaisantes [49]. S'agit-il d'espacer ses relations intimes avec sa femme ou bien de montrer moins d'assiduité au salon de Mme Muhlfeld ? On ne sait. Quoiqu'il en soit, Catherine lui notifie son congé et déclare que désormais elle lui renverra ses lettres non décachetées. Après avoir informé « Paul » (« l'autre nom, laissons-le

48. BN.

49. Catherine Pozzi cite ces paroles de Valéry dans une lettre qu'elle lui adresse le 5 novembre 1920. BN.

au rêve ») qu'elle se propose de chercher une consolation auprès du professeur Morin — qui justement devait lui rendre visite ce soir-là — elle entame une litanie calculée pour inspirer le regret et le remords : « Vous souvenez-vous des pays de pensée où nous devions aller à deux, où maintenant vous serez seul — de ce livre, le "système" qu'un Dieu prévoyant m'avait construite pour entendre, aider. Vous souvenez-vous de votre fatigue pour laquelle j'étais douce ? » [50] Le refus de Valéry de faire chambre à part la tourmente ; elle trouve insupportable la pensée qu'il doit souvent lui écrire en sortant du lit de sa femme. En se donnant à lui, elle avait risqué sa vie, qu'une nouvelle grossesse pouvait mettre en danger ; lui, par contre, ne peut même pas « accepter... d'inquiéter qui aurait pu trouver mille raisons pour [son] indifférence » [51].

Ayant posté sa lettre, Catherine le regrette. Elle craint d'avoir été trop dure, d'être allée trop loin et s'empresse d'envoyer à Valéry un message qu'elle entend comme une offre de réconciliation : « Mon bien-aimé qui m'avez au plus vrai de l'esprit blessé, il m'est impossible de vous laisser à la souffrance que vous méritez — impossible de vous abandonner à ce désastre que nous méritons. Vous pour ne m'avoir pas gardé vous-même ; moi pour avoir voulu vous donner une seconde vie, pour laquelle il ne fallait rien moins que l'âme que j'ai. » [52] Mais ce geste ne suffit pas à calmer son inquiétude. Craignant que Valéry ne reçoive sa lettre de rupture avant son pardon, elle adresse à son domicile (et non à la poste restante) un télégramme en langage codé : « Envoyé par erreur manuscrit non corrigé à Emile Paul le prévenir qu'il recevra texte meilleur sincères remerciements. Pozzi. » [53] Le « texte meilleur » qui suit, écrit le 8 novembre, est plein de repentir : « Tout est indifférent et je suis une misérable folle. En cet instant... je suis serrée sur ma peur, serrée autour de ma peur. » [54] Ayant passé la journée à marcher dans la rue pour apaiser son angoisse, elle trouve à son retour chez elle une dépêche énigmatique de Valéry qui relance son inquiétude. Elle s'empresse de lui faire part de sa

50. *Ibid.*
51. *Ibid.*
52. Lettre du 7 novembre 1920. BN.
53. Télégramme, 8 novembre 1920. BN.
54. BN.

perplexité : « Que signifie votre phrase, “vous avez compris ce que j'ai voulu ?” Ne feins pas de croire, ennemi bien-aimé, que j'ai voulu, fût-ce un instant, autre chose que vous-même... Il n'y a rien d'autre que toi pour mon corps, hélas, pour ce que conçoit mon corps. Tu es le mouvement de mon esprit et tu es ma plus profonde tendresse. O ma douleur, tu es à jamais présent. Que tu te taises ne changera pas l'identité qui a revêtu ton âme, je serai toi dans mon éternité humaine, je serai toi quand tu te seras mille fois renoncé. »[55]

Deux jours plus tard, elle arrive par le train à Paris où de nouveau elle s'installe au Plaza.

55. *Ibid.*

« ON S'EST BIEN DIT, C'EST L'IMPORTANT »

La crise de jalousie que Catherine Pozzi vient de subir s'apaise provisoirement à Paris, mais le conflit demeure sous-jacent et le moindre prétexte suffit pour le réveiller. Pour Catherine, ses relations avec Valéry représentent un choix, un effort conscient pour façonner sa vie, la conformer à l'idée exaltée qu'elle se fait de l'amour. Dans son *Journal*, elle compare son fragile bonheur à une étiquette préparée depuis sa quinzième année, qu'elle avait juste d'attacher à Valéry — qui commençait à se décoller. Il suffirait de peu pour la faire tomber. Elle accepte toujours mal de partager Valéry avec ses admiratrices et sa famille et elle souffre chaque fois qu'il doit quitter le Plaza pour regagner son Devoir : « Je te sens arraché de ma vie », écrit-elle à Valéry, parti à Londres, le 4 janvier 1921, « et cela n'est pas image, mais pensée — mais bien quelque chose de moi est tourmenté vivant, quand tu pars. Mon chéri, ma douce douleur implacable, quel Dieu prier pour qu'il nous joigne à jamais et me délivre, me mêlant à toi, de vous ? »[1] Toutefois, en dépit de multiples promesses, elle ne parvient jamais à obtenir de Valéry qu'il espace ses visites au salon détesté de Mme Mühlfeld à qui il rend visite presque quotidiennement, « ni dieu, ni langue »[2], ni qu'il prenne ses distances par rapport à sa famille.

Pour Valéry, l'amour n'est pas un choix, mais une destinée douloureuse qu'il subit avec courage. Si la passion lui fait éprouver un sentiment de plénitude qu'il n'a jamais connu, en revanche elle

1. BN.
2. *Journal*, 4 janvier 1921, p. [illegible]

II

ON EST BIEN DEUX, C'EST L'IMPORTANT

La crise de jalousie que Catherine Pozzi vient de subir s'apaise provisoirement à Paris, mais le conflit demeure sous-jacent et le moindre prétexte suffit pour le réveiller. Pour Catherine, ses relations avec Valéry représentent un choix, un effort conscient pour façonner sa vie, la conformer à l'idée exaltée qu'elle se fait de l'amour. Dans son *Journal*, elle compare son fragile bonheur à une étiquette, préparée depuis sa quinzième année, qu'elle avait choisi d'attacher à Valéry — qui commençait à se décoller. Il suffirait de peu pour la faire tomber. Elle accepte toujours mal de partager Valéry avec ses admiratrices et sa famille et elle souffre chaque fois qu'il doit quitter le Plaza pour regagner son Devoir. « Je te sens arraché de ma vie », écrit-elle à Valéry, parti à Londres, le 4 janvier 1921, « et cela n'est pas image, figure pensée — mais bien quelque chose de moi est tourmenté vivant, quand tu pars. Mon chéri, ma douce douceur implacable, quel Dieu prier pour qu'il nous joigne à jamais et me délivre, me mêlant à toi, de vous ? » [1] Toutefois, en dépit de multiples promesses, elle ne parvient jamais à obtenir de Valéry qu'il espace ses visites au salon détesté de Mme Muhlfeld à qui il rend visite presque quotidiennement, « mi-dieu, mi-laquais » [2], ni qu'il prenne ses distances par rapport à sa famille.

Pour Valéry, l'amour n'est pas un choix, mais une destinée douloureuse qu'il subit avec courage. Si sa passion lui fait éprouver un sentiment de plénitude qu'il n'a jamais connu, en revanche elle

1. BN.
2. *Journal*, 18 janvier 1921. BN.

lui inflige une perte d'autonomie qu'il subit comme une humiliation. Catherine Pozzi rapporte un certain nombre de ses plaintes amoureuses dans son *Journal* : « quand tu n'es pas là, je suis absent », lui avait-il dit. « Je suis absent, séparé de moi, étrange, incomplet, autre. Je te retrouve et me retrouve, avec l'anxiété de ce que tu es, une autre inquiétude, la peur de ne pas t'atteindre, et cet amour qu'il faut bien oser appeler une maladie de l'esprit. » [3] Pour Noël, il lui offre un cahier élégant relié en cuir vert et qui ferme à clé, où il lui demande d'inscrire les pensées qui le concernent, surtout celles qui sont les plus sévères et mortifiantes à son endroit. Il a l'impression, lui écrit-il, qu'elle l'a trop compris et que lui-même l'a trop aimée, affirmation désabusée qui exprime son désarroi face à cette contradiction irréductible : l'amour et la connaissance sont apparemment incompatibles. Mais le couple ne veut renoncer ni à l'un ni à l'autre [4].

Choisi ou subi, leur amour est en équilibre instable et le 15 novembre un banal malentendu suffit pour le faire basculer une fois de plus vers la rupture. Un mot de Valéry, informant Catherine qu'il est trop fatigué pour traverser la place de l'Etoile et la rejoindre, déclenche toute sa colère : « Mon cher petit », lui écrit-elle le 17 novembre, « Karin ne s'arrange pas bien dans votre vie. Elle croyait être deux heures de joie et le seul repos. Elle n'est que la place de l'Etoile à traverser... Je n'en puis plus, de cette vie que vous me faites, en me persuadant que je vous suis un tourment. Il vaut mieux, Lionardo mio, si votre cœur s'accommode si mal de ce que j'appelais bonheur, il vaut mieux y renoncer. » [5] Elle lui donne, en somme, la permission de lui dire adieu. Il ne la saisit pas mais leurs liens demeurent fragiles et seront constamment mis à l'épreuve les mois suivants.

Catherine Pozzi ne mène pas elle-même la vie cloîtrée qu'elle voudrait imposer à Valéry, car elle goûte pleinement la saison parisienne — non sans estimer ces plaisirs à leur juste prix : « Bois le Plaza », écrit-elle dans son *Journal*, « l'auto, les perles, bois les fleurs, bois la caresse des hommages. Et puis, l'abîme pour

3. *Journal*, novembre 1920. BN.
4. Lettre de décembre 1920. BN.
5. BN.

jamais. »[6] Elle ne veut nullement être confondue avec les dames qu'elle juge « faites de satin et d'articles de revues »[7], mais ne les fuit pas pour autant : elle revoit avec plaisir Elisabeth de Clermont-Tonnerre, Renée de Brimont et Marie de Régnier comme, par ailleurs, une célèbre beauté, Gladys Deacon, la sœur d'Audrey. Elle fréquente également un nombre de salons littéraires dont ceux de Natalie Barney, de Marguerite de Pierrebourg, de Martine de Béhague, de Mme Bulteau et même celui, exécré, de Mme Muhlfeld. Chez cette dernière, elle rencontre Edmond Jaloux, Mauriac, Jacques-Emile Blanche ; Gide, qui avait souvent entendu parler d'elle par Valéry, la regarde du coin de l'œil sans lui adresser la parole. Même quand il n'y participe pas directement, Valéry est concerné par beaucoup de ces activités mondaines. C'est, en partie, pour aider l'avancement de sa carrière littéraire que Catherine entreprend de faire la conquête d'un certain nombre de personnalités éminentes de la presse et de la politique, comme Arthur Meyer et Maurice Paléologue, avec qui elle dîne de temps en temps.

Quand Catherine Pozzi part en train pour Montpellier le 22 janvier 1921, Valéry la suit en imagination. Ce sont les *Cahiers* rédigés vers cette époque (et tout particulièrement les passages omis dans les éditions courantes) qui témoignent de cette obsession ainsi que des souffrances qu'elle occasionne. Une image saisissante exprime l'horreur qu'il a de sa servitude : de même qu'un homme qui vomit dans la mer lui rend la nausée dont elle est l'origine, de même il se sent contraint de prendre Catherine pour confidente de la répulsion qu'elle lui inspire[8]. Ailleurs, il déclare que Catherine lui demeure inexplicable, non en soi, mais parce qu'il la voit à travers le verre déformant de cinquante ans de désir de communion. Elle n'est pas un objet pour lui, mais un sujet, si bien qu'il la voit aussi vaguement qu'il se voit lui-même[9]. D'autres textes décrivent la dévastation de tout ce qu'il fut et le montre en lutte avec une image, parcouru de frissons, en proie aux larmes[10]. Toutes ses évocations de Catherine sont empreintes d'une extraordinaire tendresse dolente ; dormant peu et mal, il passe beaucoup de nuits dans la

6. *Journal*, 20 novembre 1920. BN.
7. *Ibid.*
8. Fonds Valéry, *Cahiers*, f. 7338, BN.
9. *Ibid.*, f. 7349.
10. *Ibid.*, f. 7351.

compagnie de son image. Elle est pour lui aussi présente que sa propre conscience ; elle est la part de lui qui écoute quand l'autre parle [11].

C'est dans un climat d'absence et de désolation, hanté par l'image de Catherine Pozzi, que Valéry achève le premier de ses grands dialogues, *Eupalinos* [12]. Il y ajoute une dédicace en grec, « pros Karin » (« pour plaire, pour le plaisir »), reconnaissant ainsi les multiples et secrets rôles qu'elle avait joués dans l'élaboration de cet ouvrage. C'est bien l'image de Catherine qui se profile derrière celle de la fille de Corinthe aimée par l'architecte Eupalinos qui avait réussi à transposer son amour dans les formes d'un temple. Et, les roses de Corinthe qui atteignent l'éternité grâce à l'intervention de l'artiste, rappellent certainement celles de La Graulet. La présence de Catherine dans l'ouvrage va bien au delà de l'anecdote et de l'hommage codé, s'impose jusque dans la forme dialoguée, qui rappelle celle des échanges intellectuels du couple. Enfin, *Eupalinos* contient une critique implicite de Valéry, la même que Catherine ne cesse de lui adresser. Socrate regrette son choix de la vie contemplative, pensant qu'il aurait dû choisir l'existence d'un constructeur, d'un homme qui sort de la prison des paroles pour entrer dans l'univers des actes. Ces regrets reflètent le jugement que Catherine porte sur Valéry, à qui elle reproche son absence au monde, sa démission devant les problèmes de l'existence. Pour elle, comme pour Socrate, l'acte est précisément une présence dans le monde de l'esprit ; c'est par l'action, et non par la seule contemplation, qu'on peut espérer atteindre le divin. Cette aspiration à la vie spirituelle chez un homme qui a plutôt tendance à paraître diabolique aux yeux de Catherine la touche profondément ; dans la mesure où elle se persuade que cet élan représente le vrai Valéry, il efface les aspects négatifs de sa personnalité. Le bilan qu'elle dresse dans son *Journal* le 2 mai 1921 s'avère positif : « Je parcours *Eupalinos* et toutes les paroles de ce cahier, voyez-vous, sont devant être effacées par ceci : je vous remercie de m'avoir aimée. » [13]

A Montpellier, l'image de Valéry hante le grand plan de travail

11. *Ibid.*, f. 7352.
12. Paru dans la *N.R.F.*, 1er mars 1921.
13. BN.

où Catherine recommence de classer et d'annoter les *Cahiers* qu'il lui avait confiés. Elle travaille avec acharnement et enthousiasme à « mettre le cosmos en système ». Toutefois, avoir renoncé à son propre travail pour reprendre celui de Valéry ne laisse pas Catherine Pozzi sans remords, car une telle décision ébranle une identité déjà peu assurée. « Lionardo, Lionardo », écrit-elle dans son *Journal* en janvier 1921, « il n'y a pas longtemps, j'espérais ravir le savoir, toute seule. Une trop belle puissance est en moi encore pour ne l'appliquer qu'à recopier vos cahiers. Est-ce l'orgueil, fille mince, qui termine ici ? Est-ce l'impatience de devenir fonction d'un autre, — fruit à boire, oreille à écouter, plume à annoter, est-ce l'orgueil qui veut exister pour soi ? » [14]

Valéry lui envoie presque quotidiennement des lettres bouleversées, mais l'émotion qu'elles produisent en Catherine Pozzi est souvent altérée par sa jalousie. Elle ne cesse de voir en imagination « l'appartement trop exigu, où s'agite la famille mêlée... A côté, quotidien, le salon jaune de Madame Muhlfeld... où l'inquiétante, la trop louangeuse amitié d'un buste de cire qui s'achève horriblement, sous des soies (extraordinaire copie de la forme spirituelle, qui est souriante et monstrueuse) » [15]. Elle supporte toujours difficilement la pensée que Valéry écrit les prières brûlantes qu'il continue de lui adresser en sortant de mondanités qu'elle juge méprisables. Ou bien — pire encore — du lit de sa femme.

Le 21 février 1921, elle prend la décision de le « sauver du navrant désordre où il existe, et qui fait entre lui et l'univers ce divorce inhumain ». Elle s'était déjà livrée quelques semaines auparavant à une longue analyse de ce « divorce » dans un étonnant « portrait » de Valéry sous le nom de « Desum », où elle retrace l'histoire de son étrange déséquilibre [16]. Elle l'imagine, enfant, comme « prince, dans les états du Cuistre, du Pauvre, du Bête ». Elle évoque ensuite son éveil à l'art, sa fuite vers les constructions de l'imagination, vers un univers d'images qui finit par le faire souffrir et qu'il rejette. L'art lui offre un refuge. Contrairement aux autres hommes qui épousent des réalités, lui, il « choisit de ne point monter d'autre objet que des reflets : ceux des images vivantes vus dans

14. BN.
15. *Journal*, 21 février 1921. BN.
16. *Journal*, février 1921. BN.

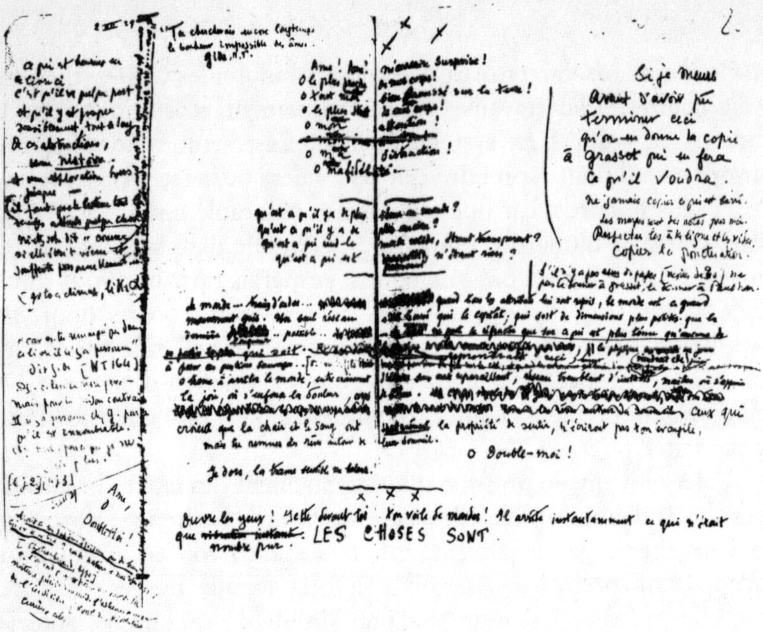
Si je meurs
avant d'avoir pu
terminer ceci
qu'on en donne la copie
à Grasset qui en fera
ce qu'il voudra.

O Double-moi !

LES CHOSES SONT

Manuscrit de Peau d'âme, *1929.*

Thérèse Pozzi

Samuel Pozzi, chez lui, avenue d'Iéna.

Catherine Pozzi enfant

Avec son frère Jean.

La chambre de Catherine Pozzi, place Vendôme, 1897.

Avec sa tante, Hélène Pozzi, 1899.

Avec son frère Jean.

A Triborg, 1904.

Audrey Deacon dans son cercueil, Florence, 1904.

Georgie Raoul-Duval.

Catherine Pozzi, 1905.

Catherine Pozzi.

La Graulet : la maison.

La Graulet : le pavillon.

Avec son frère Jacques.

A Saint Hugh's College, Oxford, au printemps 1907 (2ᵉ rang, 3ᵉ à gauche).

Edouard Bourdet à Jouy-en-Josas pendant l'été 1909.

Avec son fils Claude, 1910.

Edouard Bourdet, La Graulet, 1911.

Avec Paul Fourgassié, Saint-Sébastien, 1911.

Villars-sur-Ollon, 1914 (Catherine Pozzi est en 2e position sur la luge, Édouard Bourdet dans la dernière).

Avec une amie, Villars-sur-Ollon, 1914.

André Fernet, 1914.

A la barre du Traumatic, *Arcachon, 1915.*

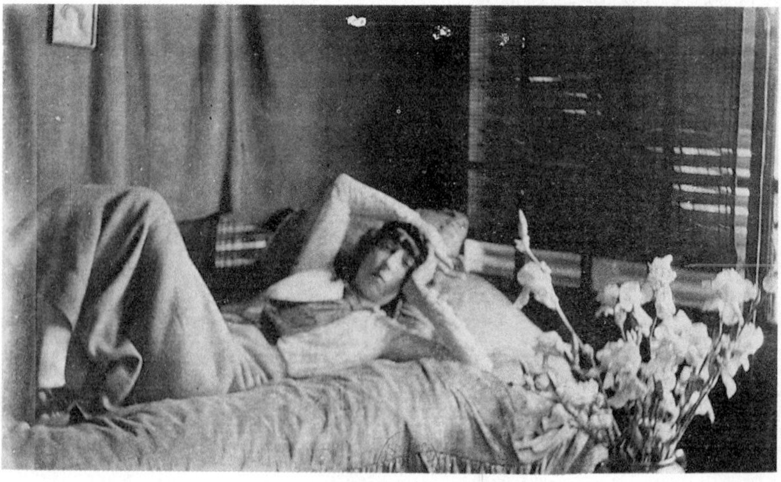

Catherine Pozzi, 1916.

Catherine Pozzi, 1917.

Robert Siegfried.

Chez sa mère à Montpellier, 1920.

Chez sa mère à Montpellier, 1920.

Paul Valéry, 1921.

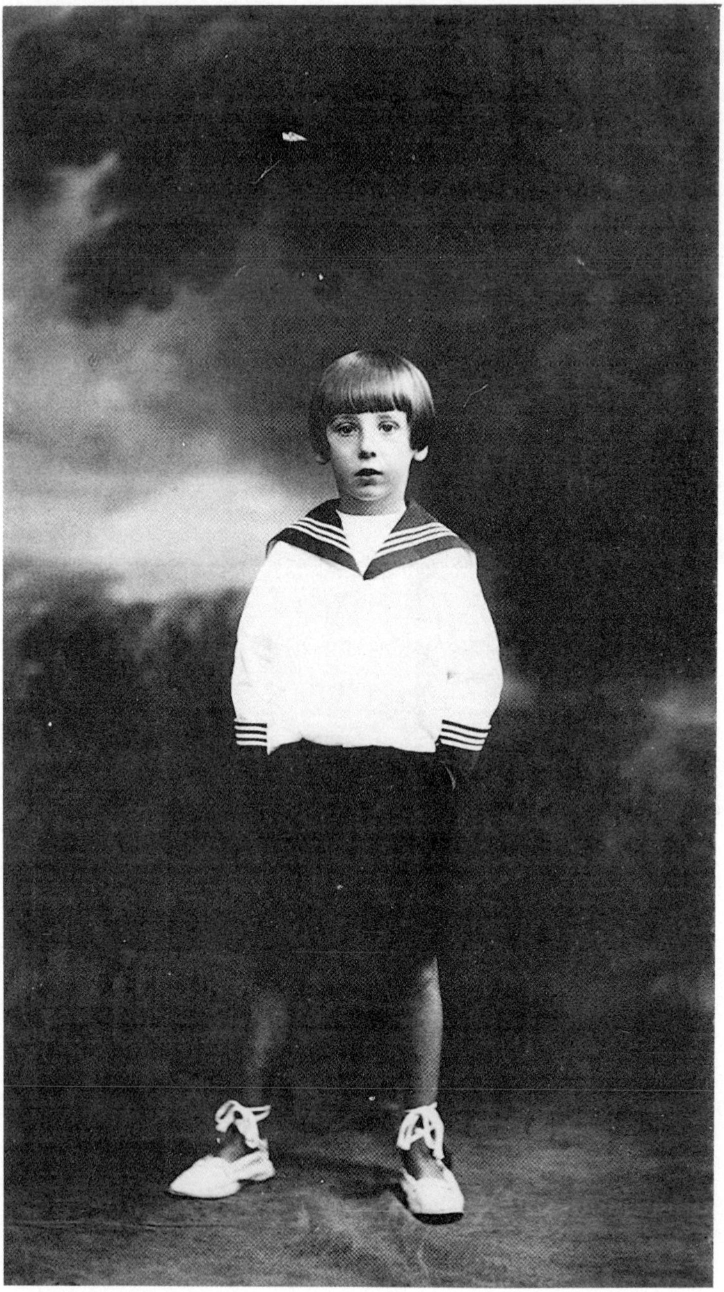

Son fils, Claude Bourdet.

Portrait de Catherine Pozzi par Jean Marchand, 1922.

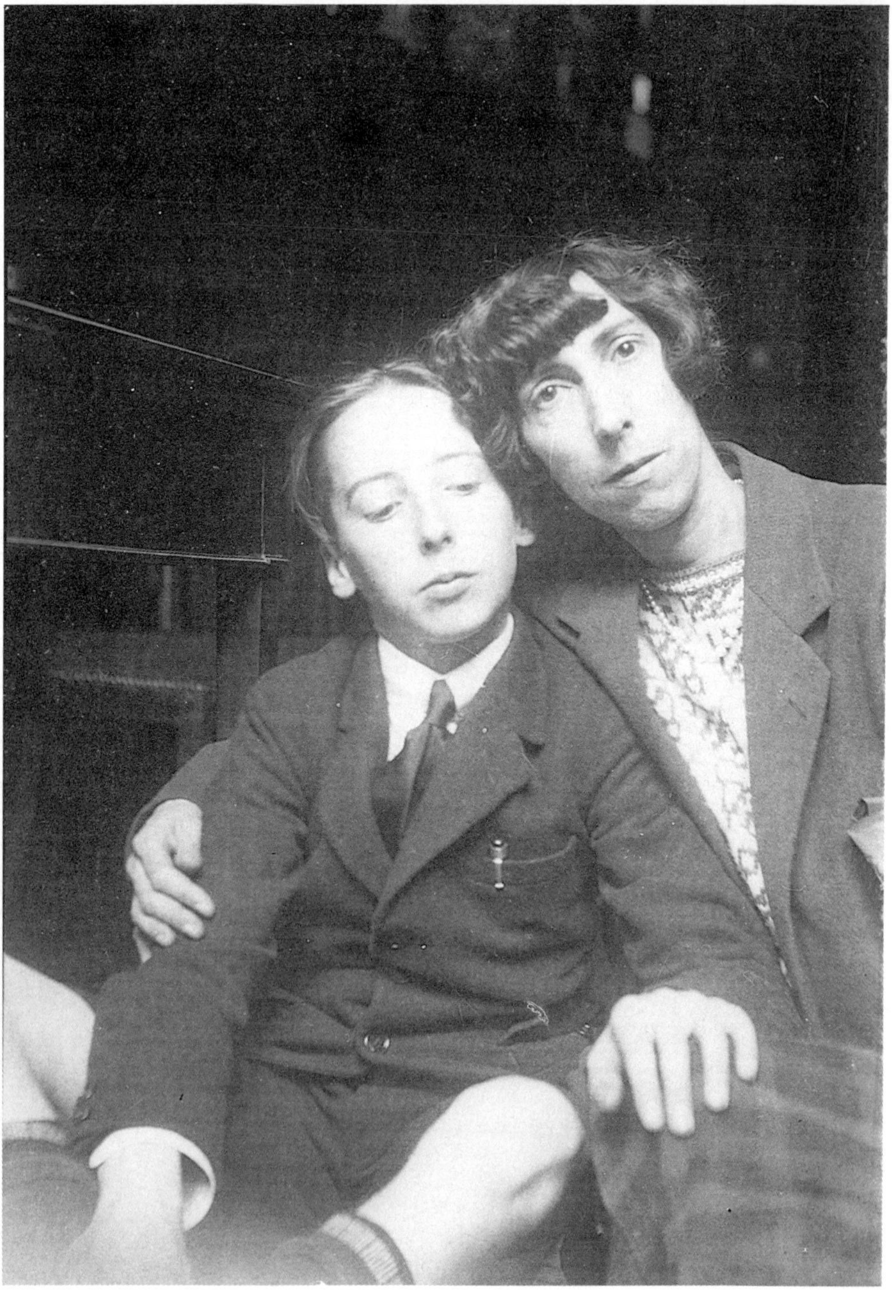

Avec Claude Bourdet.

Catherine Pozzi telle qu'elle apparaît dans son livret universitaire, 1927.

A Paris, 1929.

avaient une formule de bénédiction et de politesse : "Puisse son fils s'asseoir où il a été !" Je la lisais, à vingt ans.

Mon fils — où j'ai été.

Non, il ne vous regarde pas.
Non, il ne vous regardera pas,
celui-ci —
le plus clair des
enfants des hommes —
ardent de courage, riant de générosité, prêt à payer de
soi, prêt à se donner sans se reprendre, — ce moi ci !
Il lève le bras droit, il crie ad-sum !
Vous ne le regarderez pas, desum. Me revoici
devant vous, je lève le bras droit, je suis présent,
je suis présente ! Je vous promets mon sang,
amour ! Je vous donne ma gloire, amour ! Je
vous fais signe, c'est bien moi, le même,
où il n'y a plus pour espérer ou pour attendre,
qu'un illustre pauvre enfin fortuné.

Journal de Catherine Pozzi, 4 août 1929, avec une photo de Claude Bourdet. Le texte s'adresse à Paul Valéry

Catherine Pozzi à la fin de sa vie.

l'immense miroir du Discours ». Il abandonne ainsi son corps et ses actes au hasard, laissant « l'animalis intelligentia conduire à des nourritures, à des rencontres — ni celles-ci, ni celles-là, [n'obtenant] de l'habitant intérieur un "ad sum" qu'il a refusé pour toujours ». Seul dans un lieu invisible dont il parcourt les chemins intellectuels comme un Robinson de génie, il ne rencontre que des signes, des abstractions à déplacer à volonté, « non pas chair, non pas cri... D'où indifférence à tout jugement de valeur — son impossibilité. Le jugement de valeur n'intervient qu'en face de l'acte. L'acte = une présence + un objet. » Cependant, malgré lui, une famille, un emploi, des amis lui arrivent et il les tolère : « Il est vêtu d'une immense douceur, qui, si l'on savait, mais on ne le sait pas, n'est qu'indifférence et fatigue. »

Puis un jour, il rencontre Catherine Pozzi, qui s'empare de ses idées et les lui rend éclairées par son regard : d'un seul coup, « De sum devient Ad sum pour qui n'est pas lui-même ». Elle lui annonce fièrement : « Vous ne connaîtrez que par moi, qu'il y a un monde. » En dehors de cette relation privilégiée, il demeure plongé dans l'indifférence : « même démission dans ce qui semble acte, même dégoût à commencer, à choisir, à jouer sa personne contre du possible. » Le besoin de se mêler au monde devient pressant quand « il aperçoit son bien-aimé — son esprit-corps, son acte — seul en détresse devant le plus grand danger humain. Et le problème se pose : ou le laisser lutter sans aide, se fiant à ce que l'on sait de lui, — ou faire ce que l'on n'a jamais fait, descendre mêler à l'événement imbécile tout son esprit, le soi le plus pur. Par amour, tâcher de forcer les choses : agir. Partagerez-vous avec l'autre la misère qu'il tient de vos mains, comme vous partagiez l'idée d'or qu'il tenait de vos mains ? » Catherine conclut son analyse par un constat d'échec : « Votre silence lui a trop répondu. »

Catherine Pozzi pense à ce moment porter l'enfant de Valéry ; voilà « la misère » qu'elle croit tenir de ses mains. C'est aussi pour elle « le plus grand danger humain », car en 1917 son père lui avait dit qu'une nouvelle grossesse mettait sa vie en danger. Il avait même proposé alors de l'opérer si besoin était. Pourtant, en dépit de cet avertissement solennel, elle a voulu un enfant de Paul Valéry, afin que leurs rapports ne se réduisent pas à une banale « aventure »[17]. « Vous

17. *Journal*, 15 janvier 1921. BN.

savez pourquoi j'ai consenti », écrit-elle dans son *Journal* le 28 février 1921. « Je vous ai aimé au-delà de toutes les vies, Lionardo mio. Je ne puis refuser la vie que vous accomplirez en moi. » Si elle est enceinte effectivement, l'enfant naîtra en juillet, ou au plus tard à la fin de l'été, en août ou en septembre. Elle a déjà dressé un plan pour faire face à cette éventualité : il faudrait quitter Paris pour La Bourboule, confier Claude à sa mère et partir à l'étranger fin juin pour accoucher. Si Valéry persiste dans son attitude détachée, elle espère trouver dans son chagrin le courage de le quitter : « L'horreur, le mépris et la détresse, portés seule, vécus seule, seront peut-être assez pour me sauver de mon pauvre amant ; ils m'auront été rançon, je serai libre. » [18] Elle n'aura pas à affronter cette épreuve, ni seule, ni avec l'aide de Valéry. Au mois de mars, elle constate, avec soulagement et aussi un certain regret, qu'elle n'est pas enceinte.

Tandis que ses rapports avec Valéry s'enlisent de plus en plus dans des contradictions sans issue, d'autres relations s'allègent et s'éclaircissent. A Montpellier, Gaston Morin, quoique éconduit comme fiancé, garde toute son amitié à Catherine qui ose enfin le mettre au courant de sa liaison avec Valéry. Son amitié sereine et généreuse lui est d'un grand secours dans sa solitude angoissée. Au mois de mars, se lève une autre hypothèque qui pesait sur son passé : le divorce est finalement prononcé en faveur de Catherine, Edouard Bourdet ayant cessé de s'y opposer. On lui confie la garde de son fils Claude sans conditions.

Elle apprend sa victoire dans la nouvelle résidence parisienne de sa mère, qui avait quitté Montpellier pour s'installer dans un sombre appartement bourgeois, 123 rue de Longchamp. Là, une épreuve d'un autre genre l'attend : « Hier au soir », écrit-elle à Valéry le 21 mars 1921, « la gorge m'a grattée, et soudain — la plus inattendue des hémoptysies, sans même presque m'en apercevoir, sans rien sentir... Au temps de mes pneumonies, j'avais à peine teinté un mouchoir de rose, une fois. Ceci est le grand jeu. » [19] Comme d'habitude, elle attribue à ses maux physiques une cause morale. En effet, elle est convaincue que Valéry est entré dans sa vie pour la faire mourir et croit voir dans un vers de *La Jeune Parque* un message

18. *Journal*, 13 mars 1921. BN.
19. BN.

prémonitoire : « Pâle qui se résigne, et saigne sans regret ». Valéry, en proie à une culpabilité diffuse, en convient : « Je suis votre assassin », dit-il. La menace qui plane sur sa vie plonge Catherine dans un grand calme. Elle se sent, écrit-elle, « comme un voyageur épuisé qui voit la lumière de sa demeure »[20].

Au début mai 1921 la menace de mort se précise et se fait moins poétique : Catherine est terrassée par toute une série d'hémoptysies. Sa famille s'efforce de garder le calme ; les bonnes, pudiques, font semblant de ne pas voir tant de sang. Valéry, accouru à son chevet, lui prodigue des histoires de guérisons durables, tandis que Morin et Mme Bulteau lui conseillent tous les deux de voir un prêtre. Il lui proposent l'abbé Mugnier, mais leur suggestion est repoussée avec indignation par Catherine Pozzi qui méprise cet ecclésiastique à cause de son attitude complaisante envers les péchés que ses amies mondaines lui avouent. De nouveau, elle rédige son testament, laissant à Valéry la disposition de son *Journal.* Elle songe aussi à l'ordonnance de son enterrement : ayant peur d'être enterrée prématurément, elle souhaite rester dans un caveau sur la terre quelque temps après son décès, avant d'être inhumée à La Graulet. Toutefois, au cours du printemps, la menace de mort recule progressivement.

Catherine, une fois remise d'aplomb, a beau se considérer une morte en sursis, on la trouve bien, jolie même. Valéry téléphone presque tous les jours vers dix heures du matin pour établir le programme de la journée. Celui-ci comporte habituellement une visite chez elle l'après-midi, mais souvent ils se donnent rendez-vous dehors, au Louvre, par exemple, ou bien au Pré Catalan, dans le Bois de Boulogne. Leur entente rétablie sur tous les plans, Catherine s'épanouit dans le travail : « Parfois », écrit-elle dans son *Journal* le 12 mai 1921, « l'un parle, et l'autre, anxieusement, s'applique à son esprit. Nous nous promenons dans l'univers ; et l'un donne à l'autre ses yeux, et l'autre à l'un son impatience. Vous trouvez une question à demander aux choses, et je la finis, et nous la répétons en plus juste formule. Puis chacun allume sa lumière : il fait deux fois plus clair et l'âme double se renvoie, sans s'en pouvoir lasser, le mirage d'étonnement et d'invention qui deviendra peut-être merveille...

---

20. *Ibid.*

C'est la joie du partage... une telle extrémité d'abandon que l'explication abstraite se tait court et devient tendresse. »[21]

Aux yeux de Valéry, Catherine Pozzi est un indispensable « résonateur » qui décuple toutes ses forces et l'agrandit. Souvent, ils se penchent tous les deux sur les *Cahiers* de Valéry que Catherine avait classés par matières à Montpellier et qui portent encore la trace (non reproduite dans l'édition du *C.N.R.S*) de ses commentaires critiques ou enthousiastes : *1st class*, « à suivre », « *wonderful* », « curieux mais à récrire »[22]. Si ses remarques portent naturellement en premier lieu sur l'analyse valérienne de l'amour, Catherine commente également sa réflexion sur des problèmes plus abstraits. Elle s'intéresse particulièrement aux aspects de sa pensée qui lui semblent proches de la méditation qu'elle avait exposée dans *De Libertate*. C'est ainsi qu'elle met son sigle « cf. CK » à côté de pensées comme celle-ci : « P [le passé] d'ailleurs, d'après l'analyse ci-dessus, étant incorporé au corps, est inséparable de lui, car le corps n'est qu'un passé touchant au présent, une sorte de pyramide d'évènements jusqu'au présent. »[23] Elle repousse vigoureusement d'autres réflexions de Valéry. Par exemple, à côté de ses observations cyniques sur le sacrifice (« rien ne peut être moins sincère »), elle note les propos que Goethe prête à Méphistophélès : « *Ich bin der Geist, der stets verneint.* »[24]

Des séances de travail quotidiennes ne suffisent pas à rassurer Catherine sur l'attachement de Valéry. Il l'avait blessée en lui avouant à propos du salon de Mme Muhlfeld : « Je puis plus facilement n'y plus aller du tout, qu'espacer mes visites. Changer cela, c'est comme cesser de fumer. »[25] Et elle redoute davantage encore l'empire que la femme de Valéry, Jeannie, garde sur son époux. La jalousie de Catherine prend un nouvel essor le jour où Valéry lui fait visiter son appartement, 40 rue de Villejust, en l'absence de sa famille. Aucun détail de l'ameublement de la chambre conjugale n'échappe à son œil malveillant : « La table trop petite pour vos papiers. Le cabinet de toilette où depuis vingt ans

---

21. BN.
22. Fonds Valéry, *Cahiers*, ff. 7451, 7452, 7545, BN.
23. *Cahiers*, vol. VII, p. 886.
24. *Ibid.*, p. 857.
25. *Journal*, 31 mars 1921.

l'on a renoncé à se laver, je pense... La ronde lampe. La machine à écrire... Sur la table il y avait un carnet. Ce carnet était plein de notes sur moi, écrites évidemment depuis trois jours, et où ma tendresse était comparée à pas grand'chose... »[26]. Quant à sa rivale, Catherine Pozzi la juge sans indulgence d'après une photographie : « Beaucoup de cheveux, un air de savoir qu'elle est dans le vrai, et l'univers compte pour du beurre. Elle n'a ni poudre ni parfum ni pitié. »[27]

Il est clair que Valéry n'est aucunement disposé à renoncer à sa famille ni au monde. Mais il n'est pas prêt à sacrifier Catherine non plus. Pris dans ce dilemme, il la supplie de se montrer plus tolérante et en mai 1921 lui propose une liaison qui comporte une bonne part de compromis : il voudrait qu'ils puissent s'aimer, abstraction faite de leurs vies, comme s'ils se trouvaient déjà dans l'autre monde. Ce rêve s'appuie sur sa philosophie personnelle qui voit l'« ego » comme tout à fait distinct de la « personne » qui peut, par conséquent, se permettre toutes sortes de compromissions dans la vie quotidienne[28]. Pour Catherine Pozzi, une telle proposition touche le nœud de leur désaccord : *« C'est précisément cela, Lionardo, que je ne croirai jamais.* C'est cela que je considère le péché suprême... C'est parce que je sais... que la seule victoire est d'agir selon l'ego, en détruisant la "personne" — que nous ne pouvons nous entendre. C'est toute l'opinion du *Traité de la Liberté*, qui traîne depuis six ans dans mon arrière-pensée, comme dans mon tiroir. Accepter, comme vous le faites, des actions de votre pénate, là où votre esprit dédaigne, m'est absolument dégoût. »[29]

Pour inciter Valéry à réformer sa vie, elle lui communique le cahier vert où, comme il le lui avait demandé, elle avait noté toutes ses pensées le concernant, même les plus pénibles et injurieuses. Le lisant, Valéry fond en pleurs et répond avec une telle noblesse que Catherine, s'accusant de dureté, d'égoïsme et d'aveuglement, retire ses paroles blessantes et finit par restituer à Valéry son amour et son estime. Mais elle lui refuse son lit, alléguant la tuberculose qui la rend souvent, ainsi qu'elle le dit pudiquement, « inapte à l'amour ». Dans la mesure où cette rebuffade traduit un choix et non seulement

26. *Journal*, 1er avril 1921. BN.
27. *Ibid.*
28. *Journal*, 16 mai 1921. BN.
29. *Ibid.*

une nécessité physiologique, elle blesse Valéry au plus profond de lui-même. Il ne s'agit pas ici simplement d'un désir dit « physique » ; tout son être — corps, esprit, émotions — s'en trouve bouleversé. Il a l'impression d'avoir perdu plus par son refus qu'il n'avait gagné par son amour [30]. Face aux plaintes qui se multiplient dans les *Cahiers* de Valéry au cours du printemps 1921, Catherine ne montre aucun attendrissement. Le 11 juin, elle écrit dans son *Journal* : « Il y a vous et mon idée, vous et mon absence, vous et le désespoir. Et ces yeux qui vous liront ne sauront pas que c'est simplement votre amie mourante qui se refusait au plaisir. » [31] Sa déception conduit Valéry à piétiner toutes les valeurs tenues pour sacrées — dont son amour — dans une rage de négation. A de tels moments il prend aux yeux de Catherine un air qu'elle n'avait vu que sur certains tableaux primitifs et qui est le masque de Satan. « Il dit parfois "non serviam !" C'est le plus beau mot du monde. Non seulement ne pas servir, mais ne servir à rien ! » Cette déclaration fière souligne l'incompatibilité de leurs esprits : « Toute gosse, je disais et priais déjà : "Servir, servir". » [32]

Le départ en vacances imminent de Catherine les laisse tous les deux dans la douleur et la perplexité. Valéry voit son amie comme « quelque mélange de son essentiel avec ce qui lui [est] le plus inconnu » [33]. Elle en convient. Un an après leur rencontre, ils se sentent pris dans une douloureuse impasse affective dont elle cerne avec précision le paradoxe dans son *Journal.* Face à la « fureur intelligente » que Valéry prétend apporter à l'amour, écrit-elle, « j'ai défendu ce que j'étais, qui devient seule nourriture (par osmose fortifiant son orgueil, son corps, son penser). Et cependant ! Et cependant, si j'ai jamais possédé le vrai même de mon vœu, c'est ici. Tout à l'heure, nous étions penchés ensemble sur un manuel de physique, tâchant de faire limpides les exposés universitaires. Parfois, il me serrait dans ses bras. Qu'ai-je jamais voulu, que ceci ?... Mon Dieu, mon Dieu, donnez-nous de trouver Autre Chose » [34].

A la mi-juin, Catherine Pozzi reprend le chemin de l'année

30. *Cahiers*, vol. VII, p. 845.
31. BN.
32. *Journal*, 26 mai 1921. BN.
33. *Journal*, 25 mai 1921. BN.
34. *Journal*, 12 juin 1921. BN.

précédente pour suivre sa cure estivale à La Bourboule. En dépit du bien que lui fait son régime, elle s'y ennuie et s'en plaint le 7 juillet à Natalie Barney : « Ne venez jamais à La Bourboule, c'est à vous dégoûter des femmes... Je me meurs, je fais des sciences naturelles, je mange du veau, des potages printaniers, et je danse avec mon fils blond et bleu... » [35]. Une carte en grec de Valéry qui cite Sophocle à propos de l'amour et des eaux thermales introduit une note de gaieté tendre dans son séjour [36] qui est gâté par son incertitude sur la date de leurs retrouvailles. Valéry avait voulu imposer comme condition de sa visite à La Graulet que leur union soit entière. Catherine, dont la santé s'accommode mal de cet « usage de femme », cherche à le faire renoncer à son exigence, lui promettant, seulement, de venir l'embrasser dans son lit.

Elle arrive à La Graulet le 5 août. Le 28, une hémoptysie la laisse affaiblie et angoissée, avec un poumon sérieusement troué. Bientôt elle se sentira assez rétablie pour plaisanter sur la gravité de son cas, affirmant se porter très bien pour une mourante. Mais le danger ne disparaît pas ; la crise passée, elle sait qu'elle ne mourra pas tout de suite, mais elle sait aussi — ses médecins le lui disent — que désormais elle ne pourra plus guérir.

Dès que sa santé le permet, elle reprend le classement et le commentaire des *Cahiers* de Valéry, s'attachant surtout à sa réflexion sur le « présent ». Mais l'auteur lui-même se fait attendre. Au début octobre Catherine déploie tous les prestiges de sa prose, de sa personne et de sa maison dans de longues lettres pour l'attirer à La Graulet : elle lui décrit la paix de la campagne où la douceur de l'été se prolonge en automne, l'atmosphère amoureuse qui règne dans la maison où son frère Jacques et ses amis courtisent une cousine et sa camarade. Invoquant son amour et son besoin de lui, elle le presse de faire preuve de courage face à son employeur, Edouard Lebey, dont il est secrétaire particulier, pour réclamer quatre jours de vacances. Valéry doit subir une petite opération de la face, ce qui offre une excellente justification pour quelques jours de repos en Dordogne, mais ne parvient pas à se libérer de ses obligations parisiennes. Arrive à La Graulet à sa place une suite de lettres empreintes de ses souffrances et diversement déchirantes. Vers cette

35. CB.
36. Juillet 1921. CB.

époque, ses *Cahiers* se remplissent de réflexions sur l'incompréhension féminine et s'efforcent de démasquer l'illusion de la liberté.

A la mi-octobre, des querelles de famille assombrissent le séjour de Catherine envers qui son frère se montre grossier, se plaisant à l'humilier devant ses invités. Des accès de violence sont devenus fréquents chez Jacques — au point où l'on commence à soupçonner la folie — et Thérèse Pozzi s'obstine à excuser et à défendre son fils. Furieuse, Catherine traite son frère de pédéraste et jure de ne plus jamais revenir à La Graulet. Elle se sent non seulement abandonnée par sa famille mais aussi par Valéry, car elle n'a pas encore trouvé le moyen de le rejoindre au cours de l'hiver. Puisque l'état de sa santé l'oblige à partir dans le Midi ou en Suisse, le problème de l'accueil de Valéry se pose. Le recevoir dans un hôtel dépasserait ses moyens et de surcroît ferait jaser ses amies, mais la location d'une villa présenterait d'autres inconvénients : ayant reproché à Valéry de se donner en même temps à son amour pour elle et à sa vie familiale, elle ne veut pas se prêter à la même critique en imposant à son fils la présence de son amant. Elle associe finalement à son sentiment d'abandon des soucis d'argent. Possédant 40 000 francs de rente, elle est loin d'être dans le besoin, mais elle voudrait obtenir un emploi rémunéré pour justifier à ses propres yeux les dépenses qu'entraînerait un séjour éventuel en Suisse. Un travail littéraire serait peut-être une issue, mais on ne lui en propose aucun. « Je sais que je pourrais gagner de l'argent en écrivant », écrit-elle à Valéry le 13 octobre, « et que j'ai cent fois le talent des autres et l'acquis mais je ne sais où ni comment. Si j'avais eu un fixe dans une revue ou autre ch[ose], je pourrais peut-être risquer la Suisse et ses mille balles par mois. »[37]

Elle retourne à Paris pour huit jours, en partie pour consulter des médecins, essentiellement pour revoir Valéry une dernière fois avant de s'installer dans le Midi pour l'hiver. C'est de mauvaise grâce qu'elle entreprend ce voyage fatiguant de six cents kilomètres en train. « Je viens puisque vous ne venez pas », lui écrit-elle le 14 octobre 1921 de La Graulet. « Hélas, L., il y a quelque chose en moi qui se révolte, de ce que c'est toujours lui qui risque... »[38].

37. CB.
38. CB.

Avant d'arriver à Paris, elle est déjà décidée à trouver Valéry décevant. La réalité est conforme à son attente.

Ne l'ayant pas reconnue dans la foule, Valéry la manque à sa descente du train et ne parvient à la rejoindre que dans le salon du Plaza Athénée avant qu'elle ne monte se coucher. Les jours suivants ils reprennent leur intimité, le plus souvent rue de Longchamp, dans la chambre de Jacques, le frère absent de Catherine, mais leurs rapports deviennent de plus en plus tendus. Elle voit Valéry anxieux, préoccupé de lui-même, tourmenté par une étrange crampe à la main et souffrant d'une grippe qu'elle a peur d'attraper. Il fume constamment, même après qu'elle lui a demandé de cesser parce que la fumée irrite ses bronches. Au restaurant, elle n'ose pas s'emparer de l'addition, tout en se sentant gênée de voir Valéry payer des repas bien au-delà de ses moyens. Elle décide qu'il ne lui plaît pas physiquement, le juge vieux, habillé sans soin. Mais elle ne renonce pas à lui pour autant : « ... je l'ai voulu », écrit-elle dans son *Journal*, « parce qu'il était ma pensée. »[39]

Son départ imminent, Catherine Pozzi reproche à Valéry de ne pas penser au danger que le voyage constitue pour elle, mais à sa solitude à lui, à sa maladie et à son énervement. La voyant prête à partir pour Hyères, le 23 octobre 1921, Valéry hésite à l'accompagner à la Gare de Lyon, alléguant un dîner de famille. Monté dans le taxi pour lui dire adieu, il gémit : « Vous ne savez pas à quel point ma vie, depuis toujours, a été dirigée par l'horaire... »[40], à quoi Catherine rétorque : « Alors, descendez ». Il obéit, puis, ayant changé d'avis, remonte dans la voiture. Il accepte de faire un bout de chemin avec elle. Furieuse, elle l'oblige à redescendre et s'en va, les mains sur la figure, courbée de désespoir.

39. *Journal*, 24 octobre 1921. BN.
40. *Ibid.*

III

ENNEMI CHÉRI

C'est avec le sentiment d'être abandonnée de tous que Catherine Pozzi s'installe au Golf Hôtel, à Hyères. Le lendemain, elle reçoit la visite d'une vieille amie, Martine de Béhague, comtesse de Béarn, qui possède une propriété dans la région. Habituée, ainsi que le remarque Catherine Pozzi, à marcher « sur le silence des fournisseurs courbés », elle arrive annoncée par un valet de pied et emmène son amie, qui cherche un toit pour l'hiver, voir de luxueuses villas bien trop chères pour elle — dont la grande maison de la romancière américaine, Edith Wharton [1]. Celle-ci demande 18 000 francs pour l'hiver ; Catherine Pozzi n'offre que 10 000 et continue sa quête.

Elle sera courte. Le premier novembre 1921, elle élit domicile dans La Collinette, une villa confortable à deux kilomètres de Vence. Catherine Pozzi lui trouve un air de médiocrité bourgeoise, mais la maison lui semble commode et le loyer convient à sa bourse. Considération plus importante, elle a l'impression d'y respirer mieux qu'ailleurs, grâce à la pureté de l'air vençois. Il y a de l'espace autour : devant la maison s'étend une balustrade et une treille ; de là, le terrain descend en plusieurs terrasses plantées d'arbres fruitiers jusqu'à la route qui mène au village. En dépit de ses réserves, Catherine Pozzi s'habituera à La Collinette et, au printemps 1922, finira par l'acheter. Plus tard, elle lui donnera un nom plus distingué, Les Collines, et ajoutera aux chambres situées à l'étage, une autre au-dessus du garage. Ensuite, vers 1928, elle fera

1. *Journal*, 26 octobre 1921. BN.

construire à côté de la maison une dépendance pour y loger ses invités.

Une vieille servante de la région, secondée par un couple de domestiques prêtés par sa mère, l'aide à s'installer dans la maison. Dans la grande pièce ensoleillée du rez-de-chaussée, elle met une table de travail en bois blanc, longue de deux mètres, et un piano. Si Catherine Pozzi choisit une maison loin de l'agitation mondaine de la Côte — à l'époque on mettait deux heures pour venir de Nice par un tortillard —, c'est qu'elle y trouve la paix qui convient à sa vie studieuse de convalescente. Par ailleurs, ayant toujours vécu chez autrui, la possession de La Collinette lui donne un sentiment réconfortant de sécurité.

Cependant, en s'y installant le jour de la Toussaint 1921, sa morosité s'accorde bien avec la saison. Edouard Bourdet, qui vient de lui annoncer son mariage, y est, sans doute, pour quelque chose ; en lui rappelant l'échec de leur vie conjuguale, il ravive le souvenir de ses déceptions récentes, avec sa famille et avec Valéry. Les mois suivants, l'air de Vence lui procure un regain d'énergie. Elle renonce à une « torpédo » sportive en faveur d'une Citroën qu'elle apprend à conduire sur les routes tortueuses des Alpes-Maritimes. A la maison, elle surveille de près les études de son fils, Claude, et consacre de longues heures à ses lectures et à sa musique. En décembre elle informe Mme Bulteau qu'elle passe ses journées « à faire un tableau, pour soi, des concordances et des divergences des évangiles, à explorer des parties mystiques de la littérature grecque ; [à] retenir par cœur les douze études de Chopin ; [à] retraduire Demosthène pour Claude ; à expliquer l'équation du second degré... ». Ces occupations quotidiennes remplissent sa vie et l'empêchent de penser au fait qu'elle n'a ni métier ni situation dans le monde.

Le 24 octobre, Valéry lui fait part de son repentir. Il a l'étrange impression de n'avoir pas participé à son refus d'accompagner Catherine à la gare ; sa décision se serait produite par une sorte d'automatisme involontaire. Et il croit que son geste a été dicté par l'inconscient de Catherine Pozzi elle-même : il aurait agi poussé par l'obscur désir de se mettre en accord avec l'hostilité qu'il lui attribuait [2]. Sa lettre est hautement significative, dans la mesure où elle exprime deux convictions fondamentales qui vont alimenter de

2. BN.

multiples crises : d'une part, sa croyance dans l'identité profonde de leurs esprits ; de l'autre, son désir — tout opposé à l'idéal de Catherine Pozzi — de maintenir une distance entre son être et ses actes.

A la fin octobre, Catherine Pozzi accepte de reprendre leur correspondance : « Si vous souhaitez m'écrire cet hiver, je vous répondrai. Soyez paisibles, chers yeux clairs ; puissiez-vous aimer toujours les choses que j'aime. » [3] Plusieurs ouvrages publiés par Valéry à cette époque témoignent du renouvellement de leur entente. Tout en retrouvant son image dans *Les Pas*, Catherine accueille ce poème avec certaines réserves : elle lui reproche de valoriser la pensée plus que l'acte [4]. En revanche, un dialogue de Valéry suscite son admiration entière : elle se reconnaît avec ravissement dans le portrait de « l'étonnante et l'extrême danseuse Athikté », dans *L'Ame et la danse* [5] où Valéry orchestre des thèmes maintes fois réitérés dans leur correspondance : le paradoxe de l'identité à l'intérieur de la division, par exemple, et la recherche de la transcendance dans l'amour et dans l'art. Comme *Eupalinos*, *L'Ame et la danse* évoque le vœu profond de Catherine : retrouver l'esprit au sein de la vie matérielle. De même que l'architecte Eupalinos parvient à exprimer le divin, grâce à la disposition savante des pierres, de même Athikté, menée par la danse, dépasse sa nature humaine pour toucher fugitivement à un autre ordre de réalité. Dans ces dialogues, les choses et les corps, soumis à la volonté humaine, se transcendent.

Ayant accepté d'écrire à Valéry, Catherine Pozzi ne tient pas parole. Pendant les trois semaines qui suivent son retour dans le Midi, elle refuse de répondre à ses lettres qui deviennent de plus en plus angoissées. Valéry interprète son silence comme un châtiment qu'il s'est attiré par son refus de l'accompagner à la gare. Une telle sanction s'avère douloureuse pour elle comme pour lui et bientôt elle accepte de reprendre leur dialogue. Cependant, de nouveaux malentendus appellent une nouvelle vengeance : elle annonce à

3. Lettre du 26 octobre 1921. CB.

4. *Les Pas* paraissent en novembre 1921 dans *Les Feuillets d'Art*.

5. *L'Ame et la danse* paraît dans la *Revue Musicale* éditée par la *N.R.F.*, 1er décembre 1921.

Valéry qu'elle cessera de le lire et de lui écrire jusqu'au Nouvel An. Elle reviendra sur cette résolution aussi.

A partir de janvier, Valéry lui demande de le recevoir chez elle à Vence. A plusieurs reprises, Catherine accepte de l'héberger, quitte à retirer ensuite son invitation. Ce mouvement oscillatoire de contact suivi de rupture n'est que la traduction dans les faits des contradictions inhérentes à ses rapports avec Valéry, dont elle souhaite accueillir l'esprit tout en bannissant la personne. Eloigner Valéry est le moyen le plus efficace dont elle dispose pour se l'attacher, mais une telle dialectique les conduit tous les deux au désespoir.

Aux prises avec une Catherine « virtuelle », création de son imagination, Valéry perd la maîtrise de ses émotions. Il ressent le silence de Catherine Pozzi comme une arme, ses dérobades répétées comme des agressions [6]. Dans ses lettres [7] et dans ses *Cahiers* — surtout dans les passages de ces derniers omis dans les éditions courantes [8] —, il se livre inlassablement à des analyses de sa douleur, dont il la rend responsable. Souvent, ses lettres s'adressent à lui-même autant qu'à elle, tellement il sent leurs esprits proches l'un de l'autre. Inversement, se parlant à lui-même dans ses *Cahiers*, Valéry s'adresse parfois en réalité à Catherine Pozzi. Il lui arrive même d'incorporer des extraits de ces écrits dans ses lettres.

Parfois, Valéry rêve de transposer en une œuvre littéraire l'image de Catherine Pozzi qui prolifère dans ses écrits intimes. Ce projet demeurera à l'état d'ébauche. Conçu tantôt comme roman, tantôt comme dialogue, l'ouvrage aurait été une tentative pour rendre sa douleur créatrice en racontant un voyage opposé à celui dépeint par Dante. Ayant fait connaître le paradis à Valéry, « Béatrice » l'aurait conduit par la suite en enfer, où s'opère l'échange des âmes entre les amoureux. Là, Valéry aurait essayé d'entrer par violence dans celle de Béatrice pour substituer sa volonté à la sienne, modifiant ainsi l'image affligeante qu'elle gardait de lui. En somme, Valéry conçoit l'ouvrage comme le récit d'un viol spirituel. Comme un Faust diabolique et orgueilleux, il fait miroiter la gloire devant Catherine,

---

6. *Cahiers*, vol. VIII, p. 372.

7. CB.

8. Voir, par exemple ff. 7949, 7959, 8007, 8013 BN ; voir aussi *Cahiers*, vol. VIII, p. 427.

lui proposant de faire d'elle « en deux cents pages la femme la plus célèbre d'Europe ». Elle rejette sa proposition avec dédain.

Au départ de cette crise qui fait perdre à Valéry le contrôle de son esprit et dérègle son corps, il y a un drame métaphysique. Dans une de ses lettres de l'automne 1921, il déclare qu'il a toujours porté en lui un bizarre « mysticisme » dont le but est la transformation de « l'être » en « connaître » [9]. Par « l'être », Valéry désigne ce qu'il nomme ailleurs le « moi pur » — non pas une chose mais le lieu quasi abstrait où il place sa conscience. Son « être », ou conscience, se distingue de son contenu ; c'est un lieu qui lui sert d'ultime défense contre tout ce qui n'est pas lui-même, un abri contre tous les phénomènes mentaux qui lui font mal. Cette fois-ci, l'opération ne fonctionne plus : « L'être » n'est plus un lieu vide ; il est occupé par l'image de Catherine Pozzi. Entrée dans sa conscience, elle en fait désormais partie et Valéry ne peut plus l'en extirper. Il se rend compte que pour tuer l'autre en lui il faut se tuer. Au cours de l'hiver 1921-22, il sera tenté à plusieurs reprises par cette extrémité.

Dans le couple qu'il forme avec Catherine, Valéry distingue quatre personnes et non pas deux : chaque amant porte en lui l'image de l'autre [10]. Ses *Cahiers* de cette époque évoquent la substitution spirituelle réciproque à laquelle il s'était livré. Ayant échangé sa nature profonde contre celle de Catherine, il avait éprouvé le bonheur le plus noble qu'il ait jamais connu. Mais ce troc avait été en même temps la source de ses tourments actuels. Il souffre de la distortion de son image dans l'esprit de Catherine, s'y sentant pris comme dans un miroir déformant.

Pendant l'exil de Valéry, des évocations métaphoriques de son ancienne entente avec Catherine se multiplient dans ses écrits intimes. Dans ses *Cahiers* manuscrits il compare l'harmonie qu'il a connue à la « syntonisation » de deux courants oscillatoires, grâce à laquelle chacun augmente la force de l'autre [11]. Ailleurs, il rappelle un moment d'extase amoureuse par l'image de deux arbres de la même espèce enracinés dans la même terre, où il voit la figure de deux systèmes identiques de transformations et d'échanges avec le

9. CB.
10. Lettre de Paul Valéry à Catherine Pozzi du 23 novembre 1921. CB.
11. F. 8038. BN.

milieu ambiant [12]. Le regret de ce bonheur passé déprécie son présent et déteint sur son avenir : le manque à gagner, dit-il, peut être aussi douloureux que la perte [13]. Semblablement, il avoue à Catherine Pozzi, dans une lettre du 20 novembre 1921, combien il souffre d'être privé de son « excitateur » et de son « résonateur » [14].

Dans ses lettres, Valéry supplie Catherine Pozzi de ne pas le juger selon les critères de tout le monde, de lui appliquer ceux qu'il avait construits sur mesure. Mais elle continue de rejeter un système qui préconise le divorce entre la conscience et l'action, et ne cesse d'accabler de son mépris un homme qui paraît fuir la responsabilité et abandonner ses actes au hasard. Le scepticisme radical de Valéry, sa féroce volonté de dénigrement et de destruction menacent les valeurs qu'elle tient pour les plus précieuses. Dans son *Journal*, Catherine Pozzi caractérise ces aspects de la personnalité de Valéry comme « diaboliques » ; de plus en plus, le nom « Lionardo », invention de sa tendresse, y cède la place à « Hell » (L).

Et pourtant, en dépit de ce jeu de bascule sentimental, Catherine Pozzi continue de s'associer au travail de Valéry. Elle poursuit — épisodiquement et au ralenti — le classement et le commentaire de ses *Cahiers*, dont elle espère toujours extraire un ouvrage sur le « système » qu'ils contiennent, et lui rend, par ailleurs, d'autres services : elle reçoit les épreuves d'une préface, lui donne son appréciation sur la qualité d'une traduction, traduit elle-même de l'allemand un article critique. En outre, elle lui livre le fruit de ses réflexions sur le rêve (qui l'avaient conduite à rejeter la doctrine de Freud) et lui communique les résultats des recherches sur les démons qu'elle avait entreprises à sa demande.

Parfois, pour répondre à son désir d'exercer un métier, Valéry essaie de lui procurer des tâches plus prestigieuses et gratifiantes. Il n'y parvient pas et Catherine lui reproche de ne pas apporter un soutien plus efficace à ses ambitions intellectuelles. C'est ainsi qu'elle lui écrit, le 2 mars 1922 : « Le jour où j'avais fait vœu de vous aimer, je vous envoyai des feuilles que vous n'avez pas lues ; des vers, perdus. Et le *De Libertate* restait un mois dans une chambre où sa seule mission était que mon esprit précédât ma tendresse. Je ne

12. F. 8007. BN.
13. F. 7934. BN.
14. CB.

regrette pas, Lionardo, que vous ne vous soyez [pas] soucié de le lire — c'était très mal écrit. » [15]

Mme Bulteau, qui est au courant de sa liaison tourmentée avec Valéry — qu'elle déteste et appelle « le mufle » —, la pousse à faire de ses griefs le sujet d'un roman. Elle songe à un ouvrage qui présenterait Valéry comme une sorte de Don Quichotte de l'idée, prince dans le domaine de l'intellect et piètre figure dans la réalité. De nouveau l'idée restera sans suite, en partie, sans doute, parce qu'elle répugne de voir son nom associé à celui de Valéry dans la presse. C'est en tout cas pour cette raison qu'elle refuse d'autoriser la publication d'extraits de ses lettres dans un numéro d'hommage à Valéry publié par *Le Divan* en mai 1922. Tout en reconnaissant que ses lettres constituent une véritable œuvre littéraire, elle refuse d'envisager leur publication de son vivant. « Leur sort, hélas », écrit-elle à Valéry le 25 février 1922, « sera le volume à 7 frs, avec commentaire d'un Barthou [16] des temps prochains (mort horrible) — il n'y a pas moyen de l'empêcher ; mais moi vivante, ablatif absolu, n'en exposez pas une ligne. » [17]

Prise dans un cercle infernal d'affronts, aussitôt pardonnés, Catherine s'en plaint à Mme Bulteau : « parfois je pense qu'il est le Diable !... J'ai pardonné la dernière ... *vous* diriez muflerie. Ce discours reprend, comme avant. Et après une dépêche d'action de grâce, voici les reproches et l'amertume connus, qui toujours mystérieusement trouvent le lieu de moi à blesser... Et alors, il trouve "les paroles de la vie éternelle", comme dirait St Jean ; et je retombe dans ce qu'il appelle "l'enchaînement enchanté".» [18] Cloîtrée dans un Vence hivernal avec pour seule compagnie son enfant et un vieux prêtre qui lui ouvre sa bibliothèque, elle commence à souhaiter une autre aventure : « Il m'est arrivé de demander à celui qui pousse les étoiles de jeter un autre amour sur ce chemin... » [19].

Or, le Ciel, en la personne de la duchesse de Clermont-Tonnerre, exauce son vœu : « Hier, une mondaine de Paris m'envoie un peintre "qui, dit-elle, m'intéressera"... Le peintre entre.

15. CB.
16. Louis Barthou (1862-1934) : historien, homme politique et académicien.
17. CB.
18. Lettre de décembre 1921. CB.
19. *Ibid.*

Il est jeune. Il est beau. Il connaît J.-L. Vaudoyer. Il fut l'ami de Ménard (le Grec). Il a lu les livres d'Hermès. Il m'ennuie. Je parle avec animation. Il reste deux heures et sort abruti. »[20]

En réalité, le peintre en question, Jean Marchand, sort de chez Catherine Pozzi, non seulement abruti, mais amoureux. Elle a tout fait pour obtenir ce résultat, ayant résolu de sortir de l'impasse Valéry. « Faudra-t-il retomber enchaînée à cet autre », écrit-elle dans son *Journal* 26 décembre 1921, « à cet étincelant autre, qui m'envoie des dessins d'embrassements et des mots pires d'ardeur que l'emmêlement de ses figures nues, qui vit en moi comme si j'étais du haschish, et cependant vit dans les tâches que je n'aurais jamais acceptées, vit allié au plus vomissable Paris ? »[21]

Avec quelques gestes habiles, Catherine consolide sa conquête de Jean Marchand : il suffit d'admirer ses dessins, de poser pour son portrait. Poudrée, parfumée, habillée de soie blanche et bleue, elle fait appel à sa protection, tout en lui faisant discrètement connaître l'existence de l'absent autre. Partie en promenade avec lui, elle se laisse prendre la main et finalement embrasser. En huit jours, Catherine Pozzi réussit à s'attacher un Marchand captif, muet, tremblant, suspendu à sa volonté. Tant de sensibilité — il lui avoue avec honte qu'il est parfois secoué de vomissements nerveux la nuit — ne lui gagne pas la sympathie de Catherine Pozzi, bien au contraire. Elle trouve Marchand intuitif comme une femme, ce qui, sous sa plume, n'est pas un éloge. Son intelligence ne lui semble pas de taille à se mesurer avec la sienne. Sûre de ne pas tomber elle-même dans le piège qu'elle avait tendu à Marchand, Catherine Pozzi joue à l'amour tout au long de l'hiver 1921-22. Quand elle s'en lassera au printemps de 1922, elle lui signifiera brutalement son congé.

Comme cadeau de Noël, Valéry offre à Catherine de jolis mouchoirs de soie bleue et verte qu'elle a soin de laisser bien en vue quand elle sort avec Marchand, comme pour se rappeler sa perfidie. Touchée du geste de Valéry, Catherine tient néanmoins à garder ses distances et commence sa lettre de remerciement : « mon ennemi chéri. »[22] Mais au jour de l'an, elle lui envoie un message de vœux

20. *Ibid.*
21. BN.
22. 29 décembre 1921. CB.

où elle l'assure de son attachement indéfectible ; en dépit de toute la peine qu'il lui a infligée, il demeure à ses yeux « l'intelligence de [s]on intelligence » [23]. Cependant, sa lettre du 4 janvier 1922 ébauche un recul. De nouveau, elle somme Valéry de mettre ses actes en accord avec son cœur, et cette fois sa lettre contient une précision destinée à le faire obtempérer : « Il y a qu'un autre me dit, et que j'accepte, ce que je ne pouvais entendre sans péché que de vous seul. Ne craignez pas que je lui appartienne. Je ne le pourrais pas. Mais on permet des chansons insensées à calmer les larmes des chagrins d'enfant. Et les peines que vous m'avez données sont bien aussi folles. » [24]

A la suite de cette lettre, Valéry entre dans la plus grande crise qu'il ait connue, se mettant au lit avec 38,5 de fièvre et les émotions d'un écorché vif. En vain Catherine essaie de le calmer : « Entre cet homme et moi », lui écrit-elle le 13 janvier 1922, « il n'y a qu'une espèce d'amitié, et le consentement à une espèce de tendresse, qui ne sera pas ce que vous craignez. » [25] Comme preuve de son innocence, elle envoie à Valéry une des lettres qu'elle a reçues de Marchand. Si elle juge le message anodin, Valéry n'est pas du même avis. Persuadé que Catherine l'a trahi, il la traite de femme « souillée » — tout en la bénissant de sa franchise [26]. N'ayant pas réussi à l'apitoyer en lui dressant un sombre tableau de son abattement physique et moral, Valéry prend enfin l'engagement solennel qu'il avait toujours récusé : le 26 janvier, il promet par écrit de ne plus paraître dans le salon de Mme Muhlfeld [27]. Quelques jours plus tard, sa douleur étant devenue intolérable, il décide de quitter Paris, sa femme, ses amis et son travail pour rejoindre Catherine dans le Midi. Ayant perdu le sommeil, l'appétit, la possibilité de travailler, il est arrivé à un point de détresse où l'amour de Catherine Pozzi lui paraît son unique voie de salut. Retrouver sa tendresse devient pour lui une question de vie ou de mort.

Catherine avait promis de lui écrire tant qu'il le voudrait (et tant que sa femme n'en serait pas incommodée), mais le 29 janvier 1922,

23. CB.
24. CB.
25. CB.
26. Lettre du 18 janvier 1921. BN.
27. CB.

elle répond à sa proposition de venir à Vence par une fin de non-recevoir : « Ce n'est pas possible, mon cher esprit... Je ne peux pas oser cela à présent. Plus tard. » [28] Et pour motiver son refus, elle allègue un vieux différend : « Il y a une phrase de votre cahier que vous me copiez pour la seconde fois — (la blessure est l'amante du poignard) [29]. Je ne peux pas vous dire l'horreur que j'y trouve... Que vous ayez été parfois indigne, c'est triste à moi ; mais que vous pensiez contre notre manière de penser, ça me fait mal. Non, la blessure n'est pas l'amante du poignard... Car s'il en était ainsi, c'est que la blessure connaîtrait l'espèce de volupté qui est toute contraire à la volupté que je vénère : abîme dans le trouble, excès excité par le dégoût même. » Si elle qualifie d'« hérésie » la notion valérienne que « ce qui doit résulter de l'Etre ne doit pas résulter de l'acte », elle ajoute : « S'il était possible que je vous prouve et force à dire que l'Etre et l'Acte *ne font qu'un,* je vous préférerais entre les choses du monde. » [30] Deux jours plus tard, elle lui offre une « nouvelle alliance » à condition que Valéry s'engage à réformer sa vie. Pour l'instant, elle maintient son refus de le recevoir ; l'aspect « diabolique » de sa personnalité lui fait encore peur : « Donnez-moi le temps que votre nouvelle âme me prouve que l'on peut aller ensemble, vous et moi, sur le chemin dont vous n'aviez essayé de m'épargner ni les tristesses, ni l'étonnement... ni les dangers... Je sens la petitesse que j'ai, si je vous remémore que vous m'avez à moitié tuée. Vous me l'avez dit, écrit, vous l'avez su — vous avez admiré, dans la J[eune[P[arque], de l'avoir annoncé. Je suis là encore. Et j'ai peur de vous. » [31]

Les gémissements de Valéry finissent par rendre Catherine Pozzi plus clémente. Le 4 février 1922, elle accepte de renvoyer le malheureux Marchand dont l'attachement lui paraît « une plaisanterie » [32]. Sans aller jusqu'à inviter Valéry à Vence, elle lui indique que s'il s'aventurait à se présenter à La Collinette, son

---

28. CB.

29. « Un homme avait blessé une femme. Il pleurait devant le sang. — Va, dit-elle, la blessure est l'amante du poignard. Elle est faite pour lui, l'étant par lui. » *Cahiers*, vol. VIII, p. 372.

30. CB.

31. Lettre du 31 janvier 1922. CB.

32. *Journal.* BN.

domestique ne le jetterait pas dehors [33]. Quelques jours plus tard, elle capitule sans conditions : « si la seule fin possible pour vous est d'être là, j'accepterai ce que pour la première fois, vous aurez voulu. » [34]

Le 14 février, son billet pris, Valéry est sur le point de partir quand il apprend la mort imprévue de son employeur, Edouard Lebey. Mis brusquement dans l'obligation — humiliante pour lui — de chercher une autre situation, Valéry décommande aussitôt son voyage. Catherine étouffe un premier mouvement de colère provoqué par la tendance de Valéry à s'apitoyer sur lui-même, ensuite se reprend et l'assure de son soutien. Au cours des semaines suivantes, elle multiplie ses démarches pour lui trouver une situation. Elle pense en premier lieu à la direction de la section littéraire et scientifique du *Figaro* ; plus tard, de conserve avec Renée de Brimont, elle essaie de lui trouver un poste de directeur de revue ou de maison d'édition. Par ailleurs, elle cherche à obtenir un poste pour Valéry à la Société des Nations grâce à son vieil ami, André Siegfried. Le courage dont Valéry fait preuve dans cette extrémité finit par susciter chez Catherine Pozzi un élan d'amour et de reconnaissance : « Il a jeté sa livrée de domestique... Il ne me supplie plus, ne m'injurie plus. Il parle comme je parlerais. Il est en face de la vie, et décide, et choisit... Oh, quand vais-je le voir ? » [35]

Or, Valéry fournit une réponse à cette question le 4 mars en renouvelant sa proposition de venir à Vence [36]. Mais il s'y prend mal. Adoptant de nouveau un ton plaintif, il a la maladresse d'avouer à Catherine qu'il a besoin de se reposer chez elle de la femme imaginaire dont il porte en lui l'image [37]. Deux jours plus tard, viennent d'autres lamentations : il a l'impression de s'être brisé en se jetant contre une image déformée et s'affirme perplexe quant à la Catherine Pozzi réelle. Son découragement le conduit enfin à se renier, à penser que la rigueur d'esprit qu'il avait placée au-dessus de tout n'est qu'une bêtise. Il se sent vaincu par les hommes, les

33. Lettre du 5 février 1922. CB.
34. Lettre du 9 février 1922. CB.
35. *Journal*, 20 février 1922. BN.
36. CB.
37. CB.

« dieux » et surtout, par Catherine [38]. Ce ton abattu provoque un nouveau recul chez son amie.

Catherine croit voir dans les gémissements de Valéry la preuve qu'il persiste à mettre ses échecs sur le compte d'autrui. Sa réaction, datée du 8 mars, est vive : « S'il paraît que toute ma sincérité n'a servi qu'à vous faire construire "une image fausse", je suis persuadée, et vous conseille de l'être, que "l'ignorance anxieuse" où vous croyez demeurer à mon égard ne sera pas dissipée sous l'ombrelle d'un jardin... Je ne vous conseille pas d'entrer dans cette maison. » [39] Tout en écartant Valéry de sa porte, elle espère qu'il trouvera le moyen de l'ouvrir quand même. Le 8 mars, elle confie à son *Journal* : « cet homme a pour moi quelque chose qui dépasse en étrangeté les amours les plus rares : il n'y a pas de mots pour le dire, rien que ceux qui nomment et ne peuvent nommer que de l'éternel. Je suis son essence, son être même ; l'infini de sa douleur et la toute puissance de joie ; sa perennité. » [40] Elle n'entend nullement rompre avec lui.

A Paris, Valéry prend pour confidente Renée de Brimont qui, le 8 mars 1922, écrit à Catherine pour plaider sa cause : « Si vous êtes trop fatiguée pour le loger il ira [tout] bonnement à l'hôtel. Et si vous ne pouvez discourir, vous écouterez. Qu'en pensez-vous ? Il a été *bien malade*. » [41] Catherine Pozzi qui ne sait pas exactement ce qu'elle devrait penser de Valéry, se méfie de tant de sympathie pour ses souffrances chez une jolie dame.

Décidé à tout risquer pour rejoindre Catherine, Valéry quitte Paris le 21 mars 1922 et arrive le lendemain à Nice où il est hébergé à l'Hôtel de Paris par Renée de Brimont. Catherine, qui ne veut pas aller à sa rencontre, allègue par dépêche une indisposition et une voiture accidentée. Mais l'arrivée de Valéry la comble de joie : « C'est la première fois qu'il vient vers moi, qu'il me rejoint, qu'il m'a forcée », écrit-elle dans son *Journal* le 23 mars. « Je suis paisible enfin. » [42] Sa paix sera de courte durée car l'élan qui porte Valéry vers elle semble s'échouer à Nice. Ce n'est que le 26 mars qu'il écrit

38. Lettre du 6 mars 1922. CB.
39. CB.
40. BN.
41. BN.
42. BN.

à Catherine pour l'informer qu'il occupe à l'hôtel une chambre contiguë à celle de Mme de Brimont, « la plus simple et la plus délicate des sœurs ». Il porte au comble sa maladresse en l'invitant à prendre cette même chambre après le départ de leur amie [43]. Pour Catherine, cette suggestion fait « reculer les bornes du mufle ». Blessée, elle laisse éclater l'animosité latente qu'elle nourrit à l'égard de Mme de Brimont : « Cette élève de Sapho a une âme de manucure », écrit-elle dans son *Journal*, où elle se met à spéculer sur les rapports entre Valéry et sa voisine à l'hôtel : « Il s'habitue lentement aux robes en simili-élégance, aux bas de soie, au titre de baronne, et à la douce voix qui dit mystérieusement des choses dont il est impossible de se souvenir. » [44] Un peu plus tard, elle confie à son *Journal* un quatrain vengeur :

> L'amour qui vous séduit est Tel :
> Un petit cœur de manucure
> Un petit feu sous la ceinture
> Et rien dans l'Immortel [45].

Catherine Pozzi répond à Valéry sur un ton persifleur le 28 mars 1922. Après deux pages d'ironie aux dépens de Mme de Brimont, elle lui fait comprendre qu'elle a l'intention de partir pour Cannes avec un amoureux, c'est-à-dire Jean Marchand. Trois jours plus tard, le 31 mars, elle change de registre et laisse apparaître sa jalousie : « Apprenez-moi brièvement (le silence serait une réponse) ce que vous avez montré de vos cahiers à celle-ci. Je crois bien que c'est la seule chose que je veuille savoir. Car elle donnera une valeur de duperie aux seules semaines heureuses que vous m'avez apportées autrefois. » [46] Elle en vient — tant est vive sa colère — à souhaiter la mort de Valéry : « Je cherche en moi », écrit-elle dans son *Journal* le 29 mars, « et je vois bien, que rien que l'absolu malheur et l'absolu danger purifieraient l'amour perdu... » [47]. A son avis, le gâchis de leur passion ne serait réparé que le jour où Valéry souhaiterait mourir. Valéry, qui verra ce texte plus tard, le commentera en

---

43. *Journal*, 25 mars 1922. BN.
44. *Ibid.*
45. *Journal*, 31 mars 1922. BN.
46. CB.
47. BN.

avouant qu'il n'avait été retenu du suicide à cette époque que par le souci de sa famille et par la honte de mourir sans vengeance. En effet, pendant son voyage, il porte avec lui un poignard.

Mais chez Catherine la haine n'est qu'une fonction de l'amour. En témoigne un poème en prose inspiré par la tendresse dolente d'un texte que Valéry avait écrit un jour à l'aube [48]. Le poème de Catherine est un émouvant acte de communion qui montre à quel point elle est encore capable de s'identifier à lui en dépit de tout ce qui les sépare :

> Je pleure. Une douleur et une fraternité bien étrangères se lèvent lentement en moi avec la lumière — et je les reconnais identiques à sa douleur, à son incompréhensible résignation, à sa coïncidence incompréhensible avec ces éléments. *Je suis lui.* Cela dure une heure. Je connais la douleur de l'esprit enseveli vif dans l'univers, et qui connaît que ciel et terre sont ses membres, et les regarde, et pleure sur soi, et sent que l'aube répand limpides ses mêmes larmes. Je ne sais pas dire. C'est intraduisible.
>
> Je le comprends, — bien pire, je l'existe ; et maintenant, curieuse, attachée, attentive, je tâche de revenir sur le moment qui déjà finit et fait place à moi-même...
>
> Comme un enchantement, a « word of power », je répète ce qu'il a dit là, en voyant ce jour : ô jour couvert de larmes ! De nouveau je sens le consentement désespéré m'envahir. Et comme on retourne brusquement les conditions d'une expérience, je regarde : moi, non lui ; et regardant moi, étant lui.
>
> O jour couvert de larmes ! Et je sens, étant lui, regardant moi, le seul être qui soit.
>
> C'est un envahissant brouillard, plus de terre, plus de choses. La terre et les choses sont signes, loin ailleurs. Il y a son esprit — où je tâche de me maintenir un instant encore — et mon existence. Cela et cela. C'est tout [49].

Ayant envoyé à Catherine son invitation malencontreuse à le rejoindre, Valéry garde le silence. Il attend qu'elle fasse un premier pas vers lui, craignant d'être éconduit, voire jeté dehors, s'il s'aventure à monter à Vence sans son autorisation. A la réflexion, la jalousie qu'elle avait manifestée à l'égard de Mme de Brimont lui

---

48. *Cahiers*, f. 8179. BN.
49. *Journal*, 30 mars 1922. BN.

paraît le signe attendu. Persuadé qu'elle avait menti, qu'elle n'était pas partie à Cannes avec Jean Marchand, il décide de la retrouver à La Collinette, coûte que coûte, s'apprêtant à entrer dans la maison par effraction au besoin. Monté à Vence par un petit train le matin du 1er avril, il se présente devant la villa de Catherine après le déjeuner, dans un état d'agitation extrême. Le son du piano témoigne de sa présence dans la maison. Il sonne. On ne répond pas, mais, ayant trouvé la clé sur la porte, il entre dans la villa et retrouve Catherine au salon. Pendant plus d'une heure, il s'explique. Le voyant écrasé, en larmes, à demi évanoui, elle le caresse avec pitié et, convaincue que sa présence lui est désormais indispensable, ne le quitte pas un instant. Ils prennent la voiture et retrouvent leur ancienne entente au cours d'un après-midi d'errance sur les routes des Alpes-Maritimes.

[illegible]

À La Collinette, Valéry [illegible] Catherine Pozzi [illegible] de la [illegible] qu'elle ne cesse de lui [illegible] pendant la journée, elle s'enferme le soir dans sa chambre [illegible] à lui. Est-ce qu'il l'aime ? lui demande-t-elle [illegible] répondu [illegible] négativement. [illegible] physique de Valéry ne lui [illegible] pas. Le désaccord [illegible] d'un conflit plus général d'ordre intellectuel [illegible] système » se juxtapose au « système » [illegible] Catherine Pozzi et Paul Valéry constatent, une fois de plus, qu'ils s'aiment et s'opposent avec la même violence.

Paul Valéry passe trois semaines à La Collinette dans un état de frustration croissante. [illegible] il se lève avant l'aube pour rédiger ses Cahiers et adresser de longues lettres plaintives [illegible] à son hôtesse, comme s'il était [illegible] de distance. Reprenant le langage de son poème *Les Pas*, il lui fait [illegible] dans [illegible] il quitte le [illegible] avec des pas [illegible] dans la chambre de Catherine [illegible] De la [illegible] de son séjour à Vence, il est hanté par la peur de partir sans l'avoir [illegible] reprise.

[illegible] Catherine [illegible] soit dans ses [illegible] Valéry [illegible] son système [illegible]

1. Lettre de Paul Valéry à Catherine Pozzi [illegible] 1922 [illegible]
2. Lettre à Catherine Pozzi [illegible]
3. [illegible] Valéry [illegible] Jean Voilier, Gallimard, [illegible]

IV

LE SYSTÈME K

A La Collinette, Valéry couche au salon, Catherine Pozzi à l'étage. En dépit de la tendresse qu'elle ne cesse de lui prodiguer pendant la journée, elle s'enferme le soir dans sa chambre et se refuse à lui. Est-ce qu'elle l'aime ? Se le demander est déjà y répondre — négativement. Le *Journal* contient son aveu : le physique de Valéry ne lui plaît pas. Ce désaccord n'est qu'un aspect d'un conflit plus général, d'ordre intellectuel. A Vence où « le système K » se juxtapose au « système L » [1], Catherine Pozzi et Paul Valéry constatent, une fois de plus, qu'ils s'attirent et se repoussent avec la même violence.

Paul Valéry passe trois semaines à La Collinette dans un état de frustration croissante. Souffrant d'insomnies, il se lève avant l'aube pour rédiger ses *Cahiers* et adresser de longues lettres plaintives et suppliantes à son hôtesse, comme s'il était encore à mille kilomètres de distance. Reprenant le langage de son poème *Les Pas*, il lui fait part d'une fantaisie érotique : dans ce rêve [2], il quitte le « lit de [sa] vigilance » pour monter avec des pas « muets et glacés » [3] dans la chambre de Catherine et la prendre par surprise. Conscient de la brièveté de son séjour à Vence, il est hanté par la peur de partir sans l'avoir entièrement reprise.

L'arme dont Catherine se sert dans ses conflits avec Valéry — refus, silence, retrait — l'atteint là où son « système » le rend le plus

1. Lettre de Paul Valéry à Catherine Pozzi du 11 avril 1922. CB.
2. Lettres à Catherine Pozzi du 9 et du 10 avril 1922. CB.
3. Paul Valéry, *Oeuvres*, éd. Jean Hytier, Gallimard, 1957, 2 vol., vol. I, p. 120.

vulnérable : dans son imagination. Grâce à elle, il avait cru entrer en contact avec la réalité d'autrui pour la première fois. En se refusant à lui, elle le renvoie à son isolement et le remet sous la coupe néfaste de son imagination. Comme Narcisse amoureux de sa propre image, il voit cet autre lui-même qui est Catherine se dérober sans cesse à sa poursuite. En effet, il passe une bonne partie de ses matinées à remanier les *Fragments du Narcisse* qu'il communique à Catherine en déclarant que le poème tout entier ne parle que d'elle.

A travers ses messages comme à travers sa conversation, Valéry cherche à communiquer à Catherine la qualité exacte du sentiment qui l'habite et qu'il ne peut pas nommer. Le mot « amour » lui paraît inadéquat, déprécié par l'usage abusif qu'en font les autres [4] ; son émotion lui apparaît plutôt liée à l'idée de surpassement de soi et à la notion d'économie. De nouveau, il évoque la profonde affinité qui le rend capable de se projeter jusque dans l'esprit de Catherine et, pour lui faire comprendre la puissance hallucinante de son identification avec elle, il s'autorise à violer les règles les plus élémentaires de la grammaire : il écrit « tu sum » et « tu suis ». Préférant l'amour de Catherine Pozzi à toute autre ambition, il déclare que, désormais, il n'écrira que pour elle [5].

Il souffre naturellement de l'attention qu'elle accorde aux autres. L'accueil cordial réservé à Jean Marchand l'exaspère tout particulièrement. Il le ressent comme une agression, reproche amèrement à Catherine d'avoir « allumé » le peintre [6]. Même le petit Claude Bourdet, alors âgé de douze ans, lui paraît par moments un rival. Quand Valéry doit quitter Vence pour aller passer quelques jours à Nice, Catherine ne le suit pas, car elle vient d'apprendre la mort de Mgr Duchesne. Trop triste pour se livrer à des distractions pendant qu'on enterre son « cher Seigneur », elle souhaite se recueillir chez elle. Valéry, blessé par son refus de le rejoindre, riposte aussitôt : elle semble préférer les morts aux vivants [7].

Et pourtant, en dépit de tous ces tiraillements, Catherine Pozzi poursuit son dialogue avec Valéry à Vence. De nouveau, elle lui communique son *Journal*, où il trouve, en dehors de beaucoup de

4. Lettre du 10 avril 1922. CB.
5. Lettre du 14 avril 1922. CB.
6. Lettre du 10 avril 1922. CB.
7. Lettre du 24 avril 1922. CB.

réflexions blessantes sur sa personne, une pensée qui lui paraît à bien des égards étrangère et hostile à la sienne propre. S'il récuse chez Catherine toute tendance mystique et toute adhésion à des valeurs morales d'inspiration chrétienne, en revanche, il est plein d'admiration pour son essai sur la liberté que pour la première fois il a l'air de considérer avec sérieux et gravité [8].

Ils passent le plus clair de leur temps ensemble à approfondir la pensée de Valéry qui médite tout haut sur le rêve, le temps, la physique et la politique. Il a l'impression que des idées lui viennent plus facilement dans la présence de Catherine, qui l'aide à les ordonner et à les développer. Elle estime, pour sa part, que dans ce dialogue son rôle est moral autant qu'intellectuel : « Le curieux de l'esprit valérien », écrit-elle, « c'est qu'il est capable de partir pour une découverte extraordinaire et qu'il se perd (et l'oublie) au bout de quelques pas ; même, qu'il ne la voit plus. L'esprit sans volonté, étincelles sans effet... Il savait bien qu'il lui fallait une volonté et un esprit de renfort... » [9]. Elle s'évertue donc à être cet esprit et cette volonté tout en continuant son classement des *Cahiers*, dont elle essaie de dégager la cohérence profonde en repensant leur contenu fragmentaire.

Valéry quitte Vence au début mai 1922, ayant donné à Catherine un regain de confiance dans leur couple. Lui écrivant le 5 mai 1922, elle reconnaît un « PV de la nouvelle ère », doux et plein de sollicitude, qui succède au brutal « PV de l'ancien testament » [10]. Catherine commémore leur nouvelle entente en plantant deux petits lauriers, l'un à côté de l'autre, dans son jardin à Vence, pour qu'ils mélangent leurs racines. Trois jours plus tard, Valéry s'étant arrêté chez son frère à Montpellier, elle lui rappelle leurs communes origines montpelliéraines. En méditant sur leur ascendance méridionale — la maison de sa tante, autrefois, était à cinq cents mètres de celle des Valéry —, elle vient de subir une étrange expérience mystique : devant elle surgit une vision bizarre et composite, un « homme-âme-famille-enfance », créature issue des Grecs anciens établis à Marseille sortie d'un passé mythique et immémorial pour entrer en communication avec elle : « Et puis, cela, oh que je ne

8. Lettre du 11 avril 1922. CB.
9. Ms., avril 1922. CB.
10. CB.

comprends pas : tu es pareil dans un autre corps, et je me lui parle. »[11]

Sa sérénité retrouvée, elle plonge dans des recherches sur la Grèce antique, encouragée par Valéry, qui estime qu'elle donne le meilleur d'elle-même dans ses travaux d'érudition. Sous une tonnelle du jardin qui laisse entrer un jour glauque, elle lit du Pindare et commence à se renseigner sur Eleusis et les tablettes orphiques. Forte de sa nouvelle science, elle met Valéry en garde contre une conception trop raisonnable et « classique » de la civilisation grecque. « Les gens étaient haletants sur l'au-delà », lui écrit-elle le 10 juin 1922, « ...on se couchait dans des temples, on voyait des choses ; on exorcisait des démons, on se *confessait* ; on prenait des précautions contre l'Enfer en apprenant, dans la nuit d'Eleusis, comment une fois mort se diriger entre les mares et les "bourbiers" ; on communiait d'eau et de farine ; on promenait des fétiches sur le pont du Céphise... »[12]. Passionnée par ces lectures, elle propose à Valéry d'écrire un ballet en collaboration avec lui. Intitulé « Les Mystères grecs », ce spectacle raconterait l'histoire de l'âme et donnerait une vision surprenante et haute en couleur de la civilisation grecque. Catherine conçoit de fastueuses processions et de curieux rites initiatiques conformes aux indications fournies par les tablettes orphiques. Cette flambée d'enthousiasme n'aura pas de suite et Catherine se contentera de fournir à Valéry les renseignements dont il a besoin pour un ouvrage qu'il a l'intention d'écrire sur Orphée.

Se remettant à son essai *De Libertate*, elle constate de nombreuses ressemblances entre ses idées et celles de Valéry, une affinité telle qu'elle pourrait traduire une bonne partie du « système » de Valéry en termes qui sont les siens propres. Mais, pour Catherine, ce sont surtout les différences entre leurs modes de pensée qui l'emportent. Leurs conceptions du passé, par exemple, lui paraissent antithétiques ; opposées aussi, leurs théories sur le fonctionnement de l'être humain : tandis que Valéry considère l'homme d'un point de vue tout relatif, comme une mécanique ou un système fermé, Catherine Pozzi fonde ses analyses sur des valeurs fixes, des articles de foi placés en dehors de toute discussion.

---

11. Lettre du 8 mai 1922. CB.
12. CB.

Se rendant compte, lui aussi, de leurs divergences, Valéry se voit comme créateur d'une sorte de physique, Catherine d'une métaphysique. Catherine trouve pour sa part, en méditant sur les deux années écoulées au cours desquelles ils n'ont cessé de se heurter et de se blesser, qu'ils n'ont pas suffisamment tenu compte de leurs différences : « Vous m'avez plus pressentie, inventée, que vous ne m'avez lue », lui écrit-elle le 29 mai 1922, « et je vous ai vu, dans mon souhait de vous et ma ressemblance de vous plus que je n'ai pu me réjouir dans votre "ipséité". » Mais elle avoue une grande dette envers lui : « Vous m'aurez appris l'algèbre des mots, comme de vous j'aurai pu apprendre toute chose... Ce que vous inventez est la forme même dont je me sens la matière. » [13] Leur travail en commun a permis à Catherine de prendre davantage conscience de la valeur de cette « matière » si semblable et pourtant si différente de celle de Valéry. Surtout, grâce à son aide, elle se trouve mieux équipée pour l'exploiter.

C'est à cette époque qu'elle commence le récit autobiographique que Mme Bulteau l'encourage à écrire depuis longtemps. Avec le passage du temps, Catherine est devenue moins ambitieuse : il s'agit maintenant d'une nouvelle plutôt que d'un roman. Intitulé *Agnès*, l'ouvrage s'inspire des lettres qu'elle avait adressées à un amant imaginaire tout au long de son adolescence. Catherine n'est pas satisfaite de la première version de son récit. Mme Bulteau non plus ; elle trouve que l'emploi de la première personne lui donne l'air d'une confession et conseille à Catherine de réécrire son texte à la troisième personne [14].

Dans la dernière semaine de juin 1922, Catherine revient à Paris où, en attendant de s'installer chez sa mère, elle loge à l'Hôtel d'Iéna, reprenant ses rendez-vous quotidiens avec Valéry. De nouveau elle fait ce qu'elle hésite toujours à faire : elle lui livre le manuscrit de son essai *De Libertate*. Valéry feuillette le texte sans faire de commentaire. Catherine s'inquiète de son silence comme en 1920, lorsqu'elle lui avait envoyé une partie de l'ouvrage. Amoureuse, elle lui communique son œuvre pour qu'il puisse en faire son bien, mais elle demeure dans l'incertitude quant à ses intentions. Elle se trouve en proie à des sentiments violents et partagés ; d'un

13. CB.
14. Lettre du 6 juillet 1922. CB.

côté, elle éprouve une véritable jouissance à sacrifier son œuvre à la sienne ; de l'autre, elle entend garder jalousement la propriété de ses idées. Déjà leur affinité avec celles de Valéry lui est une source d'appréhension car elle ne veut à aucun prix passer pour son élève .

En juillet, Catherine Pozzi exile encore une fois Valéry l'accusant d'avoir manqué à sa parole. Non seulement il reste toujours aussi attentif à sa femme et aux « poules » et aux « oies » qu'il rencontre presque quotidiennement dans les salons, mais il a eu la maladresse de déclarer qu'un prix de 13 000 francs lui était venu à cause de son assiduité chez Mme Muhlfeld. Comme par le passé, Valéry redescend dans son enfer personnel, d'où il adresse à Catherine des reproches, cette fois sous la forme d'un poème plaintif, demeuré à ce jour inédit. Datée du 30 juillet 1922, l'*Ode à la Sage* évoque en sept dizains octosyllabiques la tentative d'un poète-amant de se consoler de la perte d'une « Eurydice » rétive. [15] Ces vers de Valéry, seront d'une importance capitale dans la carrière poétique de Catherine Pozzi qui, quelques années plus tard, reprendra des éléments de leur style et leur thème dans ses premiers chefs-d'œuvre poétiques, *Vale* et *Ave*. Ce seront, en effet, des réponses à Valéry qui avait prétendu dans ses poèmes se résigner à son éloignement.

Catherine se réfugie à La Graulet où un flot de justifications et de remontrances lui parvient de la part de Valéry. Elle en tire une certaine satisfaction amère. « Il ne reste que ceci », écrit-elle à Mme Bulteau en août, « ...le hasard, le dieu, ou un astre, m'a donné pouvoir sur le plus étonnant système de nerfs qui soit fait homme ; et quand je pourrais l'induire au génie, je le désorganise par du Kant — et — Christ » [16]. Tout en rejetant ses valeurs morales, elle continue à se sentir rivée à Valéry plus que jamais par d'autres attaches : « Il est la forme même de ma recherche et de mon anxiété », écrit-elle dans son *Journal* le 28 septembre. « Et à [nous] tous les deux, rien ne semble rien valoir, que comprendre et comprendre clair ; lui, par une rigueur de penser qui est sa seule vertu ; moi, pour arriver enfin à cette chose qui ne trompe pas, et que le sanscrit exprime au neutre pour la rendre plus inhumainement ineffable. Peut-être que ce qui nous lie par le nerf le plus serré, c'est l'appréhension que, pour exercer cet héroïque Comprendre, nous nous sommes nécessaires

15. CB.
16. CB.

l'un à l'autre. » [17] Elle finit par se laisser attendrir et permet à Valéry de la rejoindre en septembre à La Graulet, où, malheureux et malade, il réussit enfin à réveiller toute sa tendresse.

Le 1er octobre 1922, elle reçoit une nouvelle qui la laisse tout abattue et désemparée : Mme Bulteau vient de mourir. Catherine perd ainsi sa confidente la plus intime, une femme qui avait cru à son génie et soutenu son travail. Puisque la vieille dame s'était toujours montrée hostile à Valéry, Catherine prie celui-ci de lui pardonner si, en hommage à sa mémoire, elle se montre sauvage à son endroit pendant quelques jours [18]. Elle recevra plusieurs lettres de condoléances, comme si elle avait perdu un membre de sa famille.

Son deuil ne dure pas longtemps, car Catherine ne tarde pas à donner à Valéry de nouvelles preuves de sa tendresse et à reprendre avec lui leur travail commun. En témoigne un cahier dans lequel elle note leurs idées sur le langage, l'orphisme, la religion et la poésie [19]. Valéry lui donne de nouvelles consignes sur le livre qu'elle est en train de bâtir à partir de ses *Cahiers*. Lui ayant demandé de mettre de l'ordre dans les fragments épars de sa pensée, il souhaite qu'elle souligne dans sa présentation le caractère hésitant, parfois contradictoire, de ses réflexions [20].

Malgré la profonde satisfaction que Catherine trouve dans ce travail, elle craint que sa contribution à la pensée de Valéry ne reste éternellement méconnue. Un incident survenu en octobre 1922 va la persuader que sa peur est entièrement fondée. Un soir, en l'absence de Valéry, elle parcourt un texte qu'il est en train d'écrire sur *Eurêka* d'Edgar Poe et croit y reconnaître, non seulement l'influence diffuse de leurs innombrables conversations, mais aussi des idées précises empruntées directement à son essai *De Libertate*. Elle revendique pour sienne, par exemple, une réflexion sur le passé formulée d'une façon saisissante par Valéry, qui voit dans chaque perception humaine des « racines qui plongent à une profondeur inconnue dans une *étendue implicite*, — dans le passé, — dans la secrète structure de notre machine à sentir et à combiner, qui se remet incessamment au *présent* » [21]. Quelques jours plus tard, en la voyant s'emparer des

17. BN.
18. Lettre du 2 octobre 1922. CB.
19. Ms. CB.
20. Propos rapportés par Catherine Pozzi, 23 octobre 1922. CB.
21. *Œuvres*, vol. 1, p. 865.

mêmes feuilles, il fait un mouvement pour les lui enlever des mains. Blessée par ce geste qu'elle interprète comme un aveu inconscient de culpabilité, Catherine informe Valéry le 21 octobre 1922 qu'elle avait accepté de plein cœur de lui donner « sa vie et sa gloire » mais qu'elle souffre de n'en tirer aucun bénéfice [22]. Elle lui en veut de ne pas l'avoir encouragée davantage à finir *De Libertate* et le tient en grande partie responsable du fait que son essai demeure inachevé : « Quelle raison fait que mon zéro devienne votre fortune ; pourquoi, si ce que j'ai pensé était assez bon pour être repensé de vous, n'était-ce pas assez bon pour qu'au moins vous disiez : "c'est bien, petite fille ?" ».

Avant de quitter La Graulet, le 24 octobre 1922, Valéry réussit à restituer à Catherine sa confiance en l'avenir de leur union : « Nos années de peine sont finies », lui écrit-elle la veille de son départ, « il ne faut pas avoir peur. Maintenant toutes choses peuvent osciller et comme manquer devant les pas de nos destins ; vous savez bien que nous avons bâti dans l'éternel la chose douce et grande en laquelle jusqu'à la fin nous réfugier. Toutes les bénédictions soient sur votre voyage. » [23] Muni de ce viatique, Valéry part pour faire des conférences à Londres, car la perte de sa situation chez Edouard Lebey l'oblige à essayer de monnayer sa célébrité d'homme de lettres. Catherine Pozzi soutient fermement cette entreprise. Désormais, ses lettres d'amour suivront partout Valéry dans des pérégrinations qui lui donneront souvent l'occasion de passer par Vence.

Catherine quitte elle-même La Graulet à la fin d'octobre pour rentrer à Vence où elle se met à refaire son jardin selon un plan conçu par Valéry pendant son dernier séjour. Elle aménage La Collinette pour le recevoir plus commodément : le salon où il avait couché devient une bibliothèque meublée d'un bureau réservé à son seul usage. « Cette pièce est trop délicieuse, à présent pour n'y pas travailler », lui écrit-elle le 31 octobre 1922, « car elle ouvre sur le carré du milieu si bien ordonné, et voit aussi le nouveau champ de giroflées... » [24].

Elle s'occupe également de l'éducation de son fils, dont le

22. CB.
23. CB.
24. CB.

caractère commence à l'inquiéter : à douze ans, il ment parfois et semble montrer une tendance fâcheuse à rechercher le plaisir. Là, Catherine croit déceler des manifestations de son hérédité paternelle qu'elle essaye par tous les moyens de contrecarrer. Elle voit dans le jeune Claude un Edouard Bourdet en miniature — qu'elle cherche à transformer en petit Paul Valéry.

Henri Gonse, un des favoris de Mme Bulteau, invite Catherine Pozzi à collaborer à un volume que les amis de « Foemina » souhaitent éditer en hommage à sa mémoire. Elle refuse d'un ton sec et ironique : n'étant pas écrivain professionnel, elle a des scrupules à figurer dans ce livre à côté de certaines « personnes glorieuses » — elle pense, sans doute, à Anna de Noailles — qui pourraient prendre ombrage d'un tel voisinage [25]. En dépit de toute la vénération qu'elle voue à la mémoire de Mme Bulteau, elle préfère l'honorer d'une autre façon, en achevant les travaux qu'elle avait soutenus.

Ceux-ci vont bon train. Son essai philosophique avance, son conte *Agnès* aussi. Et au cours de l'hiver Valéry la nomme exécuteur testamentaire de ses *Cahiers*, qu'elle s'engage à éditer s'il venait à mourir avant elle. Elle entend ainsi les préserver du « zèle » de ses rivales et de l'ignorance des ayants-droit. Et pour éviter ce qu'elle appelle le « gâchage » des paroles de Valéry, elle entreprend de lui restituer le contenu de leurs conversations sous forme de dialogues [26].

L'éloignement introduit un nouveau déséquilibre dans leurs rapports. Passionnément amoureux, Valéry lui envoie au cours de l'hiver des messages empreints tour à tour d'humilité et d'insolence [27]. De son côté, Catherine s'irrite toujours de la mondanité fébrile de Valéry et de ses efforts pour obtenir des « aumônes » de ses admiratrices riches et titrées. Elle souffre de la solitude autant que lui et, le 12 mars 1923, repart pour Paris où elle reste quinze jours auprès de sa mère. Valéry vient la voir le soir de son arrivée, lui raconte les innombrables obligations professionnelles qui l'avaient empêché de la retrouver à Vence pendant l'hiver et parvient à l'émouvoir. Amoureuse, elle reprend avec lui leur ancienne intimité, tout en souffrant de la vie de mensonges et de

25. Lettre à Henri Gonse, avril 1923. CB.
26. Lettre à Paul Valéry, 31 janvier 1923. CB.
27. *Journal*, 24 février 1923. BN.

clandestinité que la situation de Valéry à Paris leur impose. Le 26 mars 1923, ils partent ensemble pour Vence, où Valéry restera un mois.

A La Collinette, il profite pleinement des nouveaux agréments de la maison et du jardin. Debout avant l'aube selon son habitude, il retrouve Catherine vers huit heures dans sa chambre, où déjà il commence à parler de sa personne. Catherine l'écoute, l'interroge. Vers dix heures et demie, il rédige son courrier, regarde les coupures de journaux que lui fait parvenir l'*Argus*, sort se promener une heure avant le déjeuner et ensuite, au cours du repas, parle de lui-même encore davantage. L'après-midi, il dessine ; elle pose pour lui. A cinq heures, ils prennent le café ensemble et parlent de nouveau de lui... Parfois, ils sortent le soir ; souvent, Valéry monte travailler après dîner.

Entouré de tant de prévenances, Valéry s'épanouit et exprime son bonheur dans plusieurs notes de ses *Cahiers*, dont un texte intitulé « Colline » : « Ce séjour, entre autres vertus, me ramène à un état de l'esprit que *j'estime* plus que tous autres. Liberté. »[28] A Vence, il a l'impression de retrouver son être le plus intime, le « moi » qui se dégage du « soi », un être plein de promesses et de potentialités. « Où je me crée où je me recrée, là ma patrie. Où existe ce qui résonne à ma période caractéristique, là ma patrie. Ce qui renforce mon son fondamental, est de moi. Il y a patrie, temple et idole pour l'énergie de quelqu'un. » A La Collinette, Catherine Pozzi accepte de bonne grâce de relancer le monologue perpétuel de Valéry et se résigne à ne rien lui demander pour elle-même. Elle reconnaît qu'elle a besoin de son esprit, comme lui de sa personne.

Catherine Pozzi retrouve Valéry en mai 1923 à Paris, où elle commence à regarder son assiduité dans le monde d'un œil un peu plus tolérant. Elle connaît l'importance que peut avoir le soutien de certains salons dans l'avancement d'une carrière littéraire. En fait, Valéry songe déjà à briguer un jour un fauteuil d'immortel. Il déjeune et dîne souvent en ville, se montrant souvent dans les salons des Pourtalès, des Castellane, des Polignac, des Bassiano, des Murat, des Rochefoucauld. Catherine Pozzi le rejoint parfois elle-même dans le monde, chez Natalie Barney, par exemple, chez Martine de Béhague, et même chez Jeanne Muhlfeld à qui elle témoigne une

28. Vol. VIII, p. 299.

sorte d'amitié depuis que celle-ci semble entériner sa liaison avec Valéry. De son côté, Catherine fait tout ce qu'elle peut pour aider à l'avancement de la carrière de Valéry. C'est ainsi que, au cours d'un concert de Paderewski, elle essaie d'obtenir de Jules Cambon, qui l'avait invitée dans sa loge, un appui pour l'élection de Valéry à l'Académie.

En mai 1923, Valéry fait trois conférences au Théâtre du Vieux Colombier où Catherine Pozzi aperçoit sa femme et sa fille Agathe. Les observant de loin, elle éprouve un brusque élan de sympathie pour Mme Valéry en qui elle commence à voir « la moins probable des alliées », une complice dont l'amitié, si jamais elle parvenait à l'obtenir, pourrait lui donner la force de refuser désormais d'être la maîtresse de son mari [29]. La nomination de Valéry à la Légion d'Honneur lui fournit un prétexte pour écrire à sa femme en août « comme à une amie » pour l'en féliciter et lui exprimer son désir de la rencontrer [30]. La réponse est réticente : Mme Valéry, tout en s'intéressant aux personnes cultivées qui, comme Catherine, estiment le talent de son mari, craint de ne pouvoir rien leur apporter elle-même [31]. Est-elle déjà au courant de la liaison de Valéry ? On ne sait. Quoi qu'il en soit, Catherine Pozzi a dû réitérer sa demande, car, pendant que les Valéry passent leurs vacances dans un château du Puy-de-Dôme et que Catherine fait une cure dans une station voisine, Mme Valéry essaye de lui rendre visite. Mais elle s'y prend trop tard ; arrivée à l'hôtel de Catherine, elle apprend que celle-ci vient de partir par La Graulet [32]. Valéry l'y rejoindra en septembre.

Catherine Pozzi passe les mois de novembre et décembre 1923 à Paris chez sa mère, rue de Longchamp, où Valéry lui rend visite quotidiennement, attiré par « le meilleur de ses miroirs » [33]. Comme avant, la tendresse se mélange à leurs discussions sur la physique et la philosophie, mais Catherine s'inquiète de plus en plus d'entendre Valéry inventer devant elle des théories qu'elle cherche à formuler de son côté, dans *De Libertate.* Tout en demeurant heureuse et fière

29. *Journal*, 3 septembre 1923. BN.
30. *Journal*, 9 août 1923. BN.
31. Lettre de Mme Paul Valéry à Catherine Pozzi du 20 août 1920. CB.
32. Lettre de Mme Paul Valéry à Catherine Pozzi, 24 août 1923. CB.
33. *Journal*, octobre 1923. BN.

que Valéry l'ait nommée exécutrice testamentaire pour assurer la publication de ses *Cahiers*, elle trouve que le papier où il exprime ses volontés protège trop les intérêts des ayants-droit et ne lui accorde aucune récompense pour son travail. « Moi, j'administre, j'édite, et je rends des comptes. Il n'est pas même question de merci », écrit-elle dans son *Journal*[34]. Dépitée, elle lui suggère de léguer ses *Cahiers* à Gallimard. Mais Valéry la croit seule capable de les éditer et continue de lui laisser la libre disposition des manuscrits qui contiennent « le système ». Cependant, pour éviter qu'on la suspecte de vouloir capter un héritage, Catherine s'engage à restituer les manuscrits à la famille.

Catherine avait écourté son habituel séjour à La Graulet en automne 1923 pour rester près de son fils Claude, qu'elle avait mis à l'école à Jouy-en-Josas, près de Paris, et ne rentre à Vence qu'en janvier 1924. Là, elle se met à relire l'ensemble de ses lettres, que Valéry vient de lui rendre, et, cherchant à se recomposer un passé, les classe, les annote, en brûle quelques-unes. Jointes aux lettres, elle trouve les notes, émouvantes dans leur sincérité brutale, que Valéry avait écrites en les attendant ou en composant ses réponses.

Valéry lui-même s'arrête à Vence à deux reprises. Ayant réussi à apaiser la colère qu'un malentendu obscur avait suscitée chez Catherine, il y passe un mois, entre février et mars 1924, et s'y arrête aussi entre le 26 avril et le 11 mai lorsqu'il se dirige vers l'Espagne pour y faire une tournée de conférences. Il profite de ces séjours pour se consacrer à la peinture et se délasse en parlant longuement avec Catherine du but de l'art et des conditions de sa production. Catherine note leurs conversations dans son *Journal* où Valéry ajoute de sa main ce « portrait » en prose :

> Karin a le plus grand zèle pour le Bien, le Beau et le Vrai. Quand elle en est sollicitée, sa voix monte à l'aigu et son doigt se lève, elle s'agite et même s'allonge, elle étonne les gens, les intrigue et les inquiète...
>
> Mais le temps change ; elle tombe dans un puits noir. Elle s'affale et se replie sur elle-même. Ses yeux se font presque imperceptibles. On n'entend de sa bouche qu'un murmure ou un gémissement. Elle sort brusquement de ce tombeau étrusque pour courir après quelque chose désirée. L'argent lui

34. *Journal*, 30 décembre 1923. BN.

vient au doigts, puis l'objet, puis le remords, puis la satisfaction et l'approbation de soi-même qui jamais ne lui sont longtemps infidèles.

Quand la vie lui revient, elle vole aux soins les plus ardents de la propreté de son corps. Elle se lave avec une sorte de foi, elle se parfume comme si elle s'administrait un sacrement. Elle est bizarre, inégale, théorique, pleine de préceptes et de curieuses chapelles dans l'esprit. Chose plus étrange, il y a quelque part dans cette tête, un homme vrai et de bon sens, que tourmentent tour à tour l'adolescent, la danseuse, l'actrice, le clergyman, le Don Quichotte, le sous-officier de hussards, le prophète, la girl et la gitane, la cocotte anglaise, la demoiselle protestante, l'étudiante de première année, la Jeanne d'Arc, la femme du monde, la semi-Savanarole, et une foule de gens fameux ou illustres dont ce corps est possédé à raison de 100 à 1000 par jour [35].

Catherine Pozzi ajoute elle-même à ce portrait : « On a oublié ci-dessus l'être moral, l'éthicien. » A ses propres yeux elle apparaît à quarante et un ans « une enfant de bonne volonté » qui voudrait être pure et « comme éternellement transparente à je ne sais quel autre soleil ».

En avril 1924, pendant que Valéry fait une tournée de conférences en Italie, Catherine Pozzi reçoit la visite de son ami André Gide, venu à Vence pour passer quelques jours chez le peintre Jacques Raverat. Gide parle avec elle pendant deux heures, cherchant à se faire une idée de la nature de ses rapports avec Valéry. Elle reste sur ses gardes et réussit à esquiver les questions jugées importunes. En le raccompagnant à sa porte, elle pense avec une certaine satisfaction l'avoir plutôt abruti de métaphysique [36].

Cette visite, jointe à la relecture des lettres que Valéry vient de lui rendre, la conduisent, au printemps 1924, à méditer souvent sur son passé. En dépit de tout, sa liaison avec Valéry demeure à ses yeux la plus grande aventure de sa vie : « O ma folie », lui écrit-elle le 17 mai 1924, « O ma seule aventure que j'ai composée en pensant, pour laquelle j'ai refusé les autres, et dont le secret insensé m'a fait une enfance si fermée, une jeunesse trop pure, et ce temps solitaire et dédaigneux d'aujourd'hui. » [37] S'adressant dans son *Journal* à un

35. *Journal*, 11 mai 1924. BN.
36. *Journal*, 26 avril 1924. BN.
37. CB.

Valéry absent, elle lui rappelle la naissance presque instantanée de sa passion en juin 1920 : « le vice était en moi, et vous avez reçu les plus étranges couronnes, et vous fûtes appelé Absolu, peu, très peu d'heures après les premières minutes. » A présent, elle se fatigue de l'élan qui la porte à se dépasser et trouve son amour un fardeau de plus en plus lourd : « Mon très seul, très étrange, très proche, que ne suis-je, quelques jours au moins, sans nom, sans passé, sans orgueil, sans histoire, sans devoir, sans la mémoire passionnée de bonheurs imaginaires, sans le goût des efforts appliqués contre les nuages, sans le goût du ciel, de l'impossible, du surhumain... ».

Si elle se sent lasse dans son jardin fleuri, c'est en partie parce que sa santé lui inspire de vives inquiétudes. En mai 1924, apparaît une grosseur au biceps qui lui fait craindre le cancer ; après examen, les médecins diagnostiquent un kyste tuberculeux. Vers la fin du mois, Catherine Pozzi rentre à Paris consulter des médecins. Sur les conseils de son vieil ami, le docteur Jean Troisier, elle est opérée à trois reprises, en mai et en juin 1924, d'un abcès tuberculeux, par le professeur Lecène. Le traitement semble d'abord réussir, car les interventions ne l'empêchent pas de se livrer à ses activités coutumières. A la fin de l'été 1924, une infection se déclare, dont elle rend responsable (probablement à tort) un bistouri insuffisamment stérilisé. En septembre, Jean Troisier lui injecte un autovaccin fait à partir des matières extraites d'une incision. Le résultat est alarmant : l'opération semble mettre en circulation dans le corps entier une infection qui précédemment avait été limitée au bras. L'état de Catherine Pozzi s'aggrave en automne : bientôt elle est trop faible pour quitter la rue de Longchamp, fût-ce pour le climat plus salutaire de Vence. Une seconde crise la terrasse en janvier 1925, mettant ses jours en danger. Elle s'en remet, lentement, au cours de l'hiver, et ce n'est qu'en mai 1925 qu'on l'autorise à quitter Paris pour Vence. Elle reviendra à Paris en novembre 1925, apparemment guérie. Se remémorant cette sombre période, elle confie à son *Journal* qu'entre le 24 juillet 1924 et mai 1925 elle a été « à l'agonie »[38]. Cet épisode décisif marque une étape dans son existence : désormais, l'évolution de sa tuberculose s'accélère ; des crises d'asthme s'abattront sur elle de plus en plus fréquemment, la privant du sommeil et de la parole.

38. *Journal*, s.d. (1925). BN.

C'est précisément au moment où cette crise se déclenche, en juin 1924, que Catherine Pozzi noue des relations épistolaires avec Rainer Maria Rilke, à qui Valéry avait rendu visite à Muzot, en avril ; à cette occasion il avait dû lui parler de son amie et de sa maîtrise de l'allemand et de l'anglais. Rilke, curieux de tout ce qui touche de près ou de loin le poète français qu'il avait pris pour modèle, tient également à connaître les hautes sphères de la société parisienne où évolue Catherine. En envoyant à Catherine un exemplaire de sa traduction des poèmes d'Elizabeth Barrett Browning, comme le lui avait suggéré Valéry, Rilke se donne un excellent moyen de satisfaire cette double curiosité.

Dans sa lettre de remerciement du 21 juin 1924, Catherine fait sonner haut les rapports privilégiés qu'elle entretient avec Valéry, et laisse entendre l'intérêt que Rilke pourrait y trouver : « Le hasard qui m'a fait apprendre l'allemand toute petite me permet d'expliquer à présent à l'auteur du *Cimetière marin* comment et pourquoi votre traduction est une merveille ; et Valéry est si subtilement intelligent en étymologie comme en syntaxe qu'il arrive à deviner vos ressources, tellement qu'il souhaite parfois apprendre complètement votre langue dont je sais bien qu'elle l'enchanterait. »[39] En effet, ç'avait été par l'intermédiaire de Catherine que Valéry avait pris connaissance de la traduction de seize poèmes de *Charmes* que Rilke lui avait envoyée en février 1924 avec une dédicace fervente, présentant son travail comme une « somme de consentement, d'obéissance et d'activité parallèle »[40].

Dans les lettres que Catherine échange avec Rilke en 1924, elle répond allègrement à ses questions sur le grand monde parisien dont elle lui dresse un tableau saisissant et désabusé. Son œil critique éveille un écho sympathique chez Rilke, mondain accompli que la solitude avait rendu particulièrement avide de ce genre de confidences. C'est ainsi qu'en répondant à Catherine, il évoque son souvenir lointain d'une Anna de Noailles « à qui tout ce qui n'est pas elle semble une force rivale et ennemie »[41]. Un peu plus tard, il émet un jugement sévère à propos de la poésie de la comtesse : « Je sais bien qu'Anna de Noailles est assez grand poète pour se

39. CB.
40. Jean-F. Angelloz, *Rilke*, Mercure de France, 1952, p. 329.
41. Lettre du 17 juillet 1924. CB.

permettre d'être monotone — ; seulement, elle l'est avec un peu trop de mots. La délicieuse monotonie des oiseaux est plus courte. »[42]

C'est surtout la littérature qui les rapproche. Rilke s'en rend compte tout de suite et ne tarde pas à faire parvenir à sa correspondante la plupart de ses ouvrages dans de belles éditions dédicacées. « Vous allez m'ouvrir une fenêtre sur un univers que je ne voyais pas », lui écrit-elle le 24 juin 1924, en attendant l'envoi des livres promis, « vous allez me rendre au pays d'esprit que je préfère et me distraire des contemporains qui me fatiguent. »[43] Comme Rilke, Catherine Pozzi ne se sent pas de son époque et avant même de livrer d'autres précisions sur son univers intérieur, elle en annonce déjà sa couleur :

> Je ne sais pas de quel temps vous êtes, — il est vrai que vous avez perché votre château hyper-cosmos et y vivez sans doute le temps qui vous plaît, — mais je suis très mal à l'aise dans celui-ci. Qu'y peut faire une personne qui aurait les illusions de la Sturm und Drang Periode, des ambitions d'un métaphysicien grec, et l'orgueil d'un hérétique du XVIIIe siècle. C'est très ridicule et très peu parisien. Je suis un sujet d'étonnement pour votre ami Valéry... Je vous étonnerai peut-être moins que je ne l'étonne et je suppose que Muzot contient beaucoup d'êtres imaginaires plus compliqués que ceci.

Rilke répond le 7 juillet sur le même ton. Il situe leur accord spirituel en dehors des contingences du présent et, par la même occasion, précise le ressort paradoxal de son inspiration poétique — la quête de la permanence fondée sur le consentement à la fuite des choses :

> Vous avez raison, je ne suis pas tant étonné de vos conditions d'âme ; il me semble que chacun de nous rapporte à ce monde en fuite quelques éléments d'une toute autre mesure qu'on ne saurait concilier aux méthodes d'à présent. Moi-même, vivant instamment avec les choses, je crois parfois voir que, l'une après l'autre, disparaissent celles auxquelles j'aurais su m'attacher, et je me sens comme écrasé par l'expérience

42. Lettre du 1er août 1924. Coll. de Mme R. de Margerie.
43. CB.

> continuelle d'un changement trop rapide. Mais notre état humain ne nous oblige-t-il point à consentir joyeusement à tout ce qui change ? Et puis, ce changement arrogant est-il vraiment d'une telle importance ? En ce monde qui se fatigue de sa vitesse et de sa versatilité, les valeurs premières, à force d'être mal exploitées, n'ont pas perdu ni de grandeur ni de danger. Les quelques constantes qui nous font graviter, persistent, intactes, et à côté d'elles les mille infidélités semblent bien futiles. On devrait entrevoir un monde à tout jamais rassuré à travers de ces apparitions contradictoires et, d'ailleurs, mal soudées, l'une à l'autre... C'est à quoi je m'efforce...[44]

Catherine est émerveillée par les envois de Rilke. Dans les errements parisiens de Malte Laurids Brigge, elle reconnaît un état d'âme voisin de la tristesse qui l'avait opprimée à l'âge de 25 ans, tout au long de son exil à Oxford. Et dans ses poèmes, elle admire précisément les qualités — la volonté, la rigueur, le dessin intellectuel — dont Rilke avait signalé l'absence dans la poésie d'Anna de Noailles qui, elle, se laisse guider par l'assonance des mots. Les *Sonnets à Orphée*, en particulier, lui plaisent par la fermeté et la variété de leur langue ainsi que par leur sagesse qui lui rappelle celle de Robert Browning. Dans quelques uns, les XIIe et XIIIe sonnets de la seconde partie, par exemple, elle croit déceler un trop facile consentement à changer, qui lui semble à l'opposé de l'intransigeante rigueur qu'elle a toujours revendiquée : « Mon âme dit non », lui écrit-elle le 17 août 1924. « Vous ne m'en voudrez pas d'être si hardie ; on m'a élevée avec Platon et les "choses qui ne changent pas"... J'ai appris de tout mon cœur et d'un consentement passionné à chercher le permanent sous toutes les apparences changeantes. Et je me sens tellement le même esprit et corps, malgré tant d'expériences et leurs folies, malgré le mal. » [45] Pour Rilke, une telle interprétation de son œuvre est partielle, et somme toute, inadéquate. Il ne tarde pas à la rectifier le 21 août, tout en assurant Catherine de leur accord fondamental :

> Je crois cependant que ces contradictions, plus ou moins provisoires, que vous avez remarquées dans mes vers ne sont

44. Coll. de Mme R. de Margerie.
45. CB.

pas tant *là* où vous les placez à présent ; je crois, par exemple, que nous n'aurions pas trop de peine à nous mettre d'accord sur les deux poésies (XIIe et XIIIe Sonnet) qui proposent ce consentement absolu aux changements, à la transformation de nos états. Les expériences les plus profondes de ma vie concourent à me faire admettre la mort comme une autre partie de cette trajectoire dont, sans pouvoir nous arrêter à aucun moment, nous suivons la courbe vertigineuse. De plus en plus je me sens attiré à consentir, de ma position provisoire, à ce Tout où la vie et la mort se pénètrent, se confondent constamment. L'Ange de mes affirmations (der Engel des Jasagens) tourne une figure radieuse vers la mort... Un si complet consentement au changement doit avoir pour prémisses des événements comblés de constance et de permanence — ; et en effet, moi aussi, je puis affirmer que je me sens "tellement le même, esprit et corps" et que si je consens infiniment aux transformations nécessaires, à tous les Adieux que le rythme souverain nous impose, c'est que je vois devenir transparent le brouillard de tous ces changements, grâce à notre flamme qui les traverse sans s'éteindre jamais [46].

Il y a équivoque sur la notion de « consentement », mot qui est le leitmotiv de cette correspondance et qui figure également dans toutes les dédicaces des ouvrages que Rilke offre à Catherine Pozzi. Il a beau se dire d'accord avec Catherine, la pensée qui sous-tend les *Sonnets à Orphée* reste très différente de celle de sa correspondante ; la philosophie de Catherine Pozzi, ainsi qu'elle l'indique dans sa lettre du 17 août, est d'origine platonicienne, tandis que celle de Rilke est de tendance dialectique. C'est sans doute pour cette raison que Catherine méconnaît le caractère actif et volontaire du « consentement » préconisé par Rilke. La méditation de Rilke ne se fonde pas sur la distinction entre « le permanent » et les « apparences changeantes », comme chez Catherine Pozzi, mais plutôt sur une dialectique entre le réel et l'imaginaire : il a foi dans le pouvoir transformateur de l'imagination. Dans ce contexte, le « consentement » à la mort ne revêt pas la signification sinistre que Catherine Pozzi croit y voir.

Malade lui-même mais souhaitant revoir la ville qu'il avait si bien connue dans sa jeunesse, Rilke retourne à Paris en janvier 1925 et demande à Catherine Pozzi de diriger ses visites et de choisir ses

46. Coll. de Mme R. de Margerie.

relations. Il la trouve en pleine crise, foudroyée par les suites de son opération au bras. A la fin du mois, Catherine est encore trop faible pour tenir une plume et c'est Thérèse Pozzi qui doit remercier Rilke au nom de sa fille pour un envoi de roses. Malgré tout, Catherine parvient à lui ouvrir un certain nombre de portes, dont celle de Marie de Régnier. Mais elle n'est pas seule à guider ses visites ; Valéry s'en occupe et conduit le visiteur dans un certain nombre de salons que Catherine Pozzi traite de « mauvais lieux de l'esprit ». Sa visite chez Mme Muhlfeld suscite une réaction particulièrement vive : « Je suppose que P. Valéry vous promène dans toutes les ménageries... de Paris ; il faut que vous paraissiez chez Madame Muhlfeld. Mais en écrivant cela, j'ai l'espèce de tristesse que j'aurai plus tard seulement, s'il y a un plus tard, à savoir que mon fils connaît des endroits semblables. Car vous n'êtes pas de la race de ces gens-là, et pour tout vous dire, cher Rilke, "ils ne sont pas" comme on s'exprime en mystique, "de votre ciel"... N'appelez pas cela "France" ni "Paris". » [47]

A Paris, Rilke porte sur lui une photographie que Catherine Pozzi lui avait envoyée en août 1924, double portrait qui montre Valéry en train de sculpter son buste. Rilke croit voir dans ce talisman le « génie » de leur amour ; cependant, peu après sa visite à Paris, les rapports du couple subissent une nouvelle détérioration : en mai 1925, son bras apparemment guéri, Catherine Pozzi part pour Venise sans avoir revu Valéry. Rilke, informé de leur séparation, ne le sera jamais de leur réconciliation, qui a lieu la même année ; et jusqu'à sa mort, en décembre 1926, croira Catherine Pozzi brouillée avec Valéry. Jusqu'à la fin de leurs échanges épistolaires, il s'obstinera toutefois à l'associer avec Valéry, dont l'œuvre exerce sur lui une influence profonde. Par exemple, en décembre 1925, il lui envoie sa traduction, *Paul Valéry, Gedichte* avec la dédicace : « A Madame Catherine Pozzi / à « Karin » / ces obéissants vestiges de pas post-valériens, par le pont du silence qui porte et relie. » [48] Son geste lui vaut un remerciement assez sec, car à cette époque Catherine tient à marquer son éloignement de la personne et de la poésie de Valéry : « *Ce que je suis* n'a rien à voir avec *Les Pas.* (Non la meilleure pièce du recueil, vous le pensez aussi ?) Monsieur

47. Lettre du début janvier 1925. CB.
48. Leipzig, Insel Verlag, 1925. CB.

Valéry n'a jamais dédié qu'à ses proches camarades, à sa pieuse épouse, — jusqu'ici ; — sauf *Architectures* [*Eupalinos*] qui porte mon nom en grec ; admirable rêverie dont la suite *L'Ame et la danse* n'a été que silencieusement et sans ma demande et sans ma volonté faite avec moi... Mais il est seulement vrai qu'« Athikté » traduit la signification de Catherine, ou signifie Catherine (ayons toujours trois dictionnaires). » [49]

Au fond, leur dialogue avait revêtu des significations différentes pour les deux correspondants : tandis que Rilke cherchait auprès de Catherine Pozzi un moyen d'entrer dans l'intimité d'un poète qu'il admirait plus que tout autre, celle-ci voyait dans leur amitié une marque de son indépendance croissante à l'égard de Valéry. En exposant ses idées personnelles à Rilke, en portant un jugement original sur son œuvre poétique — qui, en dépit des apparences, est étrangère à celle de Valéry —, Catherine Pozzi fait un grand pas dans le sens de son émancipation intellectuelle.

C'est à cette même époque qu'elle se résout enfin à mettre à exécution un projet radical pour assurer son indépendance : n'ayant pas trouvé en elle-même le courage d'éloigner Valéry, elle décide de solliciter l'aide de sa femme. Rilke ne fut pas le seul à la juger sévèrement à cause de cette démarche que nombre d'amies de Catherine Pozzi — Martine de Béhague et Renée de Brimont entre autres — ne lui pardonneront jamais.

Catherine Pozzi rencontre Mme Paul Valéry pour la première fois en juin 1924 lors d'un goûter chez Jean Troisier. C'est Valéry lui-même qui, visiblement gêné, présente sa maîtresse à sa femme en même temps qu'à la sœur de celle-ci, Paule Gobillard. A cette époque, il ne reste plus trace de la « sympathie » que Catherine avait éprouvée en apercevant Mme Valéry au théâtre du Vieux Colombier l'année précédente. Jalouse de l'emprise qu'elle avait su garder sur son mari, Catherine traite les deux sœurs de « fontaines d'ennui... des néants » dans son *Journal* [50]. De tels sentiments, soigneusement gardés dans son for intérieur, ne l'empêchent pas de recevoir Mme Valéry et sa sœur et même de leur témoigner de l'amitié à plusieurs reprises au cours de sa grave maladie de l'hiver 1924-1925.

La publication par Valéry de la *Lettre de Mme Emilie Teste* attise

49. Lettre du 27 décembre 1925. CB.
50. 15 juin 1924. BN.

sa rancœur [51]. Lucide, elle interprète ce texte comme un hommage offert par Valéry à sa femme, la preuve qu'elle occupe encore la place primordiale dans sa vie affective — ce qu'il avait toujours nié. Profondément blessée, Catherine ne tarde pas à passer aux actes : revenu d'un voyage en mai 1925, Valéry, qui avait veillé au chevet de Catherine Pozzi tout l'hiver, trouve sa porte brusquement fermée. Ayant pris la décision de ne plus jamais être sa maîtresse, elle part pour Vence en juin 1925 sans l'avoir revu.

Sa santé rétablie, Catherine retourne à Paris en automne 1925 et s'installe au Plaza Athénée où elle évite de rencontrer Valéry. Lui, en revanche, refuse de lâcher prise et la poursuit de ses attentions par lettre, la menaçant, par exemple, dans un message écrit à Bruxelles, de se consoler auprès d'autres femmes si elle continue de se refuser à lui. C'est alors que Catherine décide de commettre l'irréparable pour l'éloigner définitivement et, du même coup, triompher de sa femme en lui restituant son époux. En novembre 1925, elle invite Mme Valéry à venir la voir. Arrivée chez Catherine le lendemain, celle-ci veut se montrer aimable et, sachant que la santé de son hôtesse avait été durement éprouvée, lui exprime sa « sympathie ». Catherine répond : « Je suis la dernière pour laquelle, Madame, vous devriez vous servir de ce mot » [52], réplique qui laisse Mme Valéry perplexe. Après une hésitation, elle comprend qu'il s'agit d'un aveu. Dans un premier mouvement, magnanime, elle embrasse Catherine et lui pardonne ; celle-ci, de son côté, promet de ne plus essayer de revoir Valéry ni même de lui écrire sans que sa femme voie ses lettres. Les deux rivales se séparent amies. Mais Catherine est brusquement prise de panique à l'idée de perdre Valéry et s'empresse d'écrire à sa femme pour l'informer de son désir de maintenir des relations intellectuelles avec son mari. Dans son message, elle se permet de citer quelques mots de la lettre de Bruxelles où Valéry l'avait menacée de la tromper — cela pour démontrer à Mme Valéry que son éloignement ne lui rendrait pas nécessairement son mari. Elle y joint finalement quelques mots d'adieu pour Valéry, qu'elle souhaite voir brièvement avant son départ pour Vence le lendemain.

Au lieu de Valéry, c'est sa femme qui se présente chez Catherine

---

51. La *Lettre* paraît dans *Commerce*, II, automne 1924.
52. *Journal*, 1er mars 1926. BN.

le lendemain. Très en colère, ayant jeté le message que Catherine lui avait confié à l'intention de son mari, Mme Valéry exige qu'elle cesse toute relation avec son époux et qu'elle brûle toutes ses lettres. Catherine temporise, profère des déclarations vagues, mais ne fera ni une chose ni l'autre ; bien au contraire, avant de partir pour Vence elle demande à Marie de Régnier de transmettre à Valéry une lettre où elle s'évertue à justifier sa démarche auprès de sa femme. Valéry en est consterné, mais, préoccupé par son élection à l'Académie — il obtient le fauteuil d'Anatole France le 19 novembre —, ne réagit pas. Toutefois, au cours de l'hiver, il entérinera le geste de Catherine avec laquelle il se réconciliera par lettre. Quant à des relations plus intimes, il n'en est pas pour le moment question : Valéry n'osera plus rendre visite à Catherine Pozzi. Son retour à Paris à lieu en mai 1926 ; ils renoueront alors discrètement et continueront de se voir pendant encore deux ans. Toutefois, cette crise porte à leurs relations un coup dont elles ne se relèveront pas : désormais Valéry sera de plus en plus accaparé par les honneurs officiels et se tournera vers d'autres conquêtes féminines ; quant à Catherine, elle va enfin trouver son indépendance comme femme et comme écrivain.

QUATRIÈME PARTIE

L'ŒUVRE

[illegible]

Depuis novembre 1925, [illegible]
Valéry [illegible] Catherine Pozzi, à travers les lettres [illegible]
[illegible] Jean-Louis Vaudoyer et Henri de Régnier [illegible]
[illegible] tous les plans —
intellectuel, mondain, financier — lui semble [illegible]
[illegible] Quand [illegible] Valéry [illegible]
de ses récentes publications, Catherine le traite, dans son Journal, de
« lâche ». Son amertume s'accroît [illegible]
[illegible] envoyé par Valéry [illegible]
[illegible]
Valéry [illegible]
diplomate Gabriel Hanotaux [illegible] de Venise [illegible]
[illegible] La Cathédrale [illegible]
l'apprenne.

C'est donc en proie à [illegible]
Catherine Pozzi [illegible] le train pour Paris au début mai [illegible]
[illegible]
[illegible]
[illegible]
[illegible]
[illegible]

1. Avril 1926, BN.
2. [illegible]
3. [illegible] BN.
[illegible]

I

LE PREMIER ROUND EST POUR « JE »

Depuis novembre 1925, des détails sur le triomphe académique de Valéry parviennent à Catherine Pozzi à travers les lettres d'amis comme Jean-Louis Vaudoyer et Henri de Régnier. Elle n'en éprouve aucun plaisir ; bien au contraire, cette réussite sur tous les plans — intellectuel, mondain, financier — lui semble en quelque sorte obtenue à ses dépens. Quand, au printemps 1926, Valéry lui fait part de ses récentes publications, Catherine le traite dans son *Journal* de « lâche » [1]. Son amertume s'accroît davantage encore à la lecture d'un jeu d'épreuves envoyé par Valéry où elle croit reconnaître un emprunt à son essai *De Libertate* [2]. Une dernière maladresse de Valéry porte au comble son irritation : séjournant chez l'historien-diplomate Gabriel Hanotaux, à quarante kilomètres de Vence, il n'ose pas se montrer à La Collinette de crainte que sa famille ne l'apprenne.

C'est donc en proie à des ressentiments vifs et nombreux que Catherine Pozzi prend le train pour Paris au début mai 1926. La nuit, en dépit d'un piqûre de Sédol, elle n'arrive pas à dormir et continue de ressasser ses griefs, ses réflexions étant scandées par le bruit du wagon : « Au rythme du train », écrit-elle dans son *Journal* peu après, « je me chantais en inventant lentement, vers par vers, la forme de la souffrance. » [3] Ces vers, aussitôt recopiés dans son

1. Avril 1926. BN.

2. Il s'agit notamment de la phrase : « Ce qui ne sera jamais, ce qui ne peut pas être embaume, a un parfum. » *Journal*, s.d. (avril-mai 1926). BN.

3. *Journal*, 11 mai 1926. BN.

Journal, forment le premier en date des six poèmes qui constitueront le canon de son œuvre poétique. Le poème achevé, Catherine Pozzi le communique à Henri de Régnier tout en l'engageant à ne pas chercher à le publier.

On comprend tant de réticence : *Vale* est une confession transparente, un adieu adressé au poète de *Charmes* ainsi que l'indique un discret écho du *Vin perdu* dans la troisième strophe [4]. Toutefois, ce n'est pas à ce poème connu de tous que *Vale* constitue une réplique ; ces vers sont plutôt une réponse à l'*Ode à la Sage* que Valéry, blessé par son refus de céder à ses avances, lui avait envoyée en 1922 : un poète-amant reproche à une femme de sacrifier son bonheur et le sien.

Comme si elle voulait rivaliser avec lui en maîtrise poétique, Catherine Pozzi répond à Valéry en adoptant une forme métrique semblable à la sienne mais plus proche du modèle grec de l'ode. Elle emprunte également à son poème son thème dominant — l'adieu — et son vocabulaire particulier. Par exemple, elle emploie les mots « amour » et « délice » au féminin singulier.

Dans *Vale*, Catherine Pozzi s'adresse, non pas à l'esprit, mais à la « personne » de Valéry, la « marionnette » désirante qu'elle avait toujours voulu repousser. S'il apparaît au début du poème en tant qu'objet prestigieux d'un regret, dans la dernière strophe la perspective digne et distante créée par le pronom « vous » cède à un mélange de familiarité et de mépris signifié par « tu ».

Dans les deux premières strophes, l'amour auquel le poète dit adieu prend la figure d'un lieu vague et totalisant, espace dont l'unité parfaite est symbolisée par des formes sphériques — « soleil », « orbe », « second ciel », « astre » — et dont la haute spiritualité est représentée par des images de feu et de lumière. Comme dans le poème inédit de Valéry, ce lieu perdu et regretté est le théâtre du paradoxe de « l'Autre et du Même » :

> Notre soleil, dont l'ardeur fut pensée
> L'orbe pour nous de l'être sans second
> Le second ciel d'une âme divisée
> Le double exil où le double se fond.

---

4. Toute vendange à la fin qu'il vous livre / Vous la boirez sans pouvoir être qu'ivre / Du vin perdu. *Œuvre poétique*, *op. cit.*, pp. 25-26.

Cette unité amoureuse cède à une discontinuité spatiale et temporelle : « Le vent des jours a rompu ses rayons. » Comme dans les vers inédits de Valéry, l'image de la cendre succède à celle du feu. Pour Catherine, l'extase située hors du temps, « l'extrême instant de notre seule étreinte », a fait place à la succession temporelle et à l'étendue matérielle. Toutefois, toute perdue qu'elle soit, cette ancienne unité ne cesse de lui inspirer un sentiment de plénitude qu'elle évoque sur un ton élégiaque : elle subsiste paradoxalement dans son regret. En revanche, Valéry, dont elle adopte le point de vue dans la troisième et quatrième strophes, ne peut voir dans le passé que déchéance et viduité. Pour lui, le passé, dans la mesure où il subsiste, corrompt l'avenir.

A la différence de Valéry, Catherine Pozzi, en dépit de son chagrin et de ses regrets, réussit à construire une nouvelle identité qui incorpore son passé, son présent, son futur, son corps et son esprit. La nouvelle unité proclamée dans les deux dernières strophes est un concept qu'elle expose dans *De Libertate*. Catherine est persuadée que son expérience sera préservée dans son « âme » et reconstituée sous d'autres formes après sa mort. C'est cette foi qui l'élève à une hauteur spirituelle d'où elle domine Valéry.

Dans la conclusion du poème où elle figure comme le foyer rayonnant d'un amour, valeur suprême, destiné à revivre un jour, leurs rôles sont inversés. Elle se présente comme la personne qui concédera et éprouvera l'amour futur et aussi comme l'auteur de la souffrance amoureuse qu'elle avait subie :

> Je revivrai notre grande journée,
> Et cette amour que je t'avais donnée
> Pour la douleur.

Dans cette perspective, *Vale* apparaît non seulement comme une communion mystique avec « l'amour » mais aussi comme un acte de vengeance littéraire : Catherine se donne la satisfaction de dire adieu à Valéry dans des vers qui sont meilleurs que ceux auxquels ils répondent.

En dépit de leurs multiples désaccords, Catherine tient encore passionnément à Valéry et s'inquiète de ne pas le voir à sa descente du train. Déçue et anxieuse, elle lui écrit hâtivement de la gare. Valéry met deux jours à lui répondre par un mot plutôt sec, le 14 mai ; Catherine rétorque sur le même ton, en anglais, pour lui demander une entrevue d'une heure, promettant ensuite le silence. La tactique réussit : Valéry accourt, ils s'embrassent et leur liaison reprend comme avant.

Plus que jamais, Catherine se voit comme l'inspiratrice, l'amorce indispensable des idées de Valéry, qui déclare les sentir venir à son approche. Elle continue de noter leurs conversations dans des cahiers que Valéry s'amuse parfois à orner de dessins et de légers vers amoureux. Ayant repris ses études de grec, Catherine Pozzi propose d'aider Valéry à traduire la *Métaphysique* d'Aristote et les *Tablettes orphiques*. Par ailleurs, elle poursuit la dactylographie et le classement des *Cahiers* ; ayant fini la transcription d'environ 26 petits carnets roses de la période 1910-1915, elle aborde les suivants.

Mais, si elle garde une grande admiration pour la virtuosité avec laquelle Valéry évolue dans l'univers des idées et continue à éprouver une vive satisfaction à lui donner la réplique, elle se sent progressivement reléguée à un rôle secondaire dans sa vie. Le voyant préoccupé de plus en plus par les soins d'une carrière et d'une famille qu'elle méprise, elle note dans son *Journal* : « ... PV est un cadavre couvert d'honneurs qui appartient aux autres. »[5] Elle est tourmentée surtout par l'impression qu'en la délaissant, il emporte certaines de ses idées. Elle croit relever une de ses pensées dans *Rhumbs*, par exemple, et s'en plaint amèrement dans son *Journal*[6].

Catherine Pozzi en vient à voir dans leur liaison un obstacle à la réalisation de ses propres ambitions littéraires. Exprimé avec éloquence dans *Vale*, sur un ton querelleur dans son appréciation de *Rhumbs*, son désir d'échapper à l'emprise de Valéry motive sa décision d'achever et de publier sa nouvelle *Agnès* commencée en 1922. Un geste maladroit de Valéry précipite ses démarches ; le 1er juin 1926, il lui montre dans un de ses *Cahiers* un projet de conte qui ressemble au sien. De peur d'être devancée, Catherine se hâte de finir son propre texte et s'empresse de le confier à Marie de Régnier, qui avait beaucoup admiré une version antérieure du conte et avait conseillé à son amie de l'étoffer pour en faire un roman[7].

5. *Journal*, s.d. (1926). BN.

6. Le passage incriminé, « Le péché originel est une intégrale, sans doute. » (*Œuvres*, vol. II, p. 608) exprime une des idées auxquelles elle est le plus attachée.

7. Elle va jusqu'à lui proposer un dénouement que Catherine Pozzi ne retiendra pas dans la version du conte publiée de son vivant : « Il faut *continuer* Karin. Tu regretteras d'avoir sacrifié un grand sujet (la jeune fille en face de l'univers et de

Abandonnant sa première suggestion, Mme de Régnier apporte le manuscrit à Marcel Prévost, directeur de la *Revue de France*, qui le refuse — avec éloges — en exigeant des coupures inacceptables pour l'auteur. Estimant qu'elle n'a pas de temps à perdre, craignant pour son ouvrage le sort des idées qu'elle avait émises devant Valéry et qu'il avait utilisées pour son propre compte, Catherine Pozzi se résigne à solliciter son aide pour publier la nouvelle.

En lui envoyant *Agnès* le 9 septembre 1926, elle y joint un mot qui exprime son manque de confiance en elle-même et sa susceptibilité : « Faites ce que vous voudrez. Je l'ai relue avec dégoût. J'ai horreur qu'elle paraisse, cela est mon meilleur à la fois, et mon ridicule. Cependant c'est le seul moyen d'entrer dans le travail — alors je ferme les yeux. » [8] Elle pose une seule condition : « Que mon nom ne soit jamais dit. Cela je ne peux. Dites que c'est un étranger, un ami. » Elle n'accepte de signer *Agnès* autrement que par les initiales énigmatiques C. K. (Catherine-Karin). Malgré son désir ardent de se faire connaître comme écrivain, elle fait tout pour rendre cette reconnaissance difficile, par pudeur d'abord (le conte est autobiographique), par orgueil ensuite (elle ne veut pas être confondue avec les écrivains-dames qu'elle méprise), et aussi, sans doute, par peur des critiques.

Valéry ne tarde pas à trouver un éditeur, la princesse de Bassiano, qui accepte *Agnès* pour sa revue *Commerce*, dont il est un des directeurs littéraires. Cependant, ayant pris le texte, la princesse change d'avis, alléguant une raison peu flatteuse pour Catherine ; elle a elle-même peur qu'on ne l'en croie l'auteur. Valéry communique cette explication à Catherine qui en est humiliée. Elle décharge sa colère sur Valéry à qui elle reproche d'avoir saboté sa confiance en elle-même. Après avoir exprimé une admiration inaccoutumée pour *Agnès* en 1922, il ne lui en avait plus jamais parlé ; Catherine pense qu'il aurait dû l'encourager à l'achever et à la publier. « A présent », lui écrit-elle le 8 novembre 1926, « je désespère pour avoir, un moment, tenu à un semblant d'œuvre, et n'avoir pas préféré de vous la voir parfaitement accomplir. La

t[ou]tes les énigmes, attendant un amour X..., lui dédiant tout), en publiant le début détaché. Il faut que le livre finisse par l'arrivée de X et qu'il fléchisse sous le poids de rêves dont la femme le pare. » Lettre s.d. (1926). CB.

8. CB.

sanction est dure : être jugée par une dame américaine, [la princesse de Bassiano] amie des arts... et condamnée. ... Je n'ai pu écrire que parce qu'un instant, *je m'étais aimée.* Cela n'arrivera plus. » [9]

Toutefois, sur les instances de Valéry, la princesse communique *Agnès* au directeur de la *Nouvelle Revue Française*, Jean Paulhan, qui l'accueille comme « une fraîche merveille » et envisage une publication rapide [10]. Il tiendra parole : *Agnès* paraît dans la N.R.F. le 1er février 1927. Le même mois, Valéry fait tirer une plaquette à cinquante exemplaires dont il confie quelques-uns aux librairies spécialisées dans la littérature contemporaine, comme celle de son amie Adrienne Monnier. Le succès d'*Agnès* est instantané et provoque beaucoup de conjectures sur l'identité de l'auteur. C'est, en premier lieu, à Valéry lui-même qu'on attribue *Agnès*, mais le bruit court aussi que l'auteur du conte pourrait être sa fille, Agathe, ou le peintre Marie Laurencin.

Catherine charge un ami banquier, Henri Fourgassié, de la mission de servir d'intermédiaire entre le public et la mystérieuse (ou mystérieux) C.K., mais Valéry craint de s'être compromis par son rôle dans la publication d'*Agnès*. En effet, il ne peut démentir la rumeur qui lui impute la paternité du conte sans éveiller les soupçons de sa famille sur ses rapports avec l'auteur. Ayant veillé à la publication d'*Agnès* en plaquette et en revue, il souhaite désormais se retirer de l'affaire. Il refuse obstinément de divulguer le nom de l'auteur et engage Catherine à en faire autant. Marie de Régnier s'indigne de tant de discrétion : « A quoi bon éteindre t[ou]tes ces chances sous l'autorité de PV ? », lui écrit-elle en avril 1927. « C'est *idiot.* » [11]

Dans les mois qui suivent la publication d'*Agnès*, Henri Fourgassié transmet à Catherine de nombreuses propositions d'éditeurs, de traducteurs et de critiques. Elle accepte l'offre de l'Insel Verlag, l'éditeur de Rilke, de faire paraître une traduction allemande [12] ; une traduction italienne n'aboutira pas pour des raisons obscures. Gaston Gallimard, mis au courant de l'identité de

---

9. CB.

10. Lettre à Paul Valéry s.d. (1926). CB.

11. CB.

12. L'ouvrage, traduit par G. Cramer, paraîtra en 1928 sous le nom de Catharina Pozzi. Valéry refusera d'écrire une préface pour le livre.

l'auteur d'*Agnès*, lui écrit en juin pour proposer deux éditions de son conte, dont une illustrée par Marie Laurencin [13], mais Catherine refuse son offre, craignant de compromettre son anonymat. En fait, les craintes de Marie de Régnier ne se sont pas réalisées ; Catherine Pozzi n'avait pas perdu toutes ses chances de réussite littéraire en refusant de signer sa nouvelle. Jean Paulhan, heureux de voir son jugement confirmé par le succès d'*Agnès*, s'empresse de demander à C.K. par l'intermédiaire de Fourgassié de bien vouloir réserver pour la N.R.F. tout ce qu'elle pourrait produire par la suite.

La publication d'*Agnès* représente un tournant capital dans le destin de Catherine Pozzi. Sa réussite lui restitue sa confiance en elle-même et démontre à Valéry qu'elle est capable de voler de ses propres ailes. Elle avait, il est vrai, déjà beaucoup écrit, mais principalement dans des genres confidentiels. Avec la publication de cette première œuvre d'imagination, elle franchit une étape déterminante dans la constitution de son identité d'écrivain et de penseur original, qu'elle ambitionne de devenir depuis sa jeunesse.

Au premier abord, le récit affiche sa qualité fictive : la dédicace « Aux Mânes de la contesse de Ségur, née Rostopchine » invite le lecteur à voir dans l'héroïne du conte une nouvelle « petite fille modèle », et instaure une distance ironique entre auteur et personnage. Toutefois, un testament littéraire rédigé par Catherine Pozzi vers la fin de sa vie nous engage à lire *Agnès* sous un autre angle : dans ce document, daté de 1931, elle demande qu'on réimprime son conte comme introduction à son *Journal*[14]. En fait, l'histoire s'inspire d'un épisode réel dans la vie de l'auteur : comme Agnès, l'adolescente Catherine avait pendant des années adressé une série de lettres à un amant fictif.

Agnès se trouve devant un dilemme : les défauts qui la conduisent à créer un amant imaginaire doté de toutes les perfections la rendent, du même coup, indigne de son amour. Elle décide de réagir : en attendant la rencontre aléatoire qui changerait son destin, elle s'évertue à la mériter en entreprenant une réforme physique, spirituelle et intellectuelle de sa personne. Mais peut-elle arriver à ses fins par ses propres efforts ? Se rendre digne de son amant idéal suppose qu'elle soit déjà unie à lui, car lui seul est source

13. Lettre de Gaston Gallimard à Catherine Pozzi, 8 juin 1927. CB.

14. Ms., BN.

de toute perfection. Elle comprend enfin que le secours ne viendra pas d'ailleurs, que l'amant de ses rêves, qu'elle appelle « grand frère », n'est que la projection androgyne de sa propre image idéalisée. Elle s'aperçoit avoir mis son amant mythique à la place d'un Dieu en qui elle a cessé de croire. S'adresser à ce personnage imaginaire, sorte de divinité taciturne, n'est qu'une manière détournée de se parler à elle-même.

Le conte débute comme une crise sentimentale de l'adolescence et finit comme une quête de certitude métaphysique. Ni ses prières, ni l'eau de Lourdes ne parviennent à soulager l'angoisse existentielle d'Agnès. Le salut promis par l'orthodoxie catholique l'attire, mais ce qu'elle a appris de la science et de l'histoire modernes a sapé sa croyance dans le dogme. Et pourtant, c'est précisément en dirigeant son enquête vers le monde matériel et le passé qu'elle espère trouver la clé qui lui donnera accès au monde spirituel et à l'avenir. A l'instar de Catherine Pozzi, Agnès entreprend des études de mathématiques, de physique, de chimie, de biologie, de grec et de latin, cherchant à découvrir les mécanismes et les modalités à travers lesquels le monde spirituel a prise sur la vie humaine. Dans sa quête de transcendance, elle réinterprète des symboles traditionnels de la religion pour les rendre plus acceptables à l'esprit scientifique. C'est ainsi qu'elle voit, par exemple, la forme et la fonction du serpent de la Bible dans le fil génétique qui se trouve au cœur de chaque cellule ; de même, la doctrine du péché originel apparaît à ses yeux comme une version antique de la science de l'hérédité.

L'enquête d'Agnès est guidée par les intuitions que Catherine Pozzi avait déjà exposées dans *De Libertate*. Elle sent obscurément que sa conscience porte la trace de l'esprit de ses ancêtres ; de même, elle perçoit dans sa chair de mystérieuses affinités qui la lient aux corps de ceux dont elle descend. Au fond, c'est dans sa propre personne, matière et esprit à la fois, qu'elle espère trouver accès à une continuité en dehors d'elle qui puisse donner à son existence la valeur et la signification qui lui manquent. Agnès, en quête de religion, fournit un effort paradoxal pour transcender la personnalité qu'elle construit.

Le succès d'*Agnès* conduit Catherine à prendre davantage conscience de la rivalité qui empoisonne ses rapports avec Valéry. Persuadée d'être intellectuellement son égale, elle égrène dans son *Journal* les divers larcins dont elle l'accuse ; non seulement telle page de *Rhumbs*, mais aussi certaines idées d'*Eurêka* et d'*Eupalinos*, où elle discerne la pensée de Marie Jaëll, transmise à Valéry à travers sa conversation et son *Journal*. Par ailleurs, les rumeurs qu'elle avait elle-même fait naître en refusant de signer *Agnès* l'exaspèrent ; tout en la reconnaissant comme l'auteur du conte, certaines personnes s'obstinent à le croire écrit en collaboration avec Valéry. Celui-ci a beau lui exprimer son admiration pour *Agnès*, Catherine n'y croit qu'à moitié et l'imagine jaloux d'une réussite qu'il n'a pu empêcher.

Au demeurant, elle est blessée par les efforts maladroits que Valéry, gêné par une promesse faite à sa femme, fournit pour cacher une liaison qui dans le grand monde parisien n'est un secret pour personne. Et elle se sent elle-même coupable de manquer à sa parole, car elle avait laissé entendre à Mme Valéry qu'elle cesserait de voir son mari. C'est donc à la fois pour soulager sa conscience et se tirer d'une situation qu'elle commence à trouver intolérable qu'à la fin mars 1927, Catherine rend visite au très mondain abbé Mugnier, confident de maint adultère aristocratique, avec une requête singulière : elle souhaite qu'il persuade Mme Valéry de tolérer sa liaison avec son mari ; de son côté, elle s'engagerait à ramener ses relations avec Valéry à des rapports platoniques. La complaisance ecclésiastique ne s'étend pas aussi loin ; ayant pris congé de l'abbé, Catherine l'entend lui crier du haut de son escalier, comme seul viatique « je suis bien avec vous ! ! », la laissant en proie à l'animosité de Mme Valéry [15].

Méditant sur ses rapports avec Valéry, Catherine décide qu'elle ne veut plus subir ce qu'elle appelle « la honte de l'amour » — répugnance physique, dégoût moral — sans avoir en contrepartie « la gloire de l'amitié » [16]. Si elle doit accepter une liaison adultère, elle souhaite au moins qu'il la reconnaisse comme son « frère » spirituel auprès de leurs amis. Il est de moins en moins enclin à le faire, et elle en vient même à penser que Valéry cherche à l'écarter du monde, car il ne veut plus y paraître en sa compagnie ni même en entendre parler. D'ailleurs, elle le soupçonne d'avoir été à l'origine d'une calomnie : il se serait plaint d'elle, accréditant la rumeur selon laquelle elle aurait montré à Mme Valéry des lettres compromettantes

15. *Journal*, 24 juillet 1928. BN ; l'abbé Mugnier, *Journal*, Mercure de France, 1985, p. 480.

16. *Journal*, 12 juillet 1927. BN.

de son mari. En outre, elle s'imagine que Mme Valéry, se faisant la complice de son mari, prie leurs amies communes de ne plus la recevoir. Quoi qu'il en soit, certains salons lui seront désormais interdits : après Renée de Brimont et Martine de Béhague, c'est Jeanne Muhlfeld qui lui fermera sa porte.

La réception de Valéry sous la coupole en juin 1927, comme successeur d'Anatole France, fournit à Catherine d'autres preuves du rôle marginal qu'elle avait commencé à jouer dans sa vie. Jeanne Pouquet, la belle-fille de l'égérie d'Anatole France, Mme Arman de Caillavet, lui avait demandé d'user de son influence auprès de Valéry pour qu'il rende hommage dans son discours de réception, au rôle primordial que sa belle-mère avait joué dans la carrière de France. Il n'en est rien : pour se moquer à la fois de son prédécesseur et d'une tradition vénérable, Valéry s'efforce dans son long discours de ne pas prononcer le nom d'Anatole France et n'accorde que peu d'importance à l'influence de son amie. Catherine Pozzi, qui n'assiste pas à ce rite académique, se rend néanmoins à la réception donnée en l'honneur de Valéry par son parrain parmi les Immortels, Henri de Régnier. En guise d'invitation Valéry s'était borné à dire discrètement à Marie de Régnier : « Je viendrai à 5 1/2. Priez un auteur anonyme de venir. » [17]

Pour compenser l'éloignement de certaines de ses anciennes amies, vraies ou fausses, Catherine noue de nouvelles relations, se rapprochant notamment d'une jeune duchesse, férue comme elle de sciences, Edmée de la Rochefoucauld. Belle, cultivée, ambitieuse, celle-ci s'impose au monde littéraire par son nom et sa fortune ainsi que par son talent d'écrivain et son influence à la *Revue de Paris*, dirigée par son frère, le comte de Fels. Ses intérêts et occupations présentent de remarquables affinités avec ceux de Catherine : non seulement elles fréquentent le même monde intellectuel et aristocratique, mais elles sont toutes les deux écrivains, Mme de la Rochefoucauld ayant pris de l'avance avec la publication d'un recueil de poèmes sous le pseudonyme de « Gilbert Mauge » [18]. A l'instar de Catherine Pozzi, Edmée de la Rochefoucauld se passionne pour les sciences physiques, dans lesquelles elle puise une

17. *Journal*, 23 juin 1926. BN.
18. *Nombres*, Emile Paul, 1926.

inspiration littéraire [19]. Catherine est flattée par de multiples attentions de sa nouvelle amie qui l'accompagne volontiers dans ses excursions scientifiques et assiste avec elle à des conférences à la Sorbonne, au Collège de France et à l'Observatoire. Dans les fastueux salons de l'hôtel de la duchesse, place des Etats-Unis, Catherine rencontre d'éminentes personnalités scientifiques, comme le physicien Louis de Broglie et l'ethnologue Sir James Frazer. Elle y retrouve aussi parfois Paul Valéry qui bientôt sera non seulement un des familiers de l'hôtel de la place des Etats-Unis mais également un hôte privilégié au château de Montmirail, la propriété des Rochefoucauld à l'est de Paris. Bientôt Catherine soupçonnera la duchesse de vouloir se servir d'elle pour se rapprocher de Valéry, dont la gloire, consacrée par son élection à l'Académie, atteint son apogée. Son désenchantement est lent, progressif, et au bout du compte, radical. Elle finira par voir en son amie une rivale qu'elle dénigrera comme une « caricature » d'elle-même.

Catherine Pozzi part à la fin mars 1927 pour Vence où, souffrant de nouveau du bras, elle est moins encline que jamais à céder aux sollicitations que Valéry lui prodigue par lettre, les trouvant humiliantes. Mais Valéry ne lâche pas prise. Profitant d'un séjour chez Mme Muhlfeld à Grasse, il monte à Vence pour les renouveler de vive voix. De nouveau Catherine décide de ne plus être sa maîtresse — tout en lui faisant croire le contraire. Elle enfreindra son vœu, mais leurs relations ne sont évidemment plus celles d'autrefois ; avant de renouer avec Valéry à Paris en août 1927, Catherine Pozzi constate avec une amère satisfaction que leurs rapports intimes se sont déjà réduits à presque rien [20].

A Paris, en dépit de tant de méfiance de part et d'autre, leurs discussions reprennent de plus belle, abordant une étonnante variété de sujets : la politique, les mathématiques, le langage, la pensée, le style, Spinoza, Malebranche, la logique, le plaisir, la mémoire, l'atomisme, le réel — d'autres encore. Comme par le passé, Catherine Pozzi note, dans ses cahiers, l'essentiel de ces entretiens, dont le ton est souvent enjoué. Malgré tout ce qui les sépare, elle demeure un élément irremplaçable dans la vie intellectuelle de

---

19. Elle dédie à Catherine *Le Laboratoire*, un des poèmes de son recueil *Le Même et l'Autre*, Editions du Sagittaire, 1932.

20. *Journal*, 27 juillet 1927. BN.

Valéry et elle en tire la plus vive satisfaction. Le 20 août 1927 elle écrit, par exemple : « Inquit Testis : avec les autres je me récite, avec K. je me fais. »[21]

Les *Cahiers* de Valéry à cette époque portent de nombreuses traces de ces discussions, car les questions qu'il se pose et sa façon de les poser sont parfois remarquablement proches de la démarche intellectuelle de Catherine Pozzi. Il y examine, par exemple, le problème de la sensation, qui avait été le point de départ de l'essai de Catherine *De Libertate* : « Problème essentiel — tout à fait invincible. Comment les fréquences se font couleurs ou sons ? Comment la sensation et l'énergie se déduisent ? »[22] Ailleurs, il s'interroge à l'instar de Catherine sur l'entropie qui semble vouer la matière à une déchéance progressive et irréversible : « Comment dans un milieu où la dégradation est la règle, un système de rédemption approchée, de contre-Carnot s'est-il formé ? »[23] De toute évidence, beaucoup des idées de Valéry sur l'hérédité, la perception et la physique furent façonnées dans ses échanges avec Catherine.

Ces conversations apportent à Catherine un indéniable enrichissement scientifique et philosophique et la conduisent également à réfléchir sur l'art de faire des vers. Par exemple, elle remarque que Valéry attribue la réussite du *Narcisse* au maintien d'une relation constante entre son et sens pendant une suite ininterrompue de 125 vers[24]. De même, elle note une conversation où Valéry explique que dans un poème le son doit parfois commander le sens ; c'est ainsi que dans le *Narcisse*, il a dû ajouter un passage supplémentaire comme modulation avant d'aboutir à des nasales. En réfléchissant sur la syntaxe en utilisant des termes empruntés aux mathématiques et à la chimie, il compare la phrase française à une équation à une inconnue, dont chaque mot serait doté d'une « valence » qui appelle certains mots et repousse d'autres. Si l'on ajoute à un mot donné un autre mot sans valence, en dehors des conventions, la signification du premier se déforme. De là, l'effet poétique exploité en particulier par les poètes symbolistes. De telles leçons ne seront pas perdues

21. Ms. CB.
22. *Cahiers*, vol. XII, p. 456.
23. *Ibid.*, p. 444.
24. Ms., s.d. (1927). CB.

pour Catherine Pozzi quand elle en viendra à composer ses propres poèmes.

Si elle n'hésite pas à prendre à son compte certains aspects de la réflexion valérienne sur le langage, Catherine trouve leurs divergences parfois encore plus instructives que leurs points d'accord. Par exemple, elle regarde toute construction de l'esprit, la poésie en particulier, non comme un artifice ou une manipulation de conventions, mais plutôt comme l'expression de l'être. Par conséquent, avant de se mettre à écrire, elle essaie de se placer dans l'état qu'elle souhaite exprimer par des mots. Valéry lui reproche cette façon de faire : « L'effet plus puissant que la cause, voilà l'art. Vous, au contraire, voulez que l'artilleur soit plus fort que l'obus. » [25] Valéry critique chez elle une méthode de composition qui vise un but et qui semble négliger les moyens qui permettent d'y parvenir. En réponse, Catherine Pozzi défend vivement sa propre façon de procéder : « Je commence (en apparence au hasard) par un passage dont je sens (il faut le choisir, après, en tenter mille) qu'il sera un germe. Le reste se fait comme croissance de cristal. » [26] Au fond, Catherine vise un but tout à fait étranger à l'entreprise valérienne : l'authenticité.

Encouragée par la réussite d'*Agnès*, Catherine se met à écrire une suite vers la fin de l'hiver 1927. Il s'agit d'un roman qu'elle appelle provisoirement *Agnès II* et qu'elle abandonnera, inachevé, en 1929 [27]. Comme la première *Agnès*, ce récit est une fiction autobiographique où les noms de certains personnages sont à peine transposés : ainsi, Pozzi devient Strozzi. Catherine conçoit son roman, qui fait appel à ses connaissances scientifiques et à sa vision désabusée des milieux mondains, comme une sorte de somme de son expérience. Il raconte la tentative d'une jeune fille pour récupérer l'héritage intellectuel de son père, qui avait légué le résultat de ses recherches sur la génération spontanée à son disciple préféré, Portejour. Ce personnage est évidemment calqué sur Valéry : il s'agit d'un savant d'âge mûr, mais jeune d'apparence dont les allures sont ironiques et vulgaires à la fois ; comme Valéry, il répugne à livrer sa science à ceux qu'il appelle des imbéciles, tout en se

25. Ms., avril 1927. CB.
26. Ms., 25 décembre 1927. CB.
27. CB.

montrant servile dans ses relations mondaines. Quant à la jeune fille, elle possède, comme Catherine, une exceptionnelle compétence en biologie et la prouve dans un discours qui soulève l'enthousiasme de toute une assemblée savante. Quoique le dénouement du livre demeure vague, on devine que l'idylle qui se noue entre la jeune fille et Portejour est destinée au malheur.

Catherine travaille avec acharnement pour acquérir certaines des connaissances qu'elle attribue à l'héroïne de son roman en préparant les examens de la deuxième partie du baccalauréat. Elle a l'intention de les passer en juin 1927 à Strasbourg, où ses amis Kiener, Marie, Hélène et Fritz, lui ont offert l'hospitalité, mais un malaise survenu le jour de l'épreuve l'oblige à y renoncer. Ce n'est qu'en octobre 1927 qu'elle peut se présenter aux examens d'histoire, géographie, physique, chimie, anglais, botanique et philosophie dont elle sort enfin, à quarante-cinq ans, victorieuse et en tête de liste. Catherine a désormais accès aux cours de l'Université et se met immédiatement à projeter un horaire chargé à la Sorbonne ainsi qu'à l'Institut Pasteur et au Collège de France [28]. Dans les mois suivants elle concentrera ses efforts sur les cours de biologie dirigés par les professeurs Rabaud, Picard et Caullery.

Vers la même époque, une influence secrète où la superstition se mêle à la religion, entraîne Catherine sur un chemin qui diverge radicalement de celui de Valéry. En préparant son baccalauréat, les élans religieux de son enfance lui reviennent : entrée à l'improviste dans une église, elle tombe à genoux souhaitant redevenir catholique. Elle ne fait pas de confession mais prononce un vœu solennel : si Dieu lui permet de réussir ses examens, elle jure de « ne plus être une amie non plus une femme non plus un plaisir » pour Valéry « *tant que le travail serait possible* » [29].

De plus en plus, le *Journal* de Catherine se remplit de descriptions haineuses de Valéry, qu'elle traite de « petit monsieur

---

28. Catherine Pozzi souhaite étudier — parmi d'autres sujets — la composition chimique des organismes avec Javillier, la physique appliquée à l'histoire naturelle avec Becquerel, la chimie de la cellule vivante avec Grimbert, la biologie générale avec Rabaud, la thermodynamique et la théorie atomique avec Urbain, la physique de l'échange entre matière et rayonnement avec Langevin, l'embryologie avec Caullery, l'hystologie avec Lapicque, la radiologie avec Debierne, la structure de la matière avec Perrin.

29. *Journal*, 24 novembre 1930. CB.

nerveux parcheminé, aux dents gâtées, au cheveu rare, au beau regard bleu, aux mains grossières et informes, à l'esprit rapide, au cœur peureux, au sophisme préservatif, à la parole cinglante s'exprimant en décrets à la personne humble acceptant les coups ; cet étrange ami des choses précises, qui n'aime pas la vérité, — je ne l'ai pu vouloir pour l'amour, qu'en m'aveuglant sur plus de lui-même que je n'en gardais à aimer » [30]. Visiblement, elle s'aveugle de moins en moins sur son compte ; Valéry le constate avec désespoir dans un de ses *Cahiers* où il note : « Amants — ayant fini de s'aimer ils commencent à se comprendre-connaître. » [31]

Et pourtant, en dépit de tous les avertissements et menaces dont elle ne cesse de l'accabler, malgré l'engagement solennel pris envers elle-même, Catherine ne parvient pas à quitter Valéry. En décembre 1927 il vient encore presque tous les jours chez elle et Catherine se réjouit de sa capacité à suivre sa pensée avec une rapidité presque instantanée. Et il leur arrive encore de se rencontrer autour des mêmes tables, dans le monde. En janvier 1928, Catherine donne elle-même un déjeuner où elle invite Valéry avec deux de ses plus fervents admirateurs : Jean Paulhan, le directeur de la N.R.F., et Paul Souday, l'éminent critique du *Temps*.

Ce n'est que le 24 janvier 1928 que Catherine mettra fin à une liaison qui aura duré presque huit ans. Venu chez elle le matin comme il en a l'habitude, Valéry est consterné de se trouver renvoyé brutalement, sans explication. Il s'en va, quitte à se plaindre dans une lettre du 15 mars de cette brusque « éviction » qui le laisse perplexe et dont il prétend ne pas connaître la cause [32]. Des motifs vraisemblables ne manquent pas, et en premier lieu le cynisme dont il fait preuve dans ses rapports avec d'autres femmes. Quoique Catherine se soit enfin résignée à partager Valéry avec son épouse, elle n'avait pas voulu qu'il trompe celle-ci, comme il le lui avait proposé, dans l'appartement que Mme Valéry venait de lui procurer pour faciliter son travail [33]. Les amitiés mondaines dont Valéry se vante portent au comble la colère de Catherine. Elle croit qu'il veut s'en servir pour obtenir le prix Nobel. Elle

30. *Journal*, 18 janvier 1928. BN.
31. Vol. XII, p. 620.
32. BN.
33. *Journal*, 10 décembre 1927. BN.

est persuadée que l'influence d'une égérie l'avait porté à l'Académie et s'en plaint à son amie Marie de Régnier : « J'ai subi [Marie-Louise] Bousquet et les dessins qu'il me faisait tous les jours de leurs ébats. » [34] Par ailleurs, Catherine soupçonne Valéry d'une liaison épisodique avec Emilie Noulet, professeur de littérature française à Bruxelles. De toute façon, une note dans un de ses cahiers de travail ne laisse aucun doute sur le motif général de son exaspération : « Il n'y a que Dieu qui soit compatible avec le nombre 3. Adenda — s'agit-il du nombre quatre — elle ne le savait pas. Ultima — Ach was ! le nombre était indéterminé. » [35]

Au cours des mois suivants, Valéry fait plusieurs tentatives pour renouer avec Catherine. Il passe souvent sous ses fenêtres rue de Longchamp et charge des amis tel que Paul Souday d'essayer de l'attendrir. De temps à autre, il arrive à Catherine de rencontrer Valéry dans le monde, comme chez Mme de la Rochefoucauld en mars 1928, mais elle refuse obstinément de rétablir leurs relations. En avril 1928, de la presqu'île de Giens où Valéry séjourne chez Martine de Béhague, il envoie à Catherine une fleur blanche enveloppée dans une feuille vide [36]. Et en juillet, se trouvant à Genève, il lui fait parvenir une carte postale avec des vers de Swinburne qu'elle avait admirés jeune fille :

> Out of the golden remote wild west where the sea without shore is
> Full of the sunset...
> Is it thither the wind's wings beat, is it hither to thee, o my SAD ? [37]

Un changement dans le dernier mot de la citation communique tout le poids de son chagrin : Swinburne avait écrit « *sweet* » (« douce ») ; Valéry y substitue « *sad* » (« triste »). C'est ainsi que s'éloigne le grand amour auquel Catherine Pozzi avait rêvé toute sa vie, un homme qui l'avait aimée jusqu'à la démence. Restent de cet échec — sans doute le plus douloureux de sa vie — cinq boîtes de

---

34. Lettre de Catherine Pozzi à Marie de Régnier, s.d. Bibliothèque de l'Arsenal.
35. Ms. 25 janvier 1928. CB.
36. BN.
37. BN.

fer soudées contenant plusieurs milliers de lettres que Valéry lui avait adressées. Elles ne trouveront jamais l'abri sûr de la Bibliothèque nationale comme le veut un premier projet de Catherine ; conformément au désir exprimé dans son testament, elles seront brûlées devant huissier peu après sa mort.

II

LE POÈME SE FAIT PAR JONCTION DE RADIATION

L'isolement dont se plaint Catherine Pozzi à partir de sa rupture est tout relatif, car si certaines personnes, influencées par les bruits dont elle rend responsable Valéry, l'évitent, la plupart de ses relations lui restent fidèles. Toutefois, il arrive parfois que le souvenir de l'absent gâte ses rapports avec ses amis les plus chers. Par exemple, quand Marie de Régnier l'encourage discrètement à renouer avec Valéry, Catherine soupçonne son conseil de ne pas être tout à fait désintéressé : elle pense qu'elle souhaite favoriser ainsi la candidature de son ami, André Chaumeix, rédacteur en chef du *Figaro*, à l'Académie. Elle se méfie également de l'empressement d'Edmée de la Rochefoucauld qui, à chacun de ses retours à Paris, la convie aux réceptions qu'elle donne dans son superbe hôtel particulier et l'accompagne à des conférences scientifiques. Catherine se persuade de plus en plus que la jeune duchesse l'a prise pour modèle dans l'espoir de la remplacer dans l'affection de Valéry.

Dans le monde qu'elle fréquente, Catherine a du mal à éviter qu'on lui parle de Valéry. Des échos de sa vie lui parviennent, non seulement par Mme de la Rochefoucauld, mais aussi par Paul Souday, le critique du *Temps*, qui se permet d'évoquer sa mine abattue. Valéry parti, Catherine tient à élargir son cercle d'amis. C'est ainsi qu'à un déjeuner chez les Willy Blumenthal, donateurs d'un important prix littéraire, elle rencontre les Castellane, Julien Benda, André Maurois et le comte de Chambrun. Chez les Halévy, amis de jeunesse, elle se lie avec plusieurs collaborateurs de la N.R.F. : Jean Guéhenno, Pierre Jean Jouve et Bernard Groethuysen, et avec une personnalité promise à un triste avenir sous le régime de Vichy, le

II

LE POÈME SE FAIT PAR JONCTION DE RADICAUX

L'isolement dont se plaint Catherine Pozzi à partir de sa rupture est tout relatif, car si certaines personnes, influencées par les bruits dont elle rend responsable Valéry, l'évitent, la plupart de ses relations lui restent fidèles. Toutefois, il arrive parfois que le souvenir de l'absent gâte ses rapports avec ses amis les plus chers. Par exemple, quand Marie de Régnier l'encourage discrètement à renouer avec Valéry, Catherine soupçonne son conseil de ne pas être tout à fait désintéressé ; elle pense qu'elle souhaite favoriser ainsi la candidature de son ami, André Chaumeix, rédacteur en chef du *Figaro*, à l'Académie. Elle se méfie également de l'empressement d'Edmée de la Rochefoucauld qui, à chacun de ses retours à Paris, la convie aux réceptions qu'elle donne dans son superbe hôtel particulier et l'accompagne à des conférences scientifiques. Catherine se persuade de plus en plus que la jeune duchesse l'a prise pour modèle dans l'espoir de la remplacer dans l'affection de Valéry.

Dans le monde qu'elle fréquente, Catherine a du mal à éviter qu'on lui parle de Valéry. Des échos de sa vie lui parviennent, non seulement par Mme de la Rochefoucauld, mais aussi par Paul Souday, le critique du *Temps*, qui se permet d'évoquer sa mine abattue. Valéry parti, Catherine tient à élargir son cercle d'amis. C'est ainsi qu'à un déjeuner chez les Willy Blumenthal, donateurs d'un important prix littéraire, elle recontre les Castellane, Julien Benda, André Maurois et le comte de Chambrun. Chez les Halévy, amis de jeunesse, elle se lie avec plusieurs collaborateurs de la N.R.F. : Jean Guéhenno, Pierre Jean Jouve et Bernard Groethuysen, et avec une personnalité promise à un triste avenir sous le régime de Vichy : le futur ministre de l'Education nationale, Abel Bonnard. Grâce à son frère Jean Pozzi, qui fait une brillante carrière diplomatique, Catherine a ses entrées au Quai d'Orsay et dans les milieux politiques ; elle s'enorgueillit à cette époque de pouvoir réunir à sa table deux duchesses et trois ministres. Se côtoient également chez elle le monde de l'édition, représenté par Bernard Grasset et Jean Paulhan, et celui de la psychanalyse, en la personne de Marie Bonaparte, princesse de Grèce, qui lui envoie ses ouvrages et lui parle inlassablement de son maître Sigmund Freud, sans pourtant la convertir à sa science.

Evoluant dans le milieu de l'édition, ayant déjà publié avec succès, Catherine est naturellement sollicitée par des éditeurs à l'affût de nouveaux talents, dont Daniel Halévy, directeur de la collection des *Cahiers Verts* chez Grasset. A la fin avril 1928, il lui fait parvenir une de ses dernières publications, *Vacances*, un recueil d'essais d'un jeune nantais, Julien Lanoë. Son intention, vite confirmée par une lettre de Jean Paulhan, est de lui demander un compte rendu pour la N.R.F.

Catherine accepte d'autant plus allègrement qu'elle reconnaît en Julien Lanoë un esprit fraternel. Son article, signé Karin Pozzi, paraît dans la N.R.F. du 1er octobre 1928 sans, toutefois, le titre qui aurait éclairé sa portée générale : « 1930 ou le cœur absolu » [1]. En effet, dans *Vacances*, Lanoë essaie de représenter l'état d'esprit d'une jeune génération tournée vers l'avenir et à la recherche de l'« absolu », notion que Catherine Pozzi traduit en son langage comme « le réel ». Cette quête que Catherine avait projetée dans son personnage, Agnès, est celle qu'elle a toujours menée, si bien que son analyse de l'œuvre de Lanoë s'applique en une large mesure à la sienne propre. C'est ainsi qu'elle caractérise le jeune auteur comme un « moraliste..., un intrépide, qui ne craint ni le ridicule ni l'apparence de la naïveté », pour qui « le problème littéraire est un problème métaphysique ». Lanoë vise le même but qu'elle, le paradis de « ce qui est », et a de ce site rêvé une conception proche de la sienne : « le lieu d'une existence sans hérédité ». Comme Catherine, Lanoë souhaiterait « vivre en l'état “d'être pur”, sans végétation sur soi d'autres âmes agissant comme la pesanteur ». Mais ici se dessinent des différences : pour parvenir à cet état de

1. Pp. 577-581.

béatitude, qu'il appelle « l'unité primitive de l'âme » ou bien « cette sorte de nudité qui suit tout allègement », Lanoë entend se délester de tout son héritage littéraire et artistique. Catherine Pozzi, pour sa part, n'est nullement convaincue de l'efficacité de ces moyens : « Pour passer de la planète d'attente et de regret au jour "pur du contact du passé et de l'avenir", il faut un effort plus cruel (s'il se peut), que de brûler sa bibliothèque. C'est une question de sang... » A ses yeux, le problème est autrement plus compliqué et se pose dans les termes qu'elle avait exposés dans *De Libertate*. Il s'agirait, au fond, de se libérer de son héritage spirituel et corporel. « Un catalogue de rhétorique » ne suffirait pas à mener à bien cette tâche, conclut-elle, mais celui qui réussira à atteindre la liberté dont il est question « se fera corps glorieux ». Pour elle, à la différence de Lanoë, le problème n'est pas culturel, mais plutôt scientifique et métaphysique : il s'agit, en somme, du salut.

Son article a du succès, aux dires de Marie de Régnier, qui lui écrit en octobre 1928 que Chaumeix l'avait trouvé plein de traits originaux et profonds. L'éloge lui fait plaisir mais elle n'est pas persuadée de sa sincérité. « Le malheur », écrit-elle à son fils Claude le même mois, « c'est que la critique des sentiments... ou d'histoire... m'embête et que je n'aime que la critique d'idées, mais le type qui se sert d'idées pour écrire au lieu de *fancies*, de sympathies ou d'anecdotes est voué à faire fuir. » [2]

S'étant mise à la recherche, non pas d'un maître à penser, mais plutôt de quelqu'un avec qui penser, Catherine croit finalement trouver son homme en Julien Benda qu'elle admire depuis sa lecture de *L'Ordination*, en 1912. Au cours de l'hiver et du printemps 1928, ils se rencontrent souvent chez des amis communs, où Catherine lui témoigne des marques d'estime et recherche sa compagnie. Il en est touché et, pour se poser comme candidat à son amitié, lui offre un exemplaire de son réquisitoire célèbre, *La Trahison des clercs* [3], agrémenté d'une citation de Théodore de Bèze : « J'appelle accessoire, l'état des affaires de cette vie caduque et transitoire. J'appelle principal, le gouvernement spirituel » [4]. En plaçant leur amitié naissante sous le patronage de ce calviniste austère, Benda

2. CB.
3. Grasset, 1927.
4. CB.

vise juste, car Catherine Pozzi partage avec lui un idéal de rigueur intellectuelle et de probité morale ; comme lui, elle se fait une idée élevée de la mission spirituelle de l'écrivain et méprise bon nombre de ceux qui prétendent en être quittes. Leur accord intellectuel semble très rapidement promettre une relation plus intime. Déjà en février 1928, Catherine note dans son *Journal* : « J'ai peur que B. ne m'aime. C'est d'une douceur merveilleuse, cette pensée. » [5]

De nouveau, Catherine Pozzi donne la réplique à un interlocuteur admiré et consigne la substance de leurs dialogues dans son *Journal*. Elle trouve la compagnie de Benda particulièrement salutaire dans la mesure où sa pensée s'oppose à celle de Valéry, à qui elle sert d'antidote. « Benda », écrit-elle au début de leurs relations, « le dernier incroyant qui croit à l'absolu », est en cela entièrement opposé à Valéry, « qui ne croit qu'à la mécanique spirituelle, — non *au contenu de la mécanique* » [6]. Mais le remède commence bientôt à ressembler étrangement au poison. Catherine se rend compte progressivement que, chez Benda, la balance penche du côté de l'incroyance plutôt que de l'absolu et elle finira par reconnaître que son monde lui est aussi étranger que celui de Valéry.

Elle constate en premier lieu qu'elle se fait une toute autre conception de « l'acte » : comme Valéry, Benda y voit un réflexe ou le produit d'un instinct, tandis qu'elle le conçoit comme une expression de la volonté et de la liberté. Comme Valéry, pour qui seule importe leur forme et nullement leur contenu moral, Benda se borne à vouloir classer les actes et ne cherche pas à les définir. L'homme moyen l'intéresse autant que la personnalité exceptionnelle. Or c'est précisément celle-ci qui attire Catherine Pozzi, non par fétichisme de la grandeur, mais parce que l'héroïsme est l'expression de la liberté vers laquelle elle tend de toutes ses forces.

Par ailleurs, Catherine s'étonne de l'indifférence de Benda pour les questions métaphysiques ; le ton d'indignation qui parcourt ses écrits avait faussé son jugement, l'ayant fait passer à ses yeux pour un croyant. Mais l'absolu qui motive ses emportements se révèle une piètre construction qui se réduit au principe d'identité : ceci n'est pas cela. Ce que Benda ne supporte pas, c'est le faux : le coupable ne doit pas se faire passer pour innocent. Les valeurs morales lui sont,

5. BN.
6. Ms., s.d. (1928). CB.

au fond, indifférentes ; seul lui importe la vérité, la dénonciation de l'erreur. En fin de compte, sa position s'avère proche de celle de Valéry, qui avait un jour écrit à Catherine Pozzi : le héros est « simulateur et stupide » [7]. Catherine commence à voir en Benda, lui aussi, un rhéteur à la parole creuse et ne tarde pas à prendre ses distances. Déjà le 12 mars 1928, elle note dans son *Journal* : « Julien Benda... est venu hier : c'est être encore seule et sans doubler en puissance. Je ne l'aimerai pas. » [8]

Il n'est pas le seul à la décevoir. Pierre Jean Jouve avec qui elle discute de la distinction entre poésie « ouverte » et « fermée » (Verlaine *versus* Leconte de Lisle) se révèle « un faible et un tourmenté », inapte à vivre en société [9]. Même les cercles où elle se plaît le plus se montrent parfois prétentieux ou bornés et la laissent insatisfaite. Dans une lettre d'avril 1928, elle décrit à Jean Marchand un dîner typique de cette époque : « [Abel] Bonnard aime comme moi Virgile et Pline ; Benda m'a redonné le goût de discuter, et se fait aimer et détester d'une phrase à l'autre, ce que le Monsieur qui passe ne fait point ; Grasset fait marcher devant moi les Machines, explosifs et engins de son univers, du simple, simple univers de Grasset, auprès duquel le mien paraît d'une complication orientale... et mon amie [Edmée de la Rochefoucauld] refuse le poulet rôti, souffre de *Weltschmerz* et sourit en citant Jean Paul. » [10] Evidemment, il fallait chercher ailleurs.

Catherine Pozzi passe l'été et l'automne 1928 à Vence ; à son retour à Paris, vers la fin novembre, elle trouve une lettre de Fritz Kiener qui lui donne l'idée de se tourner vers l'Allemagne pour chercher le soutien intellectuel et moral qui lui fait défaut à Paris. Kiener avait joint à sa lettre un court éloge d'*Agnès* paru dans la *Frankfurter Zeitung*, dont l'auteur, un ami alsacien, est l'éminent historien et critique Ernst Robert Curtius. Une telle approbation est, en effet, extrêmement flatteuse, Curtius étant un des commentateurs les plus écoutés de l'époque. Possédant plusieurs langues, lié d'amitié avec certains des plus grands écrivains contemporains (dont Mann, Gide, et Joyce), auteur de livres importants sur Balzac et

7. *Journal*, 14 juillet 1928. BN.
8. BN.
9. *Journal*, 21 avril 1928. BN.
10. CB.

Barrès et d'innombrables articles de critique, il est en outre un énergique partisan de la réconciliation franco-allemande. Catherine Pozzi ne tarde pas à saisir l'occasion de s'attirer un tel esprit. La lettre de remerciement qu'elle lui adresse le 1er novembre 1928 est une franche offre d'amitié qu'il s'empresse d'accepter.

Dans les derniers jours de 1928, « Monsieur le Professeur » fait place déjà à « *Lieber Freund* » en tête des lettres de Catherine Pozzi. Elle y raconte sa vie, exercice qui lui est doublement salutaire : d'une part, il lui permet de prendre de haut ses déceptions sentimentales (dans ses lettres, elle emploie parfois la troisième personne) ; d'autre part, il suscite chez Curtius une admiration qui lui est profondément gratifiante. Ebloui par le verbe de sa nouvelle correspondante, Curtius déclare n'avoir jamais rencontré son égal : « Si je ne l'éprouvais pas », lui écrit-il le 7 juin 1929, « je serais capable de feindre de l'amitié pour vous, rien que pour le plaisir incomparable de lire vos lettres ; de les provoquer. Je n'en ai jamais reçu de pareilles. Elles sont autre chose que des communications : des créations. Pourquoi avez-vous abandonné la littérature ? Comment gâcher un don si éclatant, si victorieusement évident ? » [11] De nouveau, le 26 août, il lui redit à quelle hauteur il la porte dans son estime : « Vous êtes — après la mort de Proust, la cessation de Valéry, la conversion de Du Bos — le seul être en France, dont la pensée me sollicite et me préoccupe. Je n'exagère en aucune manière. » [12] Curtius craint de ne pas se montrer à la hauteur de ce personnage et lui écrit le 20 juin :

> Vos messages provoquent en moi un émerveillement qui confine à la stupeur... J'attends de vous l'explication de moi-même.
>
> Je passe pour intelligent... Mais vis-à-vis de vous je me fais l'impression d'un garçon naïf et un peu obtus. Je ne comprends que le quart de ce que vous dites. Je vais relire votre lettre et la scruter comme un texte mystérieux. Vous avez des échappées fulgurantes. Vous *savez* des choses cachées et vous savez d'une autre façon que nous. Vous appelez cela de l'intelligence. Non, c'est autre chose, un mode plus secret de connaissance.
>
> Vous m'inclinez à croire que je pourrais *essayer* encore

11. CB.
12. CB.

> bien des choses, inventer des activités, recommencer à *vouloir* ; vouloir des choses très précises et d'autres que je n'entrevois pas encore mais que je pressens. [13]

Touchée par cet hommage, Catherine fait appel à son aide : « Vous pouvez beaucoup sur moi, cher Ami ; vous êtes à peu près le seul écrivain à qui je consentirai, sur des questions de métier, à demander conseil... Je suis si différente de ceux qui écrivent à présent que j'ai les plus grands doutes sur l'intelligibilité de ma substance. Voudrez-vous parfois me renseigner ? Je vous enverrai, dans quelque temps, une suite d'*Agnès* qui, *on second thought*, me paraît insensée. » [14] En effet, dans les mois qui suivent, Catherine lui étalera sa pensée philosophique et lui enverra des vers.

De son côté, Curtius fait parvenir à Catherine ses œuvres complètes. L'ensemble sera augmenté de ses plus récentes publications au rythme de leur parution. Son étude, *James Joyce und sein Ulysses*, paraîtra à Zurich en octobre 1929 dédiée à « C.K. ». Vers la fin 1929, elle recevra les « bonnes feuilles » de son *Introduction à la culture française* [15] qu'elle lui rendra à sa demande avec un commentaire circonstancié. L'année suivante, elle publiera dans le *Figaro* un compte-rendu admiratif de ce livre : « Nous, vus de l'Est. » [16]

Mais les rapports de Catherine Pozzi et de Curtius commencent à s'altérer en août 1929 dès qu'il lui fait part de l'attraction exercée sur lui par un jeune poète anglais, S.S. [Stephen Spender ?]. Recherchant auprès d'elle une sympathie complice, il lui demande d'analyser un échantillon de l'écriture du mystérieux personnage, ce qu'elle fait sans rien trouver de remarquable et en taxant Curtius de donjuanisme. Catherine invite Curtius à lui rendre visite à Vence en octobre mais, avant de partir, il soumet leur amitié à une épreuve plus dure encore en sollicitant son conseil de nouveau : « Il m'arrive des choses extraordinaires et j'aurai besoin de vous consulter, ô Diotime », lui écrit-il le 24 septembre 1929. « ... Cette nouvelle expérience rend d'autant plus impérieuse la nécessité de vous

13. CB.

14. Lettre du 3 juillet 1929. CB.

15. *Die französische Kultur, eine Einführung*, Berlin, Deutsche Verlags-Anstalt, 1930.

16. 5 juillet 1930.

voir. »[17] Ce qui explique ce ton urgent est la passion qui vient de se déclarer chez Curtius, déjà quadragénaire, pour une jeune fille de vingt-deux ans, Ilse von Weizäcker. Force est, cette fois, de reconnaître de la sensualité dans l'écriture de la jeune personne, constatation que « Diotime » fait sans aucun plaisir. Ayant souffert elle-même de l'amour, Catherine n'est pas prête à assumer les peines de cœur d'autrui. Par conséquent, lorsque Curtius arrive à Vence, profondément troublé, en octobre 1929, il y a déception de part et d'autre ; Catherine fera la sourde oreille à des confidences qui suscitent chez elle une réaction âpre et sarcastique qu'elle n'ose pas exprimer devant son invité mais qu'elle consigne dans son *Journal*. Une fois rentré en Allemagne, Curtius s'excusera par lettre d'avoir été trop absorbé pendant sa visite à Vence par le grand changement survenu dans sa vie.

Ce heurt sentimental s'accompagne naturellement de part et d'autre d'une prise de conscience de leurs différences philosophiques. Curtius, pour sa part, ne croit pas qu'on puisse tirer de la science des conclusions métaphysiques. « Par mille détours et artifices », écrit-il à Catherine à propos de son essai sur la liberté, « vous en venez à autre chose qui n'est plus la science. Vous auriez aussi bien pu vous en passer. »[18] Quant à l'énigmatique côté « mystique » de Catherine qui avait eu tant de charme pour Curtius au début de leurs rapports, il perd son attrait ; celui qui s'était qualifié de « garçon obtus » commence à lui faire l'apologie du bonheur charnel : « Ce pauvre corps, pourquoi vouloir s'en évader et partir pour l'Esprit pur ? »[19]

Catherine Pozzi restera toujours liée d'amitié avec Curtius et lui conservera son estime et son affection, mais l'intimité d'autrefois ne reviendra plus. Désormais leur dialogue délaissera progressivement les questions philosophiques et littéraires pour aborder des problèmes politiques concernant l'avenir de l'Europe, avenir qui, au début des années trente, s'assombrissait précipitamment.

A cette même période, Catherine, sa curiosité éveillée par ses amis de la N.R.F., commence à s'intéresser à la pensée d'André Gide, qui depuis longtemps lui inspire un mélange de fascination et

17. CB.
18. Lettre s.d. (octobre 1929). CB.
19. *Ibid.*

de répugnance. Cherchant à en savoir plus long sur lui, elle rend visite en août 1929 à Charles Du Bos, l'auteur du *Dialogue avec André Gide* où elle avait relevé une observation qu'elle considérait remarquablement intelligente : « le sentiment de sa vie est chez Gide au maximum dans les heures où le sentiment de sa personne est au minimum, où l'existence même de cette personne se confond presque pour lui avec l'imagination et le rêve. »[20] Elle avait vu là l'amorce d'un accord avec la pensée qu'elle était en train d'exposer dans *De Libertate*. Une déception l'attend chez Du Bos qui, par snobisme littéraire, oriente la conversation vers « leur ami Valéry ». Devant la réaction glaciale de son interlocutrice, il n'arrive à sauver la face qu'en quittant provisoirement la pièce. Revenu, il ne semble même pas comprendre la signification de l'observation qu'il avait faite dans son livre.

Grâce à leur commun héritage bourgeois et protestant, Catherine Pozzi s'était toujours senti une affinité avec certains aspects de la pensée de Gide. Edouard Bourdet l'avait déjà remarqué au début de leur mariage, en lisant *La Porte étroite*, où il avait constaté de fortes ressemblances entre sa femme et le personnage d'Alissa. Se penchant sur l'œuvre de Gide en 1929, Catherine croit y discerner un auteur qui cherchait comme elle à conquérir son individualité en luttant contre l'héritage en lui de ses ancêtres. A première vue, Gide semblait en accord avec la pensée chrétienne de l'*Imitation* qui affirme que le bonheur se trouve dans l'abandon de la personne. Mais, à la réflexion, Catherine relève une équivoque sur le sens du mot « personne ». Dans son essai sur la liberté, elle explique que la « personne » qu'il faut abandonner pour obtenir le bonheur, « c'est le "pénate" de l'essai sur Léonard de Vinci [de Valéry], c'est le mannequin héréditaire, fait d'ornements hérités et empruntés. »[21] En revanche, pour Gide, la « personne » qu'il faut éliminer, « c'est l'ego, c'est l'invariant de l'essai sur Vinci, c'est la monade leibnitzienne ». En somme, Gide sacrifie son essence spirituelle, sa volonté, et finalement, sa liberté, pour suivre un cours dicté par le péché originel. Semblable à Valéry, qui n'a pas réussi à « tuer la marionnette » et qui épouse complaisamment les mouvements de celle-ci, Gide fait figure aux yeux de Catherine Pozzi de

20. *Dialogue avec André Gide*, Au Sans Pareil, 1929, p. 87.
21. Ms. s.d. (1929). CB.

« monsieur vidé qui retourne au paradis ». Son paradis à elle se situe aux antipodes du sien.

Déçue par tous ceux avec qui elle avait noué un dialogue, Catherine finit par trouver tout près d'elle un homme capable de la comprendre : son fils. A l'approche de sa vingtième année, Claude Bourdet est devenu un grand garçon élancé, qui ressemble à sa mère tant par le physique que par l'esprit. Mis en pension tout jeune dans le Midi et en Normandie, il avait grandi loin d'elle, car, tuberculeuse, elle craignait de le contaminer en le gardant à ses côtés.

Catherine Pozzi tenait à lui donner une éducation semblable à la sienne, mais meilleure. C'est ainsi qu'à l'instar de sa mère, Claude avait appris tout jeune l'anglais et plus tard l'allemand. Passionné par la culture d'outre-Rhin aussi bien que par les sciences, il avait logé à Versailles chez un professeur d'allemand en préparant au lycée Hoche le concours de l'Ecole Polytechnique. N'ayant pas réussi à y entrer, il s'était inscrit à l'automne 1928 au Polytechnicum de Zurich, où il étudiait la physique appliquée. Cette formation scientifique le rend capable d'apprécier à leur juste valeur les études parallèles menées par sa mère et la philosophie qui en est issue.

A partir de 1928, Claude Bourdet commence à tenir auprès de sa mère le rôle d'interlocuteur privilégié qu'avait joué Valéry autrefois. « J'ai été frappée du ton valérien de ta lettre », lui écrit-elle le 28 octobre 1929. « Tu es peut-être le seul au monde qui parle naturellement son langage, comme je faisais [parce que] nous sommes un peu le même *you and I*. » [22] Dans le dialogue imaginaire qui constitue la pensée de Catherine Pozzi, c'est Claude Bourdet qui commence à lui donner la réplique. Sûre de sa compréhension, elle pense naturellement à lui comme premier lecteur de son livre futur. « Il n'y a que P.V. et toi qui ayez été dans cet univers » [23], lui écrit-elle. Mais Valéry, à la fois proche et étranger à sa pensée, n'a pu saisir de ce fait que des éléments de sa création ; en revanche, Claude Bourdet, que l'hérédité et la culture avaient fait son semblable, peut y entrer de plain-pied. En dédiant son essai philosophique « A Claude Bourdet et Claude Pozzi », Catherine ne

22. CB.
23. *Ibid.*

fera que rendre justice au rôle déterminant qu'avait joué son fils dans l'élaboration de cet ouvrage.

En observant Claude, elle a parfois l'impression de revivre sa propre jeunesse. La coupole zurichoise sous laquelle travaille son fils lui rappelle la Camera Radcliffiana d'Oxford où, à peine plus âgée que lui, elle avait éprouvé tour à tour joie et désespoir. De même, les peines de cœur qu'éprouve son fils vers cette époque lui rappellent ses propres déboires d'autrefois. Concevant l'amour selon son système philosophique comme une impulsion héréditaire dont il faut se défaire pour atteindre le bonheur, elle propose à Claude une ironique sagesse désabusée : « il faut seulement, en se mariant, que les femmes annexes vous soient sympathiques si l'on est femme, et que, si l'on est homme, les mâles vous soient avantageux. » [24]

Catherine Pozzi passe un été studieux à Vence en 1928, où elle essaie de combler ses lacunes scientifiques, se préparant aux cours qu'elle compte suivre à Paris en hiver. Ayant engagé M. Naylies, ancien professeur de Claude, pour lui donner des leçons de chimie, elle a l'impression de faire des progrès rapides. Cependant, elle n'a pas la conscience tout à fait tranquille, car elle a le sentiment de négliger ainsi une vocation littéraire. « Je sens que cette habitude des sciences que je prends me change l'esprit », écrit-elle à Claude en octobre 1928 ; « peut-être me simplifie-t-elle ; mais momentanément, [elle] m'éloigne de la littérature qui, après tout, serait mon métier... » [25]. Rentrée à Paris en novembre, elle se lance dans un programme d'études bien chargé à l'Institut Pasteur pour obtenir un certificat de chimie biologique. En dépit de son ignorance des logarithmes, elle se penche avec courage et ténacité sur les mécanismes de l'osmose et de la diffusion des ions.

Mais ses études ne parviennent pas à remplir entièrement sa vie et, au cours de l'hiver 1928-1929, elle se laisse souvent aller au découragement. En dressant le bilan de son existence, elle énumère ses amis morts ou absents et prend la mesure de tous les obstacles — une santé chancelante et des études inachevées — qui l'empêchent de mener à bien la mission philosophique à laquelle elle a voué sa vie. Ecrivant à Marie de Régnier, elle se plaint de sa « vie ratée » [26].

24. Lettre de novembre 1928. CB.
25. CB.
26. Lettre s.d. (1929). CB.

Celle-ci non seulement répond avec la chaleureuse sympathie qui la caractérise, elle fait davantage encore : par l'intermédiaire de son ami André Chaumeix, elle trouve pour Catherine un poste au *Figaro* où, en automne 1929, elle commence à tenir la rubrique scientifique. Le but de Marie de Régnier en lui procurant ce travail est essentiellement thérapeutique : à son avis, Catherine s'était trop longtemps empêtrée dans de vastes et fumeux projets scientifiques et philosophiques dont elle ne voyait pas l'aboutissement ; elle pense que, pour préserver son équilibre psychologique, elle a besoin de s'atteler à des tâches plus modestes qu'elle pourrait achever. « L'essentiel, il me semble », écrit Marie de Régnier à la mère de Catherine, « c'est que cela l'occupe, ...[fasse] un centre vivant à ses travaux, à ses rêveries... Si cela la fatigue, il faut cesser. Sinon il faut continuer. » [27]

En fait, sa collaboration au *Figaro* donne à Catherine beaucoup de travail mais peu de satisfaction. En octobre 1929, elle écrit à son ami Henri Fourgassié : « Mes articles du *Figaro* sont de vulgarisation plate et je ne veux pas qu'un délicat tel que vous les lise. J'ai accepté cette chronique pour avoir un métier, et parce que c'est un exercice excellent que d'avoir à expliquer avec précision et clarté des choses qui ne sont pas évidentes. Les lettres d'abonnés que je reçois ne vont interroger en moi que le technicien, ce qui est assez drôle, mais qui n'est pas amusant. » [28] Au début, elle refuse de signer ses chroniques de son patronyme : quatre articles paraissent entre le 9 septembre 1929 et le 27 février 1930, dont seul le dernier porte la signature « Karin Pozzi » [29].

Catherine parle de ces écrits avec dédain, comme de simples exercices de style, mais la stratégie intellectuelle dont ils témoignent n'est pas étrangère à celle de son essai philosophique. Ses chroniques visent dans un premier temps à ébranler les certitudes du lecteur moyen en évoquant des phénomènes saugrenus et contradictoires ; ensuite, ils restituent au monde sa familiarité au moyen d'une explication rationnelle. C'est ainsi que Catherine y démystifie les

---

27. Lettre s.d. (1929). CB.

28. CB.

29. *Images parlantes*, 9 septembre, 1929 ; *Puits aériens*, 6 octobre, 1929 ; *Les Venins, poisons régulateurs de la vie*, 3 décembre, 1929 ; *Le Bactériophage de d'Hérelle, virus de la guérison*, 26 et 27 février, 1930.

technologies qui tranforment la lumière en son au cinéma, celles qui dans le désert captent de l'eau à partir de l'air et qui parfois rendent les poisons et les virus utiles et bénéfiques. Dans ces exposés, elle s'évertue à dématérialiser la matière en montrant la facilité avec laquelle elle peut changer de forme. Son article *Images parlantes*, par exemple, fait appel aux catégories du temps et de l'espace pour démontrer que la réalité peut être représentée par une écriture, soit lumineuse soit sonore, et transposée de l'une à l'autre.

Tout en fournissant régulièrement sa copie au *Figaro*, à l'automne 1929 elle est sollicitée par un projet qui lui tient plus à cœur : une biographie de Marie Jaëll, décédée en 1925, pour laquelle la nièce de celle-ci, Marie Kiener, avait déjà commencé à rassembler des matériaux. Cependant, Catherine préfère donner la priorité à son essai sur la liberté. Sa santé vient de lui donner une nouvelle alerte et elle a hâte d'accomplir ce qu'elle considère comme sa mission spirituelle avant de mourir. Dans ses moments de grande dépression, elle prévoit sa fin pour Noël 1929.

A l'automne de cette année, Catherine Pozzi reprend l'essai qui l'occupe depuis 1915 en fonction des perspectives ouvertes par ses récentes études scientifiques. Ce faisant, elle a l'impression de suivre un chemin tracé par ses ancêtres. Le 7 avril 1929, elle écrit dans son *Journal* : « Il y a des moments où j'ai la certitude que ma fonction nécessaire et mon emploi seraient de constituer une théologie à partir des sciences physiques. Mon grand-père le pasteur avait tenté une fois d'en constituer une à l'aide des sciences naturelles. Mon essai se passera-t-il dans la nuit, comme le sien ? »[30] Comme l'héroïne adolescente de son conte, *Agnès*, Catherine voudrait trouver une théologie qui soit compatible avec la science. Dans sa jeunesse, la recherche de la vérité avait semblé inconciliable avec la quête religieuse. Catherine avait pris parti pour la vérité et sous l'influence des doctrines décapantes de Nietzsche et de Mme Ackermann, avait quitté l'Eglise à l'âge de quinze ans. Mais le climat intellectuel n'est plus le même : « La science d'à présent », écrit-elle dans son *Journal* le 13 avril 1929, « permet toutes les quêtes religieuses, étrange, fou et poétique qu'elle a fait l'univers. C'est certainement pour cela que je l'aime, et me suis jetée à l'électromagnétisme, à la physique de Bohr, aux rêveries sur la

30. CB.

lumière et sur le temps, aux amours et aux incompatibilités des atomes. »[31]

La première version de son essai, *De Libertate*, conçue en 1915, avait amorcé un retour à une conception religieuse du monde. Catherine avait tenté d'y esquisser une sorte de matérialisme spiritualiste fondé sur une intuition : elle attribue à chaque individu un « corps de l'âme », (ou « Zaïmph »), somme de l'expérience de ses ancêtres, qui double le corps de chair. Enveloppe matérielle et spirituelle à la fois, faite de la substance de l'univers mais constituée de sensations, d'idées et d'images, le « corps de l'âme » détermine le destin de l'individu. L'humanité, telle que la figure l'imagination de Catherine Pozzi, se trouve « damnée » dans la mesure où elle est conduite par l'aspect matériel de cet héritage et non pas par son composant spirituel. Dans son essai, Catherine avait proposé de lui indiquer le chemin de la liberté, principale valeur de tout un ensemble qu'elle identifiait avec Dieu.

Reprenant son essai en 1929, Catherine espère y parvenir en s'appuyant davantage sur les derniers progrès de la physique quantique. Pour souligner le poids accru qu'elle accorde à l'approche scientifique du problème, elle donne à son essai un titre nouveau : désormais *De Libertate* s'appellera *Le Corps de l'Ame*. A ses yeux, la science moderne, en retirant à la matière solidité et étendue, semble corroborer une vieille intuition : la substance et l'esprit ne seraient que deux faces de la même réalité. Selon Niels Bohr et Louis de Broglie, la même émission d'énergie peut être considérée de deux façons : soit comme un rayonnement corpusculaire, c'est-à-dire comme un phénomène essentiellement discontinu mais matériel, soit comme une onde, c'est-à-dire comme un phénomène essentiellement continu mais impalpable. Cette théorie, telle que Catherine l'interprète, semble confirmer son hypothèse que le pondérable et l'impondérable ne seraient que des modes complémentaires du même phénomène ; elle étaye ainsi, avec l'autorité de la science, une vision d'ordre philosophique et religieux.

Le style de la première version de son essai ne la satisfait plus : elle se reproche un langage « fâcheux, à la Laforgue (pire, à la

31. CB.

Delteil, à la Claudel, et jusqu'à la Morand pré-Morand) »[32]. Tâtonnant pour trouver un ton qui convienne à l'ouvrage, elle rejette dédaigneusement la langue des savants et, au risque de ne pas être prise au sérieux, opte finalement pour un style tout autre : « je parle un langage de petite fille, — ou, au mieux, un langage d'ignorant. J'en ai conscience, et je le veux bien : il me plaît. »[33] En effet, son essai est une gageure, une tentative audacieuse d'inventer un style original, à la fois scientifique et poétique. Dans cet effort, son *Journal* reconnaît une dette importante : « si V[aléry] ne m'a pas donné une idée, (mais le contraire)... il m'a beaucoup appris en français... »[34]. Consciente de l'originalité de son entreprise, elle redoute l'incompréhension du public qui risque d'être dérouté par le ton. En décembre 1929, elle pense léguer son manuscrit à l'éditeur Bernard Grasset tout en étant persuadée qu'il « verra bien que c'est un poème comme tous les autres ; [il] ne verra pas l'autre chose »[35].

Cependant, sa pensée trouve une expression plus conventionnellement poétique dans des vers intitulés *Chanson sans gestes* qu'elle copie dans son *Journal* le 25 juin 1929[36]. Le poème n'est pas une entière réussite ; Catherine Pozzi s'en est rendu compte en l'écartant du petit nombre d'œuvres qu'elle souhaitait laisser à la postérité. Et pourtant, il présente un intérêt certain, car, imprégné des concepts scientifiques et philosophiques exposés dans son essai, il préfigure la série de chefs-d'œuvre poétiques qui est sur le point d'éclore. « Chanson sans gestes » présente la sensibilité sous la forme de l'amour, douloureux héritage d'un lointain et prestigieux passé qui voue l'humanité à une souffrance inéluctable :

Sur la planète de douleurs
Les roses vont jusqu'au ciel même.
Devant le mur d'azur tu meurs
Du mal qui vient d'ailleurs.

Soleil, soleil fleur de souci
Touche un cœur de ta pointe extrême

---

32. *Journal*, 13 avril 1929. CB.
33. *Journal*, 7 avril 1929. CB.
34. 13 avril 1929. CB.
35. *Journal*, 30 décembre 1929. CB.
36. CB. Une première version de ce poème intitulée *Blue Library* est datée du 24 mai.

Le rayon jeté sans merci
Du passé jusqu'ici.

Mon cœur est une rose aussi
Il est plein de rois et de reines
Ils ont vécu ils ont fini
Ils souffrent où je suis.
Ils ont dormi ils ont péri
Ils s'éveilleront si je t'aime.
Un trait les touche sans merci
L'amour n'est pas l'ami.

O prisonniers ! dormez ainsi
Ne quittez les ombres suprêmes.
La caresse est blessure ainsi
Le soleil passe aussi.

Dans l'image du soleil qui envoie ses rayons du passé jusqu'au présent, Catherine Pozzi essaie de communiquer une vérité, non seulement poétique, mais scientifique aussi. Ce soleil qui accuse une mystérieuse affinité pour le cœur qu'il blesse, qui est en même temps fleur et couteau lumineux, jouissance et souffrance, orchestre le thème principal élaboré tout au long de son essai philosophique : l'union intime de la sensibilité transmise par l'hérédité, et de la douleur.

Cette même philosophie est un des éléments constitutifs d'*Ave*, qui paraît dans la N.R.F. le 1er décembre 1929, témoignage du plein épanouissement du génie poétique de Catherine Pozzi. Le poème forme le deuxième volet d'un diptyque dont *Vale*, écrit en mai 1926 et resté inédit, est le premier. Catherine avait écrit l'adieu avant le salut. Quoique les deux premiers vers d'*Ave* figurent dans le *Journal* de Catherine Pozzi dès juillet 1928, ce n'est que le 4 février 1929 qu'elle envoie le poème achevé à Jean Paulhan, tout en lui refusant sa permission de le publier dans la N.R.F. — et même de le communiquer à ses amis. Revenant ensuite sur sa décision, elle finira par l'autoriser à en faire paraître une version définitive, à condition qu'elle ne porte pas sa signature. Tant de réticence s'explique tout d'abord par sa peur que Valéry ne prenne le poème comme prétexte pour renouveler ses attentions ; et elle redoute la jalousie d'Anna de Noailles, les commérages malveillants du comité de rédaction de la N.R.F. Paulhan ne respecte pas le désir de Catherine de garder l'anonymat et imprime le poème signé « Karin Pozzi ». Marie de Régnier s'efforce en vain de calmer les regrets de son amie en lui faisant valoir qu'en poésie le « je » n'est qu'une convention littéraire dans laquelle personne ne reconnaît l'auteur [37].

Retombée malade, Catherine voit dans ce poème, écrit l'année précédente en pleine santé, une prémonition, un adieu à la vie. D'autres croient y voir plutôt un adieu à l'amour, c'est-à-dire un message adressé à Paul Valéry — telle Edmée de la Rochefoucauld qui, le 12 décembre 1929 écrit à Catherine Pozzi pour lui demander si « on » y a réagi [38]. En fait, le poème évoque indiscutablement la liaison que Catherine Pozzi avait rompue au prix de tant de souffrance. Toutefois, à la différence de *Vale* qui, lui, est adressé à Paul Valéry, *Ave*, ainsi que Catherine Pozzi l'explique dans son *Journal*, « n'est pas la salutation à un "homme" », il s'adresse plutôt à l'amour qui habite cet homme et qui le dépasse [39]. Craignant qu'on ne donne à son poème une grossière interprétation autobiographique, Catherine a soin de préciser la nature de son inspiration :

> Quelque part dans le monde vivant, respire le double de ma vie profonde. Je n'ai pas un mouvement vers lui...
>
> Est-ce à dire que l'amour soit mort ? Cela contredirait la théorie. L'amour ne peut ni mourir ni s'enterrer. L'amour, d'ailleurs, est toujours double, il n'y a pas d'amour malheureux. A-t-on vu (disais-je à Curtius) que l'hydrogène aimât le chlore, et n'en fut pas aimé ?...
>
> L'amour ? L'accord des deux, mais le raccord en tant qu'ils sont invariants. Il faut donc au moins que ces deux aient su mettre à vif leur essence. Cela se voit peu.
>
> Je ne puis être celle qui n'aime pas l'un, vif, caché, mais éternel, d'un homme que j'ai connu : car il est moi-même. Mais je n'ai pour l'homme qui l'habite que de l'éloignement.
>
> Je ne puis plus souffrir cet homme fade, lâche et vain. Que fera-t-il de l'autre, du divin, de l'unique ami ?...
>
> Le retrouverai-je ? Le reverrai-je ? Le rencontrerai-je ? *L'accepterai-je ?* Au nouveau jour ? Mais je vais vers un autre amour, dont celui-ci n'était qu'étincelle. Oh qu'il soit présent ! Qu'il ne permette pas beaucoup plus longtemps que la semblance de l'amour me donne aussi soif, chaque fois qu'elle passe.

---

37. Lettre s.d. CB.
38. Lettre du 17 décembre 1929. CB.
39. 5 décembre 1929. CB.

> Des vers que j'ai faits vont apparaître dans la *Nouvelle Revue Française* ; et tous croiront que ce sont des vers à quelqu'un. [40]

Au fond, *Ave* est l'expression d'un élan mystique qui porte Catherine vers un amour qu'elle appelle, en adoptant la terminologie de Valéry, un amour de « l'invariant », et qu'elle caractérise, dans une lettre à son fils Claude du 27 novembre 1929, comme « si conscient, si stable, que l'idée ou le désir même du changement l'étonne » [41]. Il s'agit d'un amour qui transcende l'individu dans lequel il s'incarne, et qui suit des lois impersonnelles et objectives. Ayant lu par hasard l'*Elévation à Jésus-Christ* de Bérulle, Catherine Pozzi s'étonne d'y trouver une confirmation de cette conception de l'amour et note à la suite d'une des versions d'*Ave*, le 10 janvier 1929 : « ... il y a une mystique comme il y a une science, c'est-à-dire une connaissance qui n'est pas arbitraire, et dont les tenants recourent aux mêmes lois » [42].

En effet, à partir de 1929 des vers viendront de plus en plus souvent à Catherine Pozzi sous la forme d'une dictée issue d'un ailleurs mystérieux. En tant que poète, elle se fait d'elle-même une conception héritée des mages romantiques, se voyant comme un être privilégié, fermement ancré dans l'univers matériel qui, grâce à son talent, communique avec l'au-delà, source de l'authenticité et de la valeur de sa parole. Bien plus tard, quelques mois avant sa mort en 1934, Catherine Pozzi expliquera clairement dans son *Journal* sa conception exaltée de la double appartenance du poète :

> Il existe de la musique à part du vivant, de l'humain. Il existe le poème, les poèmes... On ne fait que capter. Cela explique tout. Et cela explique l'inacceptable : que Villon soit voleur, Valéry, tricheur et lâche — que la beauté semble « dans » l'âme hideuse —, elle n'y est pas. Elle est ailleurs. Mais on accède à la beauté par ces perceptions étranges, que certains peuvent avoir, — et alors, on les traite de génies. [43]

L'amour mystique impersonnel et objectif qui imprègne *Ave*

---

40. *Journal*, s.d. (octobre 1929). CB.
41. CB.
42. Ms., CB.
43. 7 mars 1934. CB.

trouve sa contrepartie dans une théorie de la composition poétique, implicite dans le poème. Cette notion postule un réseau de lois occultes mais rigoureuses, qui régissent le langage et dont l'écrivain parvient à découvrir l'application. Pour expliquer ce concept dont elle avait souvent parlé avec Valéry, elle recourt à une analogie scientifique :

> Merveilleuse ressemblance de la composition littéraire avec la composition chimique des corps.
>
> Le poème se fait par la jonction de radicaux. Exactement comme C_2H_5, OH, CH_3, se tient au reste de la molécule, il se présente des « radicaux-de-langage » composés de demi-vers, ou 2 ou 3 mots, — et ils ont une *valence* particulière, ils ne s'agrègent pas indifféremment au reste de la molécule verbale. *Tout l'art consiste à trouver les radicaux qui satisfont les valences libres du poème* (ceci ravirait Hell [Valéry]). [44]

Ave commence avec une éloquente apostrophe à l'amour qui établit un lien imaginatif entre le poète et l'univers spirituel qui le dépasse. Le mouvement général de ces vers procède de la destruction à l'affirmation : après deux strophes d'interrogation anxieuse, le poème évoque la désintégration temporelle et spatiale du poète pour aboutir à la reconstitution future de sa personnalité. Cette résurrection, qui sera en premier lieu spirituelle et immatérielle (« Vous referez mon nom et mon image »), comporte aussi la survie dans une nouvelle configuration de « mille corps emportés par le jour » [45]. Les derniers vers du poème affirment, comme l'avait enseigné Marie Jaëll, l'unité fondamentale de l'univers et sa perennité :

> Vive unité sans nom et sans visage,
> Cœur de l'esprit, ô centre du mirage
> Très haut amour.

Fondé sur le plus antique des mètres français, le décasyllable, *Ave* est scandé par de multiples échos qui confèrent à l'ensemble un effet incantatoire d'une immense dignité. Ce que suggèrent ces vers

44. Ms., janvier 1929. CB.
45. *Œuvre poétique*, *op. cit.*, pp. 33-34.

n'est pas clair, tant le réseau de correspondances, au niveau du son comme du sens, est dense et ambigu ; le poème joue avec le paradoxe, la contradiction, l'antithèse. Les images sont grandioses, cosmiques et tendent vers l'abstraction : soleil, feu, sommeil, gloire, abîme. Au fond, tout en étant enraciné dans la vie de son auteur dont il distille la pensée, *Ave* est une tentative pour rendre sensible une expérience mystique qui dépasse de loin les éléments rationnels dont il est, en large mesure, composé.

La haute spiritualité qui s'exprime dans son essai philosophique et atteint l'un de ses sommets dans *Ave*, transparaît également dans un autre projet littéraire qui occupe Catherine Pozzi à cette époque : sa traduction de plusieurs poèmes de Stefan George. Après la mort de Rilke, Catherine avait gardé dans son entourage immédiat plusieurs écrivains qui formaient pour elle un lien avec la culture d'outre-Rhin : elle s'était liée d'amitié avec le sociologue Bernard Groethuysen, qui faisait la navette entre l'université de Berlin et la N.R.F., et avec Pierre Jean Jouve, traducteur des *Poèmes de la folie de Hölderlin* [46]. Mais, parmi ses amis, c'est sans doute Ernst Robert Curtius qui lui apprend le plus sur Stefan George, ayant fait partie de son cercle intime.

L'Allemagne étant à la mode, Paulhan écrit à Catherine Pozzi en février 1929 pour solliciter sa collaboration à la N.R.F. : « Un jour, ne traduiriez-vous quelques poèmes de G[eorge] — que personne n'a jamais su traduire ? » [47] Il vient de recevoir le manuscrit d'*Ave* et, connaissant sa maîtrise de l'allemand, voit en Catherine une traductrice toute désignée des poèmes de George. Plus tard, il lui demandera de joindre à ses traductions un commentaire du poète allemand. Elle commence à réunir les éléments d'une telle étude, car des notes de lecture sur George se multiplieront dans ses carnets de travail, à côté des brouillons de ses traductions. Toutefois, ce n'est qu'au compte-gouttes que Catherine livre à Paulhan quelques-unes de ses traductions, tout en lui refusant l'autorisation de les publier. Quant au commentaire de George, il ne verra jamais le jour.

Restées inédites du vivant de Catherine Pozzi, trois de ses traductions parurent dans *Mesures* plus d'un an après sa mort [48],

46. Fourcade, 1927.
47. Lettre probablement écrite le 7 février 1929. CB.
48. 15 avril 1936, pp. 183-187.

avant d'être recueillies à la suite de ses propres poèmes dans la plaquette éditée chez Gallimard en 1959 [49]. Ce sont des réussites incontestables : la hautaine tristesse de George, la densité et la retenue de son expression s'accordent parfaitement aux dons poétiques de sa traductrice qui parvient à rendre le sens du texte allemand sans sacrifier sa poésie. Elle adapte les vers de George au génie de la langue française et à sa propre inspiration en les allégeant et les assouplissant pour les rendre plus lyriques. Toutefois, Catherine demeure insatisfaite de ses traductions qui resteront toujours à ses yeux des ébauches. Elle les retouchera souvent et ne les achèvera jamais, jugeant enfin que ce travail l'écartait du but primordial qu'elle s'était fixé : la réalisation de la communion mystique à travers sa propre création artistique.

---

49. Il s'agit des pièces suivantes : I. *Nous marchons sous la profusion brillante...* II. *La colline où nous errons est dans l'ombre...* III. *Ame triste — demandais-tu — quel deuil tu portes... Œuvre poétique, op. cit.,* pp. 157-161.

III

LE CORPS DES CHOSES ET LE CORPS DE L'ÂME

Pour Catherine Pozzi, dont le poumon gauche est profondément atteint et l'autre menacé, et qui souffre en plus d'une affection tuberculeuse du bras, la douleur devient, pour ainsi dire, la norme. Sa minceur est extraordinaire, embarrassante, une tare à cacher ; il lui faut tout son courage pour se lever, se vêtir, s'habiller et sortir dans le monde — ce dont elle ne se prive pourtant pas. Le déclin de sa santé lui inspire un profond découragement : au cours de l'hiver 1928-1929, elle allait encore au cours de chimie de l'Institut Pasteur, l'année précédente, à deux laboratoires, mais au début de 1930 sa lassitude rend de telles expéditions impossibles. En dépit de sa maigreur, les gens la trouvent bien. « Ce qui est mort en moi », écrit-elle dans son *Journal* le 5 avril 1930, « est mort à l'état sec : un os de seiche, une robe de soie dessus ; en haut, un visage irrégulier ; angle aigu, sans pli, sans ride, sans poches. » [1]

Une telle silhouette s'accorde parfaitement à la distinction de gestes et de manières qui lui est naturelle et se prête aussi à l'élégance vestimentaire dont elle a le culte. Sa santé le permettant, elle va encore dans le monde, habillée par de grands couturiers — Lelong, Vionnet, Chanel —, ou bien elle se promène avec sa mère dans des endroits à la mode : au Bois de Boulogne, autour des pelouses de Longchamp l'hiver, au polo près de Bagatelle l'été. « Pas jolie, mais beaucoup de chic », a dit la Première de chez Lelong, observation destinée à d'autres oreilles mais que Catherine Pozzi rapporte avec une évidente satisfaction [2].

1. CB.
2. *Journal*, 17 mai 1930. CB.

L'élégance de sa mise n'est pas seulement une expression de sa vanité ; tout comme son travail intellectuel, elle prend à ses yeux une signification spirituelle : « La Robe », écrit-elle dans son *Journal* le 19 août 1930, « est une des applications de devoir, car il n'y a qu'un devoir qui est de remonter la pente naturelle qui va au plus bas. L'élégance est la suprême moralité du corps, elle est le choix opposé à la confusion... La robe, exercice de volonté, présence du divin dans le détail. » [3]

Vers cette époque, Catherine Pozzi se livre à une autre analyse des apparences en s'adonnant à la peinture. Dans ses tableaux — paysages de Saint-Paul, portraits de Claude ou d'elle-même —, elle se reconnaît parfois des affinités avec Manet ou avec Marie Laurencin. Si elle ne fait pas grand cas de son talent, elle voit néanmoins dans ceux de ses tableaux qu'elle juge réussis une confirmation de la pensée de Marie Jaëll qui concevait le rythme, tant plastique que musical, comme une manifestation de l'unité de l'esprit et de la matière. En contemplant un de ces tableaux, Catherine Pozzi constate que son regard, en suivant le rythme de sa composition, récupère, augmentée, la force qu'il vient de dépenser pour le percevoir. Dans son travail de peintre, comme dans les soins de sa garde-robe, elle s'évertue à obliger la matière à renverser la propension naturelle qui la conduit à la déchéance.

En février 1930, elle décide de quitter son poste de chroniqueur scientifique au *Figaro*. Ses articles lui coûtent un effort considérable et sa rémunération pour trois mois de travail — 1 000 francs et très peu de gloire — lui paraît dérisoire. Par ailleurs, la vulgarisation scientifique lui semble un genre peu glorieux qui, en tout cas, n'atteint pas les lecteurs cultivés dont elle brigue l'admiration. Le même mois, Jean Paulhan lui offre à deux reprises la possibilité de toucher un public plus prestigieux. Le 5 février 1930, il lui propose de réunir ses études scientifiques en un volume chez Gallimard ; le 12, il lui fait une offre encore plus alléchante : « Je vous en prie, ne vous engagez à aucun journal : dans la N.R.F. (où vous serez à vous seule toute la science entière) vous serez mieux lue, mieux suivie, mieux retrouvée. » [4] Mais Catherine ne se sent plus le courage

3. CB.
4. CB.

d'accepter un tel engagement. Elle ambitionne plutôt une autre sorte de poste — une rubrique de littérature étrangère par exemple.

Elle fait un premier pas dans ce sens en publiant le compte rendu d'un livre de Curtius, *Introduction à la culture française*[5], dont elle avait lu une version en 1929. Tout en exprimant sa vive admiration pour cet ouvrage, Catherine formule néanmoins un certain nombre de critiques à son égard. Ayant pris connaissance de l'article en manuscrit, Curtius ne tarde pas à réagir : en mai 1930, il écrit à Catherine pour lui faire savoir qu'il a « aimé [sa] langue élégante et nerveuse... tout en critiquant vivement [ses] appréciations »[6]. Il lui reproche notamment ses trop faciles oppositions entre « l'esprit français » et « l'esprit allemand » qui, à son avis, rendent un rapprochement entre les deux pays plus difficile. Curtius voit dans l'entente franco-allemande la seule voie de salut pour l'Europe et rend la France responsable de son inachèvement. C'est ainsi qu'il écrit à Catherine quelques mois plus tard : « J'ai trouvé à Paris une atmosphère politique qui me désole : incompréhension presque totale de la tâche européenne de la France... »[7] Sa lettre provoque une réplique vexée de Catherine à qui Curtius répond le 14 janvier 1931 : « Voyons donc chère Karin en quoi ai-je pu vous froisser pour que vous me disiez de "revenir à moi et d'accepter la France" ?... Mais accepter la France de 1930 en bloc, cela vraiment vous ne pouvez me le demander... Il ne faut pas beaucoup d'intelligence, je crois, pour découvrir qu'une alliance franco-allemande est le seul moyen de constituer une Europe stable. Mais la France ne sait pas préparer cet acte de haute politique. Elle est prisonnière de son passé et elle refuse à construire de nouveau. »[8] En fait, Catherine Pozzi n'accepte pas non plus la France de 1930 toute entière, mais elle répugne à partager avec autrui, un étranger de surcroît, son pessimisme sur le destin de son pays.

Selon sa vieille habitude, Catherine Pozzi va dans le monde tant que sa santé le permet, mais elle y trouve de moins en moins

5. *Die französische Kultur, eine Einführung*, Berlin, Deutsche Verlags-Anstalt, 1930. Bien que Catherine destine son compte-rendu à la N.R.F., le *Figaro* ne veut pas renoncer à sa priorité ; c'est dans ce dernier journal que son article paraît le 5 juillet 1930 sous le titre *Nous, vus de l'Est*.

6. Lettre du 9 mai 1930. CB.

7. Lettre du 28 décembre 1930. CB.

8. CB.

d'agrément. De vieux amis — les Régnier, les Halévy, les Vaudoyer, les Troisier — lui restent fidèles, et il lui arrive encore de donner elle-même des dîners étincelants, comme celui où, le 9 mars 1930, Julien Benda joue devant André Siegfried, Pierre d'Espezel, André Boris, Bernard Groethuysen et Jean Paulhan, de ses paradoxes théologiques. Chez Mme Willy Blumenthal, amie de son père, elle rencontre la comédienne Mary Marquet ; chez Mary Robinson Duclaux, le vieux romancier irlandais George Moore, « gros grand homme très en chair, ayant l'aspect distingué d'une lady propriétaire terrienne »[9]. Ailleurs, des expériences diversement désagréables gâtent la sympathie, somme toute modérée, qu'elle éprouve pour ses hôtesses. Invitée par Anna de Noailles et par Marie Bonaparte, elle se trouve à chaque occasion obligée de parler de Valéry. Chez les Halévy, elle rencontre André Malraux dont le visage lui rappelle le côté diabolique de Valéry. Quant à Jacques-Emile Blanche, peintre mondain et chroniqueur médisant, elle le traite de « pinceau dans un pot de chambre »[10] et essaye de l'éviter autant que possible. Revoyant la romancière franco-japonaise Kikou Yamata, elle pense à ses débuts serviles chez Mme Muhlfeld. Léon-Paul Fargue se rend antipathique autant par son air de suffisance que par son amitié avec Valéry. Tout compte fait, elle n'est pas entièrement mécontente de se retirer du monde.

Sa désaffection progressive atteint naturellement ses rapports avec Edmée de la Rochefoucauld. En mai 1930, Valéry étant absent de Paris, un envoi de roses de la part de la duchesse convie Catherine à réapparaître dans les salons imposants de son hôtel de la place des Etats-Unis. Peu après, elle y assiste à une réunion où deux savants astronomes projettent et commentent de belles photographies d'étoiles. Mais en compagnie de son aristocratique amie, Catherine ne peut se défaire de l'impression d'avoir été choisie comme modèle à dépasser tant en littérature qu'en science. En amour aussi, car, au cours du printemps 1930, la duchesse lit à une Catherine Pozzi impassible un poème qui lui semble contenir une allusion voilée à son intimité avec Valéry. En novembre, lasse d'une amitié qu'elle ne croit pas sincère, Catherine se reproche de s'être laissée séduire par les attentions de Mme de la Rochefoucauld et,

9. *Journal*, 3 juillet 1930. CB.
10. *Journal*, 9 février 1930. CB.

comme pour justifier son animosité, rapporte dans le *Journal*, avec un évident contentement, une boutade la concernant : « Constantin Photiadès en disait “elle a le semblant de tout. Sa noblesse n'est pas à elle, ni son mari, ni ses amis, ni ses opinions, ni sa culture ni son amour”. »[11] Elle ne comprend pas pourquoi la duchesse continue à rechercher son amitié. Par moments, elle croit que Valéry essaie de participer encore à sa vie par l'intermédiaire de Mme de la Rochefoucauld. Catherine est en tout cas persuadée que Valéry lit les lettres qu'elle adresse à la duchesse.

En réalité, Catherine Pozzi est loin d'avoir atteint la sérénité qu'elle affiche devant Edmée de la Rochefoucauld et ne cesse, pendant cette même période, de revenir à Valéry dans son *Journal*. Deux ans après leur séparation, elle n'a pas encore lâché prise et continue à accabler Valéry de propos avilissants. C'est ainsi qu'elle déclare s'être enfin résignée à abandonner « l'académique inoculé d'un singe » [12] à un monde qui récompense sa conduite servile ; pourtant, à aucun moment elle n'accepte de lui livrer son « frère » : ce Valéry-là, « le maigre visage du matin, qui ne désirait rien que faire un raisonnement juste... qui servait sans qu'on le payât et qui écrivait sans imprimer » lui semble définitivement acquis, gardé précieusement dans son souvenir.

Se racontant l'histoire de sa déception dans son *Journal*, à la fin juillet 1930, elle donne davantage de détails sur leur « fraternité » en 1919. Elle avait cessé d'écrire *De Libertate* parce qu'elle n'arrivait pas à trouver le composant spirituel du corps de l'âme, « “l'invariant”, la monade, le Présent absolu » [13] ; en août 1920, elle avait communiqué son manuscrit à Valéry qui le lui avait rendu un mois plus tard sans commentaire ; en décembre 1920, elle lui avait confié une centaine de pages de notes, de poèmes, de schémas, qu'il avait restitués sans un mot. Trop fière pour insister sur sa propre pensée, elle s'était tue. Elle évoque ensuite le chagrin qu'elle avait éprouvé en retrouvant ses idées reformulées dans divers ouvrages de Valéry, à partir d'*Eurêka*. Si elle n'a pas encore achevé son livre, la faute, à son avis, en revient en grande partie à Valéry qui n'avait pas voulu qu'elle le finisse. A la place de son livre, elle avait cru posséder

11. 29 novembre 1930. CB.
12. *Journal*, 13 mars 1930. CB.
13. CB.

Valéry lui-même et cela avait semblé lui suffire [14], car les livres de Valéry lui paraissaient être un peu les siens aussi. Et si les huit ans passés à ses côtés ne l'avaient pas aidée à accomplir sa mission philosophique, elle reconnaît néanmois retrospectivement une grande dette envers Valéry : « le grand respect que... l'ouvrier du vide, m'inspirait pour la mécanique, m'a servi »[15]. De leur longue association, elle avait réussi au moins à retirer une leçon d'écriture : il lui avait inculqué le souci de la forme.

Catherine croit voir dans l'échec de son amour une illustration des théories qu'elle est en train d'élaborer dans son essai philosophique. Ce qui l'avait séduite en Valéry, c'est qu'il semblait travailler dans le même sens qu'elle : il réfléchissait, par exemple, sur « le présent », qu'il entendait comme « le lieu de la simultanéité. Lieu de la coexistence des parties » [16]. Cette « coexistence » se manifeste notamment dans l'amour, et c'est là où Catherine voit sa douloureuse histoire personnelle déterminée par les lois dont elle essaie d'expliquer le fonctionnement dans *Le Corps de l'Ame*. En effet, dans son essai, elle cherche à montrer « comment le corps de l'âme, engagé dans l'amour (c'est son aventure et sa grande chance de persistance) altère l'amour, ou le déguise. Mon amour n'était plus altérable. Son amour [celui de Valéry] a été vaincu par l'hérédité. Des personnes inconnues en lui, dont il avait les mains informes... l'ont enfin mené à leur lieu » [17]. « En vérité », explique-t-elle en novembre 1930, « ma vie et ce *Journal* seraient incompréhensibles sans la connaissance de la douleur que ce cœur a pu recevoir de l'amour » [18].

Or, Valéry soumet ce cœur à une nouvelle épreuve en septembre 1930 quand, ému par le dixième anniversaire de son premier séjour à La Graulet, il adresse à Catherine une lettre pleine de dates, de souvenirs et de points de suspension. Elle la lit, s'en indigne, la jette dans un tiroir, n'y répond pas. Au fur et à mesure que lui parviennent de nouvelles preuves de l'attachement de Valéry à la duchesse et aux honneurs, l'image qu'elle se fait de leur passé

---

14. *Journal*, 29 juillet 1930. CB.
15. *Journal*, 25 juillet 1930. CB.
16. *Journal*, 3 juin 1930. CB.
17. *Journal*, 29 juillet 1930. CB.
18. CB.

commun change de caractère : « Ceci importe », écrit-elle dans son *Journal* le 24 novembre 1930, « le passé, le seul passé vivant que je croyais que rien ne pouvait tout de même atteindre est atteint... Car il restait de l'amour mort une part que je croyais à jamais vive : la fraternité. Or, si elle n'a pas été unique, elle n'a pas été. » [19] Chez Catherine, la fraternité niée se métamorphose en substance maléfique et l'empoisonne : « ce qui m'altère me gagne, à l'image d'un ferment, et me digère l'esprit. » [20] Cherchant à fuir l'image de Valéry, elle la retrouve partout, dans les revues, les journaux, les conversations ; elle attribue à cette image, monstrueusement agrandie dans son imagination, une soif démoniaque de pouvoir. Le 9 décembre 1930, elle se représente Valéry : « Un ukase tombé d'une bouche ravagée par les paroles, un peu de venin écume aux commissures... Comment ne pas le retrouver, le Passé qui n'a plus humaine figure ? Il gagne sur l'avenir. Il désire couvrir la France. Rien que cela... Etre Robespierre, être Caligula. » [21] Lui revient en mémoire une conversation de 1926 où Valéry avait avoué « qu'une grande puissance politique serait son fait ». Il avait souhaité, non pas exercer le pouvoir directement, mais plutôt « mener ceux qui ont le pouvoir ». Catherine est persuadée qu'il arrivera à ses fins et croit même connaître déjà les moyens dont il se servira pour y parvenir : il bénéficiera de l'appui de gens influents comme Mme de la Rochefoucauld (qui, croit-elle, aimerait régner, elle aussi, d'une façon occulte) et comme Léon Blum — l'un et l'autre déjà acquis à sa cause. Catherine en vient à craindre que Valéry, ayant obtenu le pouvoir, ne s'en serve pour la persécuter ; elle a même peur qu'il ne cherche à la faire enfermer.

Une deuxième lettre de Valéry reçue par Catherine Pozzi le 16 janvier 1931 coïncide avec les premiers ravages de la grippe et achève son déssaroi. Elle l'ouvre par mégarde, et avant de la lui renvoyer, ne lit qu'une seule phrase : « Ne pensez-vous pas qu'il faudrait s'occuper des manuscrits ? » [22] Une explication de ce geste de rapprochement lui vient rapidement à l'esprit : « Je crois à présent que s'il m'envoie de loin en loin ses appels "mystérieux"

19. CB.
20. *Ibid.*
21. CB.
22. *Journal*, 30 janvier 1930. CB.

c'est parce qu'il voudrait reprendre sur moi assez de puissance pour détruire ces témoignages que je possède de sa vérité — (et pour récupérer à la fois ses plus beaux moments et les publier). »[23] Elle possède plusieurs milliers de lettres de Valéry, mais à ses yeux ces messages n'ont plus aucune valeur, étant complètement divorcés de l'esprit qui les avait écrits : « Vouloir préserver de l'altéré, c'est idiot », écrit-elle dans son *Journal*, en s'adressant à un Valéry fantôme. « Pour que ces moments qui étaient arrachés à votre véritable ciel vous soient propriété *actuelle*, il faudrait que ce ciel ne soit pas dissous. Quand même je vous les rendrais, je ne vous rendrais que du vide. »[24] Et elle ne les lui rend pas.

Au cours de l'hiver, Catherine s'arrange pour fermer sa porte à Mme de la Rochefoucauld, qu'elle soupçonne d'être envoyée par Valéry pour reprendre ses lettres. De récents témoignages d'amitié de la duchesse avaient éveillé sa méfiance : en décembre 1930, elle avait accepté pour la *Revue de Paris* un article d'un ami de Fritz Kiener, Jean Strohl, professeur de zoologie à l'université de Zurich, que Catherine lui avait recommandé ; un peu plus tard, elle avait sollicité la collaboration de Catherine à une collection de livres qu'elle dirigeait. Catherine l'avait remerciée de la faveur faite à son protégé et avait refusé sa collaboration, ajoutant à la fin de sa lettre une phrase ambiguë qui, à ses yeux, avait déjà valeur de congé : « nous nous reverrons dans si longtemps qu'il n'y faut plus penser. » La véritable rupture a lieu à fin février 1931, lorsque Catherine soupçonne l'insistance avec laquelle la duchesse essaie de la voir d'être motivée par sa volonté d'obtenir la restitution des lettres de Valéry. Souffrante, elle fait écrire par sa mère une lettre d'adieu, où Paul Valéry est évoqué à mots couverts d'une façon méprisante : Thérèse Pozzi informe Mme de la Rochefoucauld que sa fille, empêchée par la maladie d'écrire elle-même, lui « est reconnaissante... d'avoir annulé clairement pour elle une expérience facile à reproduire, dont elle ne serait pas parvenue à se séparer entièrement, la croyant unique »[25].

Ses lettres s'étant révélées inefficaces, Valéry fait une ultime tentative pour communiquer avec Catherine Pozzi, cette fois par

23. *Ibid.*
24. *Ibid.*
25. *Journal*, février 1931. CB.

voie de presse : le 1er janvier 1931, il publie dans la N.R.F. un poème en prose à « Laure » dont un extrait paraît dans le *Figaro* au début de février. Aux yeux de Catherine, ce poème semble une profanation, car elle y discerne des allusions transparentes au parfum de ses robes et à l'odeur des feuilles de La Graulet en automne :

> Le parfum toujours délicieux des anciennes robes de Laure, des mains et des cheveux de la véritable Laure, de la Laure qui fut de chair, se relève du néant, il accable mes pensées, il se mêle ou se trouble de l'amère senteur des feuilles mortes que l'on brûle dans les derniers jours de l'automne, et je tombe de tout mon cœur dans une tristesse magique.

Excédée, cherchant désespérément un allié contre Valéry, incarnation d'une puissance diabolique, elle invoque naturellement un secours divin : « Quel ange inaltérable, éblouissant, terrible, défendra qu'il lui soit permis, pour des masturbations mystiques, quand l'immonde est "idéalement seul", à l'immonde de jouir de moi ?... Mon Dieu, je vous demande de nous séparer. » [26]

Aux multiples tourments qui accablent Catherine Pozzi vers cette époque, s'ajoute la détérioration de ses rapports avec son fils. Claude Bourdet, aux prises avec ses études et avec des problèmes de sa vie personnelle, devient parfois pour sa mère un « hostile étranger » à l'instar de Valéry, dont il semble enclin à répéter les erreurs : « Prétendre sacrifier l'âme et garder l'intelligence ? », lui écrit-elle le 10 février 1930, « c'est impossible, mon ami. » [27] Elle reproche à son fils d'une part, de se laisser atteindre par « les forces incoordonnées du bolchevisme », et de l'autre, d'accuser l'influence bourgeoise et boulevardière d'Edouard Bourdet. En dépit de ses prises de position progressistes, Claude lui semble parfois snob, attaché au luxe et à la frivolité, satisfait de lui-même. Sentant son fils lui échapper, elle s'efforce dans ses lettres de lui inculquer les valeurs morales — le courage, la sincérité — dont elle souhaite retrouver la trace dans sa conduite.

Toutefois, certaines décisions prises par Claude semblent l'engager dans une voie parallèle à la sienne. Catherine s'en réjouit et

26. *Journal*, 5 février 1931. CB.
27. CB.

les appuie avec toute son autorité. Stagiaire chez Citroën en avril 1930, comme l'exige le programme qu'il suit au Polytechnicum de Zurich, il se prépare à une carrière d'ingénieur. Catherine espère qu'ils y trouveront un terrain d'entente : en février 1931, elle lui explique que « les concepts d'honneur, d'héroïsme, etc. sont parfaitement fondés au point de vue... de *l'ingénieur* !... Tu vois que tu m'es spirituellement bien nécessaire. » [28] Par ailleurs, dans un effort pour se concilier son fils, elle se livre parfois à une analyse minutieuse du style littéraire du jeune homme. Dans une lettre du 21 mai 1930, par exemple, elle s'empresse de lui confier le « grand secret inconnu [des] écrivains (pour la plupart) : obtenir effets *singuliers* avec mots *ordinaires* » [29]. Claude Bourdet s'étant mis à faire des vers en allemand et en français, elle lui communique ses propres poèmes à traduire et, en février 1931, le fait bénéficier d'une leçon de prosodie qu'elle tient de Valéry : « Cherche plutôt les effets de ton vers par le son des consonnes et des voyelles par rapport les unes aux autres, dont il y a tant d'exemples dans Racine, et dans ceux qui ont découvert cela dans Racine, et en ont pris le secret — et ne cherche pas le mot rare *en français*. » [30] Par tous les moyens, Catherine Pozzi s'applique à retenir son fils qu'elle sent glisser sur une pente qui le conduit loin d'elle.

Son activité, déjà réduite, se ralentit radicalement en janvier 1931 lorsqu'une forte grippe se greffe sur la vieille tuberculose et l'oblige à garder le lit pendant plus de six mois. C'est le début du déclin physique, tantôt précipité, tantôt interrompu de rémissions, qui la mènera à sa fin quatre ans plus tard. A partir de mars 1931, une jeune infirmière danoise, Kamma Hansen, la soigne pendant ses périodes de crise. Toussant toute la nuit, respirant avec difficulté, Catherine a constamment recours à la morphine et à d'autres soporifiques ; son sommeil fiévreux s'accompagne fréquemment d'hallucinations et de cauchemars. La souffrance ne la quitte que pendant trois ou quatre heures, le matin. Jamais très forte, sa voix s'éteint de plus en plus, et pendant de longues heures elle est obligée de rester complètement muette. Dans ces conditions, l'angoisse et le désespoir s'emparent de son esprit qui se replie de plus en plus sur

28. Lettre s.d. (février-mars 1931). CB.
29. CB.
30. Lettre du 8 février 1931. CB.

lui-même. Solitaire, Catherine se confie toujours davantage à son *Journal* où les mêmes problèmes philosophiques, les mêmes griefs — surtout ceux qu'elle nourrit à l'égard de Valéry — reviennent avec une régularité obsessionnelle.

Dans l'épreuve physique et morale qui s'abat sur elle, Catherine recherche de plus en plus la compagnie de chrétiens, dont René Schwob, neveu de son ami et mentor Marcel Schwob. En mai 1930, elle avait vu dans cet ancien commissaire de la marine d'origine juive, converti à la suite de longs voyages en Orient et des atteintes de la tuberculose, son « dernier ami », et avait pensé lui confier la responsabilité de la publication posthume de ses écrits. Vers la même époque, elle s'était liée d'amitié avec André Georges, musicologue érudit, en qui, très vite, elle avait vu un éditeur éventuel de son œuvre philosophique. Au printemps 1930 Charles Du Bos, fin lettré converti lui aussi, avait présenté Catherine à Jacques et Raïssa Maritain qui avaient rapidement pris un grand ascendant sur elle. Attirée d'abord par la chaleur et la bonté de Raïssa, Catherine avait fini par s'engager davantage intellectuellement avec Jacques, ardent défenseur de la philosophie thomiste. Dans la douceur de cet homme généreux, elle avait discerné « le grain de l'acier »[31], se réjouissant de trouver enfin quelqu'un avec qui elle pouvait discuter sur un pied d'égalité. Quoique Catherine ne se soit jamais rangée dans son camp intellectuel, elle va porter Maritain très haut dans son estime, le considérant un des premiers esprits de l'époque.

Pendant que Catherine Pozzi lutte contre la maladie au cours de l'hiver 1931, les Maritain, se chargeant de la conduite de sa vie spirituelle, lui obtiennent des dispenses de jeûne et lui proposent des confesseurs. Leur intervention dans ce domaine n'est pas toujours heureuse : Catherine renvoie avec mépris un Jésuite érudit, car il montre peu de sympathie pour ses souffrances et repousse sans discussion certaines de ses idées religieuses. « Ce qui ferait désespérer du catholicisme », écrit-elle dans son *Journal* le 1er mars 1931, « c'est la patente sottise de son sacerdoce actuel. Il semble que tout ce que fait l'Eglise est en dehors de lui. Pas de Maritain là, pas de Schwob. Plus de Duchesne. » Un autre prêtre, le père Bruno,

31. *Journal*, 20 juillet 1930. CB.

envoyé par les Maritain pour la faire communier, ne revient plus [32]. « Je produis aux ecclésiastiques », écrit-elle crânement dans son *Journal* le 30 avril, « l'effet de Socrate sur les Athéniens. »

Si elle se méfie du clergé, en revanche, l'affection que lui prodiguent ses nouveaux amis chrétiens touche Catherine profondément. Mais, en dépit de toute l'amitié qu'elle leur porte, elle trouve inacceptable leur croyance en un Dieu qui punit. Atteinte en mars 1931 d'une pleurésie qui la fait souffrir jusqu'au délire, Catherine se plaint à Raïssa Maritain de se dépenser en pure perte : « Je suis un des points singuliers par où la souffrance de la planète rayonne. C'est un travail, d'ailleurs, physiquement mesurable, au moins en théorie. Quant à "utiliser" cette souffrance, ce commerce m'est entièrement étranger. » [33] Comme sa femme, Jacques Maritain essaie en vain de démontrer à Catherine les avantages spirituels de la souffrance. Mais le défenseur le plus éloquent de ce point de vue est Louis Massignon, professeur au Collège de France, spécialiste de l'Islam, dont Catherine fait la connaissance vers la mi-avril 1931. Massignon accepte pleinement la sévérité de la justice divine tout en croyant à l'efficacité modératrice des « intercesseurs » spirituels. Dans sa propre vie, il en a connu deux : Hallâj, martyr et mystique musulman découvert au cours d'une mission archéologique au Caire, et le romancier Joris-Karl Huysmans, avec qui il avait été longtemps lié d'amitié. Malgré la sympathie qu'elle éprouve pour Massignon, Catherine est rebutée par l'austérité de sa foi : « J'ai fait un effort désespéré vers le catholicisme ; donc, vers eux, qui le représentaient. Et puis Massignon m'a écrit : "Dieu est un juge aux mains percées par les balances de sa justice." Quelle image ! Il le voit comme cela. "Le bonheur n'est pas bon", m'écrivait Raïssa. "Dieu n'habite pas les corps bien portants" écrivait aussi sainte Hildegarde. Je ne peux pas entrer dans cette communion où il faut être déformé par la souffrance, et où la simple joie qui suit l'acte de vivre, d'appuyer son esprit au monde pour marquer le monde, pour intégrer le monde, est un mal. » [34]

Si elle ne se considère pas tout à fait catholique, Catherine croit

32. Il s'agit du père Bruno de Jésus-Marie (Jacques Froissard), auteur d'un *Saint Jean de la Croix* (1929).

33. Lettre du 20 mars 1931. CB.

34. *Journal*, 10 juin 1931. CB.

néanmoins errer non loin du droit chemin, dont elle souhaite se rapprocher davantage. « Comme philosophe », écrit-elle dans son *Journal* le 30 décembre 1930, « je ne suis pas catholique (... encore). Comme savant (j'entends, en tant que je prends l'attitude qui est celle des sciences) je le suis. » [35] Pour elle, la vérité du catholicisme est empirique et tient de son expérience. Agenouillée dans une église, elle avait un jour éprouvé la vérité de la religion en dehors de tout préjugé ou théorie par simple observation. Telle une épreuve de laboratoire, « l'expérience incroyable » de la présence divine s'était révélée renouvelable [36].

De toutes ses discussions, la plus enrichissante est celle qu'elle poursuit, de vive voix et par lettre, avec Jacques Maritain. Une nouvelle fois, c'est dans l'effort de distinguer sa pensée d'une réflexion qui lui est proche que Catherine parvient à construire sa propre philosophie. Déjà le 28 avril 1930, lors de sa première entrevue avec Maritain, Catherine avait constaté une anomalie chez le philosophe : elle avait vu en lui un pur logicien qui, pourtant, refusait de parler le langage de la logique moderne. Un peu plus tard, une lettre à son fils, Claude Bourdet, révèle un franc désaccord avec Maritain à qui « il faudrait... retirer Aristote du corps » [37]. Elle s'était mise elle-même à cette tâche en juin et en juillet 1930, en commençant avec lui une discussion serrée et fructueuse à propos de ses récents écrits sur Einstein et ses *Réflexions sur l'intelligence et sur sa vie propre* [38].

Dans leur dialogue, Maritain rejette le dualisme hérité de Descartes, persuadé que l'homme et l'univers matériel forment, comme le disait Bossuet, « un tout naturel ». Il pense que ce « tout » peut être analysé, soit ontologiquement, soit scientifiquement (comme le fait Einstein, par exemple), mais il nie la possibilité de tirer d'une analyse scientifique des conclusions ontologiques. A son avis, Einstein n'est pas un philosophe. A la différence de Maritain, Catherine Pozzi ne distingue pas clairement l'analyse ontologique de l'analyse scientifique, et croit pouvoir tirer des conclusions métaphysiques d'une analyse physique. C'est ainsi qu'elle félicite

35. CB.
36. *Ibid.*
37. CB.
38. Nouvelle Librairie Nationale, 1924.

Einstein d'avoir évacué les derniers vestiges de « l'être » absolu de l'univers matériel en le réduisant à une série de relations. « Le pondérable est relations », écrit-elle dans son *Journal* le 13 juin, « il n'est pas réalités... » [39] Le réel, pour Catherine Pozzi, c'est l'esprit, conçu par elle comme une énergie sans masse. Le pondérable ne serait réel que dans la mesure où cette énergie-esprit y serait infusée ; elle voit dans l'énergie « immatérielle » qui lie ensemble les particules de matière — molécules, atomes, quanta — la preuve expérimentale du réel. Déjà, le 20 juillet 1930, Catherine Pozzi semble avoir tiré de son débat avec Jacques Maritain le constat d'une différence irréductible : « Il croit à l'objet-substance », écrit-elle dans son *Journal*. « Jamais nous ne nous entendrons là. Ce livre [*Le Corps de l'Ame*] est tout entier contre cela. Un objet indépendant de l'esprit n'a pu exister qu'au paradis. De plus, Maritain méprise la science. » [40]

Ce débat avec Jacques Maritain au printemps de 1930 joint à ces récentes lectures de physique influencent la révision de son essai philosophique *Le Corps de l'Ame*, entreprise en 1929. Comparé à la longue gestation qui l'avait précédée, le remaniement de son manuscrit se fait rapidement : le 8 février 1931, Catherine a déjà 179 pages de brouillon et de notes ; en juillet 1932, elle annonce aux Maritain que toute la première partie a été mise au net. Si elle se hâte d'achever sa tâche, y consacrant le plus clair de son temps et de son énergie, c'est qu'elle sent ses jours comptés. Son travail devient la justification de son existence, la raison pour laquelle, souffrante et désespérée, elle reste encore attachée à la vie : « Ce livre et ma vie sont tels », écrit-elle dans son *Journal* le 14 novembre 1930, « qu'il ne m'est plus possible de les séparer. Quand j'ai écrit... l'idée directrice, en 1915... je pouvais encore me séparer de ce livre et vivre à part... Maintenant, le livre me conduit. » [41]

Ce qui la conduit est l'héritage spirituel de sa famille qu'elle éprouve le besoin de faire fructifier. Quittant La Graulet pour Vence en octobre 1930, elle note dans son *Journal* qu'elle emporte deux ouvrages de son grand-père paternel Benjamin Pozzi : « L'un est un recueil de sermons. L'autre, un travail d'anthropologie et de

39. CB.
40. CB.
41. CB.

géologie, *La Terre et le récit biblique de la création*[42]. Le récit — texte hébreu — y est analysé, face aux sciences. Quel morceau de Karin est enlevé, si je soustrais grand-père de moi ! »[43] Comme son ancêtre, Catherine essaie de réconcilier deux visions du monde : la scientifique et la métaphysique.

Un troisième livre retrouvé dans la bibliothèque familiale l'intéresse tout autant. Il s'agit d'un recueil de textes philosophiques du poète allemand Novalis[44] en qui Catherine reconnaît un frère spirituel : « Comment son amitié ne serait-elle à moi d'ailleurs ? Il a fait des sciences, ce qui se pouvait faire de chimie en 1800, et il a voulu inventer des sciences qui soient une poésie. »[45] L'union de la science, de la philosophie et de la poésie rêvée par Novalis avait trouvé son expression dans un vaste projet encyclopédique, « le grand brouillon » qui, demeuré inachevé, n'avait paru que sous forme de fragments. Comme celui de Novalis, le projet de Catherine Pozzi vise l'absolu et propose une explication totalisante de la terre et de ses rapports avec l'éternité ; comme lui, il est destiné à rester fragmentaire et inachevé. Plus qu'aucun autre genre littéraire, le fragment se prête à l'expression d'une telle entreprise métaphysique, sa forme ouverte, incomplète, suggérant à la fois le mouvement vers l'infini et l'impossibilité d'y parvenir. C'est en lisant le « grand brouillon » de Novalis, que Catherine Pozzi trouve enfin le véhicule littéraire qui convient à l'expression de son propre mysticisme scientifique.

Cependant, ce n'est pas chez le poète allemand qu'elle acquiert la voix personnelle, distincte, qui se fait entendre dans son essai. Celle-ci se rapproche davantage de la voix narrative des lettres, d'*Agnès* et du *Journal*. Son essai philosophique est en large mesure une entreprise autobiographique : sous l'apparence d'un exposé de portée générale, Catherine y raconte le conflit qu'elle est en train de vivre entre l'emprise qu'exerce l'hérédité et ses efforts pour s'en affranchir. Pendant un certain temps, elle songe à rédiger un ouvrage à deux volets, l'un « littéraire », l'autre « scientifique »,

---

42. Hachette, 1974.
43. CB.
44. *Les Disciples à Saïs et les fragments*, trad. M. Maeterlinck, Bruxelles, P. Lacomblez, 1895.
45. *Journal*, 16 octobre 1930. CB.

mais finit par y renoncer, voulant à tout prix éviter le langage neutre et abstrait de la science qui risquerait de déformer l'aspect vécu de sa pensée. Au fond, la voix narrative de cet essai est l'équivalent stylistique du fragment : ironique, suggestive, et, par là, poétique. Elle se situe rarement sur un pied d'égalité avec le lecteur : tantôt c'est la voix d'une personne mûre, maîtresse des arcanes de la science et de la philosophie qui s'adresse à un jeune disciple et s'efforce de mettre sa pensée à son niveau ; tantôt c'est la voix d'une jeune fille qui use d'une fausse naïveté vis-à-vis des cuistres de la Sorbonne.

Son désir de donner une allure plus littéraire, légère, fantaisiste à son essai, conduit Catherine en février 1931 à abandonner le titre *Le Corps de l'Ame*. Elle en trouve un autre, par hasard, en feuilletant un ancien texte égyptien dans lequel l'image de la « peau », « véhicule de l'âme post mortem ante vitam »[46], lui semble proche de la métaphore qu'elle avait conçue en 1915 pour *De Libertate*, celle du voile, du « Zaïmph », du « corps z » de sensations et d'images qui recouvrent le corps de chair. En décidant finalement d'intituler son livre *Peau d'Ame*, elle emploie un symbole qui unit dans un syncrétisme audacieux des notions dérivées à la fois de la science moderne, de la religion des pharaons et des *Contes* de Perrault.

Croyant avoir découvert dans le concept d'énergie le lien entre matière et esprit qui lui avait manqué en 1915, Catherine Pozzi en tire les conséquences : « Il faut à présent composer le corps des choses et le corps de l'âme », écrit-elle dans son *Journal* le 24 mars 1930, « c'est-à-dire l'énergie univers, et l'énergie esprit. J'ai trouvé qu'elles étaient une seule et même Energie, à points différents d'entropie. »[47] C'est dans cette dernière notion, empruntée à la thermodynamique, qu'elle trouve la clé du fonctionnement de l'énergie, le lien secret entre des phénomènes aussi différents en apparence que le corps et la conscience. L'entropie est la tendance d'une quantité donnée d'énergie dans un système fermé à se « dégrader » de manière à fournir toujours moins de travail. Pour Catherine Pozzi, la matière, constituée de l'énergie à entropie maximum, serait grevée de toutes les valeurs esthétiques et morales que des siècles de civilisation y ont attachées : péché, laideur,

46. 7 février 1931. CB.
47. CB.

servitude, vétusté, décomposition, etc. L'âme — réseau de sensations, images et traits de caractère, qui colle à l'individu grâce à son système nerveux — serait un phénomène matériel dans la mesure où elle l'imagine faite d'énergie soumise à la loi de l'entropie. Par conséquent, à un certain degré, elle en partagerait les tares.

Mais Catherine Pozzi trouve dans l'âme vivante une force qui s'oppose à la pente naturelle qui conduit la matière vers le bas : l'esprit conçu comme l'énergie à entropie minimum. Par l'esprit, l'homme serait lié à Dieu, conçu comme de l'énergie totalement dépourvue d'entropie et complètement libre. L'esprit, traduit en actes, peut, selon Catherine Pozzi, forcer la matière à changer de sens, et détacher ainsi le présent du passé. « La biologie », écrit-elle dans son *Journal* le 30 janvier 1931, « contredit la physique : le plus n'y devient pas universellement le moins... Le vivant expose toutes les exceptions à l'accroissement fatal de l'entropie : il triche avec le destin. » [48] De même, en février 1931, elle affirme que l'homme peut résister à la déchéance morale que lui impose son héritage matériel par l'exercice de la volonté ; il n'est pas condamné à « suivre l'impulsion facile, naturelle que propose l'habitude, l'hérédité, l'avantage. L'ingénieur force l'énergie-matière à contrevenir à l'entropie, et l'homme moral... force l'énergie à contrevenir à l'entropie. » [49] C'est le Christ qui lui donne le meilleur exemple de l'emprise de l'esprit sur la matière : « Ici, un minimum d'entropie absolu ; un refus à descendre la pente indiquée. » Aux yeux de Catherine Pozzi, la loi morale de l'Eglise se fonde sur une vérité scientifique.

De telles affirmations s'appuient sur son expérience : Catherine éprouve dans la réflexion, l'exercice de la volonté, l'élan vers le bien, une force qui produit des effets sur le corps et qui peut être transmise à autrui. Le 14 avril 1930, par exemple, elle répète une expérience qu'elle avait parfois faite sous la direction de Marie Jaëll et obtient les mêmes résultats : « ... j'ai souhaité établir une fonction entre l'état de mon pondérable et l'état de ma pensée ; j'ai expérimenté dans l'instant, que *ma pensée était indépendante de ce maxi[mum] d'entropie*. Plus : elle s'est levée, avec une force et un bonheur tels, que le corps entier en a été allégé — que je ne suis plus

48. CB.
49. *Journal*, 23 février 1931. CB.

de plomb. L'énergie impondérable a donné l'expérience du salut au pondérable ! »[50]

Sa conception du « corps de l'âme », transmise par l'hérédité, soumise à l'entropie et menacée par la dégradation, fournit la trame des vers composés par Catherine Pozzi le 26 avril 1930. En les recopiant dans son *Journal*, le 2 mai, elle y ajoute un titre provisoire, *Purgatorio*, une citation de Dante en guise d'épigraphe, *Lo bel pianeta che d'amar conforta / Faceva tutto rider l'oriente*[51], et deux vers de conclusion. Ces références à l'œuvre de Dante seront éliminées de la version définitive du poème qui paraîtra sous le titre *Nova*, mais elles aident à préciser son sens. Le monde évoqué dans ces vers est une sorte de purgatoire, étape intermédiaire sur un chemin qui conduit à un but jamais nommé. Si les allusions dans l'épigraphe à la planète Vénus et à l'approche de l'aube semblent placer le poème dans une perspective optimiste, son titre définitif, *Nova* — en astronomie une étoile dont la lumière s'accroît brusquement avant de s'éteindre — est ambigu. Reprenant l'image céleste de l'épigraphe supprimée, *Nova* suggère, d'une part, la clarté croissante, l'avenir, et de l'autre, l'extinction de la lumière et la mort. Catherine Pozzi trouve dans la science moderne — le terme « nova » ne date que de la fin du dix-neuvième siècle — une image poétique qui revêt dans son imagination une signification métaphysique.

La « nova » dont il s'agit ici est une métaphore de « l'âme », réseau de sensations projeté par l'amour et l'hérédité vers un avenir indéterminé. C'est à elle que le poète, situé dans le présent, « le temps où j'ai la vie », s'adresse :

Tu vivras, ma splendeur, mon malheur, ma survie
Mon plus extrême cœur fait du sang que je suis,
Mon souffle, mon toucher, mon regard, mon envie,
Mon plus terrestre bien perdu pour l'infini.[52]

Cette « âme » à la fois perdue et transmise à un temps et à un espace nouveaux présente un vice caché : elle n'est pas émancipée de l'existence terrestre. L'avenir évoqué par le poète est un espace « où le vouloir dévie » ; un « nouveau moment de l'astre que je fuis ».

50. CB.
51. *Purgatoire* I, 19-20.
52. *Œuvre poétique*, *op. cit.*, p. 49.

Ce défaut n'est pas élaboré dans les premiers huit vers du poème qui semblent promettre la persistance illimitée de la sensibilité. Mais les derniers six vers égrènent une série d'impératifs péremptoires qui somment « l'âme » de renoncer à une survie contaminée par la terre : « évite, ne sois pas, défais, dissipe-toi, délie, dénonce ». Ces expressions négatives répétées signifient un refus de l'hérédité, de l'emprise du passé sur l'avenir. La fin du poème présente la mort comme une libération :

N'accomplis pas mon jour, âme de ma folie —
Délaisse le destin que je n'ai pas fini.

Lue dans le contexte de *Peau d'Ame*, cette conclusion n'est sans doute pas un appel au néant. Pour Catherine Pozzi la disparition de l'aspect matériel de « l'âme » ne conduit pas à l'extinction, laisse ouverte la possibilité de la survie de l'esprit. Ecrivant dans son *Journal* plus d'un an après avoir composé ce poème, elle est frappée par une phrase de saint Paul qui lui semble en accord avec sa pensée : « Ici la phrase de saint Paul flamboie, ici le texte grec que l'on n'a pas traduit : “il est semé corps d'âme, il deviendra corps d'esprit”. *Ce qui est spirituel n'est pas le premier, c'est ce qui est âme, et ce qui est spirituel vient après.* » [53] La lumière d'une nova parvient à la Terre longtemps après la disparition de l'étoile qui l'a produite.

Scopolamine [54], un poème composé à la fin septembre 1931, a une résonance plus explicitement autobiographique que *Nova*. Pour apaiser les multiples souffrances que lui inflige la tuberculose, Catherine Pozzi recourt constamment à une variété de drogues, dont la scopolamine, médicament utilisé en conjonction avec la morphine pour calmer la douleur. Catherine s'inspire de ses effets psychiques dans ce poème où, par opposition à *Nova* qui évoque une libération future, elle cherche une évasion dans le présent.

Le « vin » mentionné dans la première strophe, en est le moyen : ayant « noyé » le « cœur », la drogue conduit le poète au ciel où, sa mémoire oblitérée, il se libère de son passé. Le poème distingue entre le « je » fait d'esprit et le « cœur » qui lui sert de véhicule. Celui-ci, siège de la sensibilité et du désir, est une chose matérielle,

53. *Journal*, 23 septembre 1931.
54. *Œuvre poétique*, *op. cit.*, p. 57.

déterminée par son passé, et par conséquent réceptive à l'influence de substances telles que le « vin ». On y reconnaît facilement un nouvel avatar de « l'âme ». Le cœur noyé, le poète éprouve une jouissance communiquée par les images de liquidité qui parcourent toute la strophe : dans le ciel où navigue le poète, « l'oubli fond comme du miel ».

La deuxième strophe évoque l'errance céleste en quête de liberté. Au ciel, son « cœur » devient un « astre » dont le mouvement diffus a cependant un but spirituel : tantôt il « nage », tantôt il « dérive » vers le Soleil, vers le « divin non pareil ». Mais ce n'est que dans la troisième strophe que le poète atteint la liberté telle qu'elle sera définie dans *Peau d'Ame*, un état où le passé cesse de s'imprimer sur le présent : « Mon cœur a quitté mon histoire ». Détaché de son passé, le « cœur » se trouve dépourvu de sensation, de désir, et même de forme ; sans passé, il libère le « je », pur esprit qui part en quête d'une nouvelle identité : « Je me cherche dans l'inconnu / Un nom libre de la mémoire ». C'est ainsi que la contradiction implicite dans la première strophe qui associe la perte à l'extase trouve une résolution à la fin du poème : la destruction du « cœur » est paradoxalement ce qui conduit le « je » au salut : « Je suis sauvé, je suis perdu ».

En décembre 1931, Catherine n'est toujours pas remise d'une péricardite qui l'avait frappée en juin et, prévoyant sa fin, songe à l'ordonnance de son œuvre posthume. Elle répugne à livrer *Peau d'Ame* au public de son vivant, persuadée que son essai ne rencontrerait que la jalousie des uns et l'incompréhension des autres. Pourtant, en pensant à la masse de travail accompli, elle éprouve une modeste mais évidente satisfaction : l'ouvrage est en large mesure achevé. Quatorze pages en sont déjà dactylographiées. Elle charge son fils de les offrir à la N.R.F. au cas où elle mourrait inopinément.

A la fin de l'année, un message de Jean Paulhan lui réclamant pour la N.R.F., « *Atque vale* [titre provisoire de *Vale*], George, et la suite d'une philosophie scientifique qui s'esquissait au *Figaro*. »[55] augmente sensiblement sa confiance dans la valeur de son œuvre littéraire. Catherine refuse avec sa coquetterie habituelle : « Je ne sais où est *Atque vale*, qui devra s'appeler, ou devrait, *Vale* seulement, car c'était le n° 1, l'adieu précédant le salut. ... Et je ne

55. Lettre du 30 décembre 1931. CB.

sais quoi m'arrête de publier des poèmes ; c'est fait pour être donné, ou posé sur les genoux des dieux. Un éditeur plein d'ordre les retrouve, quand vous êtes devenu mémoire. »[56] A la place de *Vale* elle lui envoie *Nova* et *Scopolamine*, tout en précisant que ces poèmes sont destinés « à l'amitié » seulement et non pas à « l'éditeur » — c'est-à-dire en s'opposant à leur publication. Quant aux autres écrits recherchés par Paulhan, elle accepte de tenir une rubrique scientifique dans la N.R.F. où elle rendrait compte des livres techniques français et étrangers et comme la N.R.F. dispose déjà de Jean Rostand pour la biologie, elle propose de se cantonner dans la physique. Son engagement demeurera lettre morte car, au printemps 1932, une série d'épreuves tant physiques que morales l'empêche d'y donner suite. A l'approche de la cinquantaine, son corps et son esprit sont déjà trop gravement atteints.

56. Lettre à Jean Paulhan du 2 janvier 1932. Coll. de Mlle Claire Paulhan.

IV

LA SOMME PENCHANTE

Au début janvier 1932, Catherine Pozzi passe des journées entières dans l'obscurité, la voix éteinte ; la nuit, elle est souvent secouée par des crises d'asthme. Le déclin de sa santé la conduit à redoubler ses efforts pour accomplir sa mission philosophique. Respirant avec difficulté, elle se remet avec ardeur à *Peau d'Âme* dont elle parvient à la fin janvier 1932 à remanier vingt quatre pages. En février, un mieux momentané lui permet de venir en aide à son ami Ernst Robert Curtius qui lui demande de commenter le texte de huit conférences sur les éléments de la culture qu'il est en train de préparer. Cette ouverture vers autrui sera bientôt interrompue par un nouvel effondrement de sa santé.

Au cours de la nuit du 12 mars 1932, ayant pris de l'opium, elle entend en rêve des vers de *La Jeune Parque* que Valéry avait naguère désignés comme prémonitoires[1] :

> Pâle, qui se resserre et s'épuise sans retour ?
> Que lui fait tout le sang qui n'est plus son secret ?

Réveillée en sursaut vers deux heures du matin, elle est à nouveau victime d'une violente hémoptysie. Ravagée par la tuberculose, elle est convaincue qu'elle n'y résistera plus longtemps et se met aussitôt à prendre des dispositions pour préserver son œuvre littéraire : elle se promet de recopier ses poèmes et elle décide de finir *Peau d'Âme* dans les plus brefs délais, coûte que coûte. Elle se résout également à détruire toutes les lettres reçues de Valéry, cherchant à effacer toute trace de leurs anciennes relations. Sa

IV

LA SOMME ENCHANTÉE

Au début janvier 1932, Catherine Pozzi passe des journées entières dans l'obscurité, la voix éteinte ; la nuit, elle est souvent secouée par des crises d'asthme. Le déclin de sa santé la conduit à redoubler ses efforts pour accomplir sa mission philosophique. Respirant avec difficulté, elle se remet avec ardeur à *Peau d'Ame* dont elle parvient à la fin janvier 1932, à remanier vingt-quatre pages. En février, un mieux momentané lui permet de venir en aide à son ami Ernst Robert Curtius qui lui demande de commenter le texte de huit conférences sur les éléments de la culture qu'il est en train de préparer. Cette ouverture vers autrui sera bientôt interrompue par un nouvel effondrement de sa santé.

Au cours de la nuit du 12 mars 1932, ayant pris de l'opium, elle entend en rêve des vers de *La Jeune Parque* que Valéry avait autrefois désignés comme prémonitoires :

> ...Pâle, qui se résigne et saigne sans regret ?
> Que lui fait tout le sang qui n'est plus son secret ?

Réveillée en sursaut vers deux heures du matin, elle est à nouveau victime d'une violente hémoptysie. Ravagée par la tuberculose, elle est convaincue qu'elle n'y résistera plus longtemps, et se met aussitôt à prendre des dispositions pour préserver son œuvre littéraire : elle se promet de recopier ses poèmes et elle décide de finir *Peau d'Ame* dans les plus brefs délais, coûte que coûte. Elle se résout également à détruire toutes les lettres reçues de Valéry, cherchant à effacer toute trace de leurs anciennes relations. Sa décision prise, elle en remet l'exécution à plus tard ; n'ayant pas le courage de le faire elle-même, elle a l'intention de demander à Jacques Maritain de les brûler après sa mort.

Une deuxième calamité frappe Catherine le 14 mars : Jean Troisier la réveille par téléphone, pour l'informer que sa mère est morte subitement d'une insuffisance cardiaque. Un sentiment de culpabilité attise le chagrin de Catherine, car, à la fin février, Thérèse Pozzi avait abrégé un séjour à La Collinette pour rentrer à Paris, poursuivie par les reproches de sa fille. Ne se croyant jamais suffisamment aimée, Catherine l'avait accusée d'égoïsme et d'indifférence, lui reprochant de l'avoir réduite à une insupportable solitude. Désormais son isolement sera irrémédiable : avec sa mère, disparaît son principal appui dans un monde de plus en plus hostile. Face à cet abandon, Catherine s'accroche désespérément à son souvenir qu'elle arrange à sa convenance : « A présent, nous ne nous quitterons plus. A présent, je t'ai tout entière, à présent, tu ne me quitteras plus... A présent, je ne te partage plus. » [1]

Force lui est de partager son héritage, ce qui provoquera des tractations pénibles au sein de la famille. Catherine estime que le testament de sa mère avantage son frère Jean en lui laissant La Graulet en titre. Elle se considère lésée par ce partage dans la mesure où, ne disposant que de la jouissance de la propriété, elle se croit néanmoins obligée de combler le déficit de son exploitation, qu'on estime à trente mille francs, les bonnes années. Par ailleurs, Catherine a l'impression pénible que son frère, qui séjourne à l'étranger — il a occupé des postes diplomatiques importants à Prague et à Constantinople —, essaie de l'écarter de La Graulet. S'étant porté candidat de la Dordogne aux élections législatives, Jean Pozzi pense favoriser ses chances en se faisant passer pour seul propriétaire du domaine. Thérèse Pozzi avait cru faire un partage équitable de ses autres biens : à Catherine revient l'ameublement Empire de sa maison, à Jean le portrait célèbre de Samuel Pozzi par Sargent, mais ni l'un ni l'autre ne jugent cette division juste. Catherine craint que son frère n'essaie de faire estimer le Sargent à un prix inférieur à sa valeur, tandis qu'il lui réclame la moitié des meubles Empire et s'oppose vigoureusement à la décision prise par leur mère de la nommer tutrice de leur frère cadet, Jacques.

1. *Journal*, 15 mars 1932. CB.

Depuis 1924, Jacques Pozzi sombrait de plus en plus profondément dans la folie. Souffrant d'hallucinations, sujet à des accès de violence dont Catherine avait été parfois victime, il dut enfin être interné. Selon le vœu exprimé par sa mère, Catherine est confirmée comme sa tutrice. De plus en plus malade elle-même, elle s'acquitte difficilement de ses obligations envers son frère, qui semble mal soigné dans une institution à Vanves. A plusieurs reprises, elle se met en quête d'une autre maison de santé, sans en trouver aucune à son goût. Ce n'est qu'en septembre 1934 que Catherine l'installera dans un asile, à Malvoz, en Suisse où il sera mieux traité et où il demeurera jusqu'à sa mort.

Un seul membre de la famille lui reste proche, sa cousine Edmée Cazalis-Roederer, fille du poète Jean Lahor (Henri Cazalis), qui partage son souci d'élégance et sa passion pour les robes. Installée dans une « bastide » voisine, à Vence, depuis 1929, Edmée Cazalis-Roederer, quoique incapable d'entrer dans l'univers intellectuel de Catherine Pozzi, lui témoigne une généreuse sympathie dans ses conflits familiaux. Catherine la prend volontiers pour confidente.

Parmi les innombrables messages de condoléances qui lui parviennent lors de la mort de sa mère, Catherine en reçoit un qui la plonge dans une fureur impuissante : En avril 1932, Paul Valéry lui écrit pour exprimer sa sympathie. Catherine réagit violemment : interprétant ce geste comme une tentative de renouer avec elle, elle déchire la lettre, aussitôt reçue, la fait disparaître dans les latrines et charge son fils Claude de répondre à Valéry à sa place. Ecrivant sous la dictée de Catherine, il rapporte à Valéry une réaction plus distinguée : « Si M. Valéry n'avait pas existé, je n'aurais jamais connu l'étendue de l'amour de Maman », écrit-il en citant une déclaration de sa mère. « Je vous transmets cette parole que vous prendrez si vous la jugez telle, pour un remerciement. Ma mère a pourtant prononcé quelques mots plus directs : "Je lui souhaite la paix." Elle a ajouté : "Qu'il me laisse la paix humaine." » [2] Cette paix tarde à venir. En juillet, Catherine trouve dans son courrier un opuscule sur la famille Valéry qui porte le cachet postal de Montpellier, apparemment envoyé par Jules Valéry. Elle soupçonne son frère Paul d'en être le véritable expéditeur et demande à Claude de le renvoyer sans réponse.

---

2. *Journal*, 4 avril 1932. CB.

Catherine Pozzi rentre à Paris à la fin mai 1932 pour fermer l'appartement de sa mère, rue de Longchamp, et disposer de ses effets personnels. Kamma Hansen, la jeune infirmière danoise qui l'a soignée dans des crises précédentes, l'y rejoint pour l'aider. Catherine a besoin de tout le soutien de cette jeune fille compatissante, car presque tous les jours elle se dispute avec son frère Jean à propos de l'héritage. Leurs querelles ne cesseront qu'en été, lorsque Jean Pozzi quittera la France pour prendre un poste diplomatique à Téhéran.

C'est alors que Catherine, qui n'a plus de domicile à Paris, accepte d'aménager un petit rez-de-chaussée dans l'immeuble construit par ses parents, au 47 avenue d'Iéna, où elle avait habité avant son mariage — non sans avoir longuement hésité car, à première vue, l'appartement, autrefois occupé par sa grand-mère maternelle, semble trop petit pour recevoir son fils. Pour rendre possible la vie à deux, elle décide de transformer la pièce sur cour en salle à manger, où Claude coucherait sur un divan lors de ses visites à Paris ; quant à la grande pièce claire sur rue, peinte en blanc et meublée en acajou, elle servirait de salon et de chambre. Catherine décore sa nouvelle demeure d'un grand paravent japonais et, face à l'une des hautes fenêtres donnant sur la rue, dispose une bergère où elle se tient le soir, quand elle a du mal à respirer.

Elle a beau déployer son goût raffiné dans la décoration de ce nouvel intérieur, elle n'aura pas souvent l'occasion de faire admirer son élégance. Elle reçoit peu et sort encore moins, car elle se fatigue vite ; quelques minutes de conversation suffisent à la rendre aphone. Pourtant, en dépit de sa faiblesse croissante, elle s'acharne à revoir *Peau d'Ame*, dans l'espoir de l'achever au cours de l'hiver.

Ayant confié *Nova* et *Scopolamine* à Paulhan en janvier — tout en l'engageant à ne pas les publier —, elle s'étonne de ne recevoir aucun mot de remerciement. Un message lui parvient enfin, au mois d'avril, qui ne fait aucune mention de son deuil récent. Catherine soupçonne Paulhan d'avoir fait semblant de l'ignorer pour pouvoir lui parler plus aisément de ses vers. Ce n'est qu'en juin qu'il lui envoie une lettre de condoléances dans laquelle il traite la mort de Thérèse Pozzi comme un événement qu'il vient d'apprendre. Catherine, jugeant une telle ignorance peu vraisemblable, pense que Paulhan manque de franchise à son égard. En novembre 1932, elle croit voir son intuition confirmée : Paulhan, qui apparemment médite son coup depuis un certain temps, écrit pour lui demander l'autorisation de publier *Nova* et *Scopolamine* le mois suivant. Sentant sa confiance trahie (elle avait envoyé ses poèmes à « l'ami » et non au directeur de la N.R.F.), elle réagit vite : à deux reprises, elle lui écrit pour s'opposer énergiquement à la publication. Face à son interdiction, Paulhan retire les poèmes, déjà en épreuves, de la revue. *Nova* et *Scopolamine* ne paraîtront qu'après la mort de Catherine Pozzi.

S'apercevant qu'il a offensé son amie, Paulhan s'empresse de lui rendre visite pour apaiser son courroux : le 2 décembre 1932, il passe tout l'après-midi chez elle à la questionner sur ses projets littéraires. En parcourant ses manuscrits, il s'intéresse particulièrement à *Peau d'Ame* dont il souhaite emporter une cinquantaine de feuillets. Catherine lui refuse cette faveur, quitte à se faire reprocher quelques jours plus tard son manque de confiance. Mais elle n'entend nullement lui interdire tout accès à sa pensée ; puisqu'il avait exprimé le désir de retourner chez elle afin de poursuivre sa lecture, elle ne tarde pas à l'inviter à dîner. Son message reste sans réponse, et ce n'est qu'au début juin 1933 que Paulhan retournera avenue d'Iéna lors d'un déjeuner réunissant une jeune amie autrichienne de Claude, Anne-Marie Schwarzenbach, arrière-petite-fille de Bismarck, et une camarade de celle-ci, Erika Mann, fille du romancier. A cette occasion aussi, Paulhan souhaitera emporter le manuscrit de *Peau d'Ame* et encore une fois il essuiera un refus.

N'ayant pas daigné céder aux sollicitations de Paulhan, Catherine est alarmée de lire dans la N.R.F., en juin 1933, l'annonce d'un exposé portant sur les « points brûlants de la science moderne » [3]. Ses pires craintes semblent se confirmer : se croyant devancée dans la diffusion en milieu littéraire de certaines idées scientifiques, elle regrette d'avoir permis à Paulhan de prendre connaissance du manuscrit de *Peau d'Ame*. Au fond, son attitude vis-à-vis de la publication éventuelle de son essai demeure ambiguë. Sentant ses jours de plus en plus menacés, elle souhaite faire paraître le plus tôt possible une œuvre qu'elle regarde comme la justification de son existence, et en même temps elle a peur d'affronter l'inévitable incompréhension du public. Par ailleurs, elle redoute la

3. Il s'agit d'un article d'André Arnyvelde, *Linéaments d'un deuxième univers*, paru en juillet 1933, pp. 5-32.

jalousie des collaborateurs de la N.R.F. : Marcel Prévost, entre autres, ne lui inspire guère confiance, et elle se méfie surtout de Valéry (que Paulhan ne cesse d'évoquer dans leurs conversations). Elle croit qu'il lui serait facile, comme par le passé, de copier ses réflexions dans ses *Cahiers* pour s'en attribuer la priorité. Au demeurant, elle se demande si ses amis les plus intimes comprendront son message, l'exemple de Jacques Maritain lui inspirant certaines craintes : après avoir lu trois chapitres de l'essai, il avait traité l'auteur de « poète ». « Evidemment », écrit-elle, désabusée, à Claude, le 6 juillet 1933, « si tu chantes, c'est que tu ne sais pas calculer. » [4]

Cloîtrée par la maladie avenue d'Iéna, elle occupe ses loisirs à mettre en ordre les nombreux carnets et cahiers qui constituent son *Journal*, arrachant telle page gênante, ajoutant telle date pour rétablir une chronologie embrouillée. Elle passe de longues heures à relire les lettres naguère reçues de personnes qui ont beaucoup compté pour elle et qui dans un sens, ne l'ont jamais vraiment quittées : Audrey Deacon, Georgie Raoul-Duval, André Fernet, Thérèse Pozzi sont encore très présents à son esprit et reviennent parfois, en rêve. Sous l'influence des médicaments pris pour soulager ses angoisses et ses douleurs physiques — véronal, valériane, préparations diverses à base d'opium —, les apparitions sont de plus en plus fréquentes, de plus en plus vives à partir de 1933. Elles alimentent son œuvre littéraire. C'est ainsi qu'au cours de ses dernières années, son inspiration prend la forme d'une sorte de communion mystique avec son passé où elle joue un rôle passif : des pensées, des vers — parfois un poème entier — se présentent à sa conscience comme une dictée surgie d'un ailleurs obscur, sa tâche à elle consistant à la capter et à la transcrire aussi fidèlement que possible. Le 4 avril 1933, elle écrit dans son *Journal* :

> Tout se passe, je le vois intantanément, quand je me mets au travail, comme si je conversais avec quelqu'un. Je me mets en état de réceptivité et d'attention ; j'écoute, j'attends, je *questionne*, et une brusque réponse survient. Je l'écris ; souvent je la comprends et elle me satisfait instantanément ; souvent, il semble que j'ai écrit *à peu près*, — infidèlement. Je

4. CB.

> ne suis pas intellectuellement à mon aise ; j'aperçois que la solution n'est pas là, n'est qu'approchée.
>
> Alors, j'écris toutes les hypothèses possibles. Et invariablement, la vraie est écrite. Par qui ? Est-ce par C. Pozzi ? Est-ce par quelque pensée qui me trouve seule docile et attentive à LA suivre en cette planète de fins personnelles et de buts évidents ?
>
> Est-ce quelque pensée qui AFIN que je puisse LA suivre m'a frappée ? [5]

L'année suivante, elle emprunte une formule lapidaire à William James pour expliquer à son amie Hélène Kiener qu'elle se place à une certaine distance par rapport à sa propre pensée : « Les hommes... ont toujours tort de se glorifier de l'esprit qui n'est pas à eux ; car on pourrait dire "il pense" comme "il pleut". » [6] En faisant ces aveux, Catherine songe surtout à son essai philosophique, mais ses remarques conviennent davantage encore à la genèse de ses poèmes. *Maya*, par exemple, tout en exprimant le point culminant de sa longue méditation sur l'hérédité et l'« âme », lui donne l'impression de venir d'une source extérieure à elle-même. Par contraste avec *Nova* et *Scopolamine* qui l'un et l'autre évoquent un avenir de rêve, *Maya* se présente comme une quête d'identité tournée vers le passé, ainsi qu'en témoigne une citation de *La Vie antérieure* de Baudelaire en exergue de la version primitive du poème [7].

Le sujet du poème évoque un passé très lointain. Déjà dans son *Journal* en mars 1930, Catherine s'était interrogée sur l'origine des particularités de son corps et de sa sensibilité en termes qui constitueront la trame métaphysique de *Maya* :

> Mais qui étais-je moi-même ? Visage péruvien ou du Mexique-Atlantide, corps à loger aux Pyramides,... inceste pur, oh, mon bonheur... Etrurie, Italie, Brunetto Latini... Médecine ; écriture, amour-céleste-sur-la-terre ; l'Art, danse fixée ; les Astres. Cinq ou dix mille ans de moi-non-moi ; la sensibilité en porte les preuves. [8]

---

5. CB.

6. Lettre de février 1934. CB.

7. « J'ai longtemps habité sous de vastes portiques / Que les feux du couchant... », *Journal*, 24 juillet 1933. CB.

8. *Journal*, 13 mars 1930. CB.

Ici, Catherine Pozzi construit un grandiose mythe personnel qui, remontant au-delà de l'Italie de la Renaissance — son héritage paternel — englobe l'Egypte et la Grèce anciennes, le Mexique et le Pérou. C'est sa théorie de l'« âme », incarnation d'une sensibilité héritée d'un passé immémorial, qui explique son étrange affinité intellectuelle et affective avec ces civilisations révolues ; elle explique également la forme distinctive de son visage qui lui semble à la fois antique et exotique : « ... ce qui fut moi fut grec, mais bien plus profondément, plus longtemps indien des Amériques... Visage triangulaire aux sourcils purs, au rapport étranger, les yeux placés plus haut, la distance du maxillaire inférieur au front, plus grande. Elle n'est même pas d'un autre pays, elle est d'une race disparue. » [9]

Catherine Pozzi conçoit sa poésie comme une expression de réalités et non de fictions. Foncièrement antinominaliste, son langage n'est pas un jeu autonome, il trouve son référent dans des faits, soit psychiques, soit matériels. Dans une version primitive du poème, qui date de juillet 1933, elle s'imagine rattachée à ses ancêtres par un lien physique : le sang versé par les Mayas dans leurs sacrifices humains, vaporisé au soleil, constitue l'élément physique et spirituel à la fois qui, selon la théorie développée dans *Peau d'Ame*, transmet la capacité de sentir à travers les âges :

> Astres, sang sur les pierres, sang tranquille,
> Sang très heureux d'être repris par le soleil,
> Pays délivré par le ciel,
> Air qui reprend au sang le mal et le dissout en son cristal,
> Fleuves de sang rendus à l'air,
> Poids de destins bus par l'azur,
> Innombrables destins répandus vers l'éther. [10]

Catherine joint à ce texte le commentaire suivant : « En écrivant ces vers, je pense soudain que puisque la masse de sentir habite le sang (et ceci est certain, la présence seule de l'atome de fer dans le sang et son rôle dans le phén[omène] magnétique du sentir est évident) — il y avait une raison admirable dans les sacrifices des Mayas, etc. » Surgie de son passé mythique, l'image du sang reflète également la vie actuelle de Catherine Pozzi ; des hémoptysies

9. *Journal*, 24 juillet 1933. CB.
10. *Ibid.*

répétées font du sang répandu un élément de son expérience quotidienne.

Au début de *Maya*, une chute dans le temps éloigne le poète d'un présent angoissant :

> Je descends les degrés de siècles et de sable
> Qui retournent à vous l'instant désespéré
> Terre des temples d'or, j'entre dans votre fable
> Atlantique adoré. [11]

Parvenu à « l'abîme enfantin », le poète évolue dans un paradis retrouvé, un « ancien été », situé dans un ouest légendaire entouré d'un espace liquide et infini. Contrastant avec l'anxiété retournée sur elle-même qui caractérise le présent évoqué au début du poème, le dernier vers, détaché du reste, exprime une béatitude expansive et intemporelle :

> Astres longtemps liés à mon premier visage,
>
> Singulier soleil de calme couronné.

Catherine Pozzi a le sentiment d'avoir vécu l'expérience qu'elle évoque dans *Maya* : « Mais c'est là, fait d'expérience ; non songe, non souhait », écrit-elle dans son *Journal* en juillet 1933. « Je puis très bien revoir, au plus loin de moi, ce singulier soleil de calme couronné ; je puis très bien savoir que les dieux me parlaient ; la beauté de mon corps, sa science maintenant perdue, vers laquelle je m'efforce, comme on marche dans la nuit, — et son bonheur, son invulnérabilité — sa puissance — *Die frühe Zeit wo ich ein König war* [12]. L'énergie qui me formait alors ne s'est pas défaite tout à fait — elle est ici. » [13] Ainsi, derrière les images énigmatiques de *Maya*, se profile la doctrine que Catherine Pozzi est en train d'exprimer sous une forme discursive en *Peau d'Ame*. Se libérant des contraintes formelles qu'elle s'est toujours imposées, elle donne une nouvelle cohérence à la pensée qui hante son imagination depuis l'éveil de sa vocation philosophique. Ce poème constitue l'un des sommets de son art.

---

11. *Œuvre poétique*, *op. cit.*, p. 59.
12. L'ancien temps où j'étais roi (trad. L.J.).
13. CB.

Catherine est persuadée que la réalité cachée qui affleure dans son inspiration poétique est la même qui sous-tend un rêve qu'elle a eu en janvier 1934 et qui l'inquiète beaucoup. Perplexe et troublée, elle le raconte à son amie Hélène Kiener qui, à son tour, le communique à Carl Gustav Jung, avec lequel elle est alors en analyse. Jung qui n'avait jamais rencontré Catherine Pozzi, n'hésite pas à interpréter ce rêve où figurent un arbre fruitier avec une fleur blanche, une maison en désordre, une chambre qu'on déménage et un tunnel noir d'où sortent des camions chargés de charbon. Jung en donne une interprétation plutôt rassurante : selon lui, la fleur est un symbole d'individuation et le déménagement représente un changement d'attitude fondamental nourri par l'énergie inconsciente symbolisée par les camions chargés de charbon [14]. Catherine n'est pas apaisée ; elle persiste à interpréter le tunnel sombre comme une préfiguration de sa mort.

Dans ce rêve sinistre, elle ne voit qu'un seul signe positif : la fleur blanche, promesse, selon elle, que son fils est destiné à lui survivre. Et pourtant, elle ne cesse de se faire du souci pour lui car, ayant obtenu son diplôme d'ingénieur à Zurich, Claude Bourdet hésite à choisir une carrière. Son avenir étant encore incertain, il profite d'une visite à Vienne pendant l'été 1933 pour faire son entrée éclatante dans le journalisme. Ayant demandé à ses parents de lui procurer des commandes d'articles, Claude a un entretien privé avec le chancelier Dollfuss, grâce à Gabriel Puaux, ambassadeur de France à Vienne et ami de sa mère. Il rend compte de leur entretien dans deux journaux à gros tirage, *L'Illustration* et *L'Ordre* [15]. L'automne suivant, il commence son service militaire, ce qui repousse encore son engagement dans une carrière.

En réalité, et en dépit de sa formation de technicien, Claude Bourdet se détourne des problèmes industriels, car il commence à se passionner pour des questions politiques et sociales. Ses idées dans ces domaines sont très différentes de celles de sa mère : Claude épouse vigoureusement la cause de la gauche, quitte à se faire traiter par Catherine de jeune homme imprudent et déloyal qui méprise le système économique qui l'a nourri. Pour sa part, elle est convaincue

14. Lettre d'Hélène Kiener à Catherine Pozzi, 7 février 1934. CB.

15. « L'Autriche indépendante », *L'Ordre*, 25 juillet 1933 ; « Un homme nouveau en Europe : Dollfuss », *L'Illustration*, 12 août 1933.

que le capitalisme moderne est fondé scientifiquement sur les lois de l'hérédité et accepte l'inégalité sociale qui en résulte. Elle a peur que Claude n'emploie la fortune qui lui viendra un jour en héritage pour fonder un journal de gauche ; l'idée que l'argent de sa famille puisse être employé au service d'une cause qu'elle juge erronnée et vouée à l'échec lui fait horreur. Parfois elle endosse elle-même la responsabilité de la mésentente qui l'éloigne progressivement de son fils, se reprochant d'avoir projeté sur lui ses propres ambitions. Elle reconnaît, par exemple, avoir voulu en faire un savant malgré ses dons naturels, qui semblent le porter plutôt vers la diplomatie et la politique. Dans ses moments les plus dépressifs, elle voit en Claude Bourdet un autre Paul Valéry — un être qui, tout en étant proche d'elle, lui est intellectuellement et moralement hostile.

Les émeutes qui secouent Paris en février 1934 persuadent Catherine Pozzi que la ville est au bord de la révolution. Son anxiété est telle qu'en se couchant le soir elle garde des vêtements près de son lit pour pouvoir se lever à l'improviste. Elle a beau fuir l'agitation de la capitale et rentrer à Vence, son pessimisme ne cesse de s'accroître tout au long du printemps 1934. La voyant de plus en plus malade et agitée, sa cousine Edmée Cazalis-Roederer installe son fils, Jean Darquet, chez elle, pour l'aider un peu et lui tenir compagnie. Mais pallier à l'assaut conjugué de la maladie et de l'angoisse est une tâche bien au-dessus des forces de ce garçon de 15 ans. Même réfugiée à Vence, Catherine se sent entourée d'ennemis : craignant que sa bonne ne lise son *Journal*, elle commence à le rédiger en anglais ; quant au jardinier, elle le croit fourbe, franchement dangereux, et commence à dormir avec un revolver à côté de son lit.

Le 1er juin 1934, survient un accident domestique, banal en apparence, mais dont les conséquences seront gravissimes : à la suite d'un geste maladroit, Catherine Pozzi tombe d'une chaise et se blesse légèrement. Au cours des jours suivants une inflammation se déclare dans son poumon droit, resté relativement indemne jusqu'alors, et s'aggrave rapidement : Catherine dort de moins en moins, respire avec difficulté, maigrit à vue d'œil et finit par cracher du sang. La crise s'apaise une fois de plus mais sa santé reste fort altérée.

Partiellement remise en août 1934, Catherine envisage une cure de désintoxication, car elle sait qu'elle abuse des stupéfiants. Jacques

Maritain et Louis Massignon, estimant qu'un autre type de guérison lui est d'abord nécessaire, lui conseillent un pèlerinage à Lourdes. Elle accepte leur conseil, mais, à la dernière minute, son billet de chemin de fer pris, change brusquement d'itinéraire, alertée par la vision d'un désastre ferroviaire, et se dirige vers la Suisse [16]. Installée d'abord à Mont Pèlerin, elle se rend à Lausanne pour consulter un médecin radiesthésiste, le docteur Nebel, chez qui elle éprouve une grosse déception. L'ayant fait attendre longtemps, le médecin commence son examen en agitant un petit pendule argenté près des parties malades du corps de Catherine, tout en déclarant avec une grimace peinée : « Que vous résonnez en moi ! » [17]. Les résultats de l'examen ne sont guère encourageants : Nebel ne lui propose aucun traitement, se bornant à lui donner comme seul viatique un conseil de désespoir : « Maintenant, il faut résonner à Dieu. » [18] Catherine sort de son cabinet avec le sentiment d'avoir été définitivement condamnée.

Son séjour à Genève ne lui est guère plus profitable. Là, la mère d'un ami de Claude, Mme Fauconnet-Champendal, professeur de gymnastique devenue kinésithérapeute, lui fait faire des exercices respiratoires qui s'avèrent peu efficaces. Catherine ne les poursuit pas, de toute façon, car elle est convaincue que son professeur la courtise.

De nouvelles déceptions l'attendent à Paris, où elle arrive début septembre 1934 : on constate la présence du bacille de Koch dans son larynx. Quoique aucune lésion n'y soit encore apparente, Catherine pense qu'elle sera morte à la Toussaint. Elle décide donc d'écrire à Paulhan pour lui proposer ce qu'elle lui a toujours refusé, *Peau d'Ame*, ajoutant à sa lettre un article de cinq pages où elle dégage les conclusions politiques de sa philosophie. De nouveau, Paulhan tarde à réagir. Sa réponse, quand enfin elle arrive, paraît à Catherine d'une stupidité « telle qu'on n'en croit pas son esprit » [19]. Paulhan rejette son article tout en prétendant s'intéresser toujours à *Peau d'Ame*. Indignée, sûre que son essai ne sera pas plus compris à

---

16. Au lieu de fuir le danger, elle s'en rapproche. Un grave accident, provoquant six morts et de nombreux blessés, s'est produit sur la ligne Genève-Vintimille empruntée par Catherine le 12 août 1934.

17. *Journal*, 20 août 1934. CB.

18. *Ibid.*

19. *Journal*, 31 octobre 1934. CB.

la N.R.F. que l'article en question, Catherine Pozzi refuse, une fois de plus, de lui remettre le manuscrit.

Elle ne se brouille pas avec lui pour autant ; bien au contraire, elle se montre plus sensible que jamais à l'admiration qu'il porte à sa poésie ; elle y puise la confiance dont elle a besoin pour tenter un dernier effort créateur. Le 5 novembre 1934, elle note dans son *Journal* : « Paulhan écrit qu'il sait mes anciens vers par cœur et qu'il "peut les réciter dans le téléphone" (ceux que j'ai retirés).[20] Alors, je ne sais quoi m'a fait prendre Louise Labbé [*sic*] et d'un trait j'ai écrit pour cette fille de mon pays, sur une consonance d'elle : *Nyx, A Louise aussi de Lyon et d'Italie.* » Suit le texte de son dernier poème[21].

De nouveau, elle a l'impression de capter une sorte de dictée surgie d'elle ne sait où. Elle croit la transcrire sans faute, quitte à s'autoriser deux courtes rectifications ultérieures, sous prétexte d'avoir mal « entendu » certains vers[22].

L'origine de cette « dictée » est moins mystérieuse que Catherine ne voudrait le faire croire. Elle possède une connaissance intime de l'œuvre poétique entière de Louise Labé[23] et a même transcrit dans son *Journal*, le 28 juin 1928, le sonnet dont elle s'inspire pour *Nyx*[24].

---

20. CB. Il s'agit de *Nova* et de *Scopolamine*.
21. *Œuvre poétique*, *op. cit.*, p. 69.
22. Elle substitue « vol » à « pas » dans le quatrième vers, « descendue » à « défendue » dans le septième.
23. Un exemplaire des *Œuvres* de Louise Labé (éd. M. Seheur, 1927) porte de nombreuses annotations de sa main. CB.
24. « O beaus yeux bruns ô regars destournez,
O chaus soupirs, ô larmes espandues,
O noires nuits vainement attendues
O jours luisans vainement retournez :

O tristes pleins, ô désirs obstinez,
O tems perdu, ô peines despendues,
O mile morts en mile rets tendues,
O pires maus contre moy destinez.

O ris, ô front, cheveus, bras, mains et doits :
O lut pleintif, viole, archet et vois :
Tant de flambeaus pour ardre une femelle !

De toy me plein, que tant de feus portant,
En tant d'endrois d'iceus mon cœur tatant,
N'en est sur toy volé quelque estincelle. CB.

La ressemblance entre les deux poèmes dépasse de loin une simple « consonance » : le premier vers de *Nyx* « O vous mes nuits, ô noires attendues », suit de très près le troisième vers du sonnet de Louise Labé « O noires nuits vainement attendues » ; *Nyx* emprunte également à son modèle, parmi d'autres éléments, sa syntaxe exclamatoire et sa rhétorique abstraite et exaltée.

Le poème affiche son inspiration autobiographique plus clairement que les autres vers de Catherine Pozzi, en précisant dans la dédicace que l'auteur, comme Louise Labé, est « aussi de Lyon et d'Italie ». En s'identifiant à Louise, Catherine croit renouer avec son « âme » d'autrefois : l'hérédité qui explique son étrange familiarité avec les verbes grecs, la poésie de Dante et l'architecture des Mayas, justifie également la parenté spirituelle qu'elle ressent en lisant les vers de la poétesse lyonnaise.

Comme l'indique son titre grec, *Nyx* communique une expérience nocturne, une quête anxieuse d'un objet sans nom [25]. Cette aventure spirituelle entreprise par l'« esprit enchanté » est ponctuée de visions d'une grande intensité : de « longs regards » lui révèlent de « foudroyantes nues ». Cependant, le vague objet recherché par cet esprit se retourne contre lui dans la conclusion de ces vers où le poète passe de la condition de chercheur à celle de victime et où l'extase amoureuse est indissociable de la mort :

> Je ne sais pourquoi je meurs et noie
> Avant d'entrer à l'éternel séjour.
> Je ne sais pas de qui je suis la proie.
> Je ne sais pas de qui je suis l'amour.

Nyx est un poème mystique, une affirmation puissante de la spiritualité qui sous-tend la personnalité humaine. C'est « l'âme » du poète qui est la « proie » de la spiritualité, transcendante et pourtant matérielle, véhiculée par le passé. Rejoindre ce passé, c'est se retrouver, subir l'expérience paradoxale de la mort et de l'extase — littéralement l'existence en dehors de soi-même. Dans ce dernier poème, Catherine Pozzi se console à l'avance de la mort qui la guette, en donnant une ultime formulation poétique à une philosophie proche de la doctrine enseignée par la religion de ses ancêtres : celui qui perd sa vie la sauve.

---

25. *Œuvre poétique*, *op. cit.*, p. 69.

En novembre 1934, une insuffisance pulmonaire et cardiaque provoque chez Catherine un œdème aux jambes. Réduite à une extrême maigreur, elle se hâte d'arrêter une liste de poèmes qu'elle juge dignes de lui survivre : « J'ai écrit *Vale, Ave, Maya, Nova, Scopolamine, Nyx*. Je voudrais qu'on en fasse une plaquette. Sapho n'a pas traversé le temps sur plus de mots. »[26] Si elle ne se fait pas trop de souci pour l'avenir de son œuvre poétique, le destin posthume de ses autres écrits l'inquiète bien davantage. Son ambition philosophique est immense et elle n'est parvenue à accomplir qu'une infime partie de la tâche qu'elle s'était fixée. Seule l'introduction de son essai est prête pour l'éditeur. Elle est sûre qu'elle ne sera pas comprise ; le public n'y verra que ses qualités littéraires et négligera son message philosophique : « En 1915, j'ai vu... la somme de regards dans un regard — et commencé (dans quel français !) le *De Libertate*. En 1932, après l'avoir abandonné jusqu'en 29 (PV 20 à 28) — j'ai vu comment se composait physiquement cette somme. En 33 l'inanité de toute psychologie m'est apparue qui n'en tenait pas compte... Rien de cela ne va exister. On publiera *Peau d'Ame*, petite curiosité littéraire, rien de plus. »[27]

Tout en demeurant sceptique quant à l'accueil posthume de ses écrits en prose, elle prend des mesures pour assurer leur publication. Elle charge son fils, Claude Bourdet, de faire paraître son œuvre philosophique — à compte d'auteur si nécessaire — après sa mort, et lui conseille de se faire aider par son ami André Georges, si besoin est, pour s'acquitter de cette tâche. Quant au *Journal*, elle songe à confier son sort à Louis Massignon. Elle l'autorise à parcourir ce document après sa mort pour choisir des extraits, s'il en trouve qu'il juge dignes d'être publiés. Le moment venu, ni Georges, ni Massignon ne voudront assumer ces responsabilités délicates, et c'est Claude Bourdet seul qui s'occupera du destin posthume de l'œuvre de sa mère.

En retrouvant Louis Massignon à Paris en juillet 1934, Catherine est subjugée par son intelligence, fascinée aussi par son attitude austère à l'égard du problème de la souffrance. Influancé par le romancier Joris-Karl Huysmans, Massignon croit à la doctrine de la

26. *Journal*, 6-7 novembre 1934. CB.
27. *Journal*, novembre 1934. CB.

substitution mystique : il est persuadé que Dieu, tout en exigeant que les péchés de l'humanité soient expiés par la douleur, permet néanmoins aux hommes de se substituer les uns aux autres en rachetant leurs fautes ; Dieu autorise les uns à lui offrir leurs souffrances pour solder le compte moral des autres et obtenir ainsi leur salut. Pour Massignon l'affliction est une chose utile, anoblissante, la véritable vocation de l'humanité. Dans une certaine mesure, Catherine Pozzi se sent en accord avec cet enseignement sévère ; supporter la douleur qui ne la quitte plus devient à ses yeux une sorte de « travail » où elle expie ses péchés et ceux de ses ancêtres. Mais elle récuse violemment une des conclusions de Massignon, qui prétend accueillir la souffrance avec ravissement et encourage Catherine à en faire autant : « Puisse ma lettre vous dire cette joie céleste », lui écrit-il le 6 septembre 1934, « qu'au fond de toutes mes peines distille pour moi la Croix, — maintenant que j'ai tout donné, — que je ne refuse plus rien à Celui qui m'y attendait ; que je me suis cloué sur pied, inerte, ouvert, livré... » [28] Catherine Pozzi accepte de subir les tortures physiques et morales qui l'accablent depuis des années ; elle ne parviendra jamais à les aimer.

Sans avoir vu souvent Massignon, Catherine est cependant au courant des désastres qui ont bouleversé sa vie intime. Elle se souvient d'avoir connu en 1914 un certain Louis de Cuadra, jeune homme ravagé par la vie aventureuse menée dans des pays arabes, qui lui avait lu un certain nombre de lettres passionnées de Massignon, dont une lui reprochant « une bouche usée par trop de baisers » [29]. Cuadra s'était tué par la suite. S'offrant pour lui à Dieu, Massignon essaie d'amener Catherine à consentir à un sacrifice pareil. Il n'y parvient pas : « Et ici », écrit-elle dans son *Journal*, « à Paris sur le pas de la porte, après deux heures de la plus étrange conversation, comme je lui gémis mon affreuse absence et cette indifférence où me trouve la mort, Massignon a une parole insensée. “Vous ne retrouverez Dieu que par un autre”, dit-il... “Offrez-vous pour Paul Valéry”. » [30] La violence de son recul est la preuve que Catherine Pozzi, même au seuil de la mort, ne s'est pas encore entièrement affranchie de son amour.

---

28. CB.
29. *Journal*, 9 septembre 1934. CB.
30. *Ibid.*

Souffrant sans répit, sa voix le plus souvent réduite à une sorte de chuchotement, Catherine Pozzi se sent pourtant plus entourée que d'habitude en novembre 1934 : Claude Bourdet et Jean Pozzi sont tous les deux revenus à Paris pour assister à une cérémonie organisée par le professeur Robert Proust, frère du romancier, en hommage à son maître, Samuel Pozzi. La fidèle Marie de Régnier s'annonce régulièrement avenue d'Iéna, elle aussi. Mais pendant les longues heures de la nuit où elle ne dort pas, Catherine Pozzi dépense ce qui lui reste de ses forces vitales à dresser le bilan de sa vie. C'est un constat d'échec. Et pourtant, parvenue au terme de son existence, elle semble avoir enfin trouvé sa véritable identité. Elle en fait part à son fils dans une lettre datée du 25 octobre 1934 : « Je précise pour nous [que] je suis évidemment, et je ne suis que poète. Là est mon identité. Je me suis "faite", voulue, apte aux sciences (mais sans illusions). C'était pour trouver cette vérité qui me fut tout. » [31]

La veille, s'adressant à Marie de Régnier, elle avait établi le bilan en d'autres termes ; ne subsistaient dans son existence diminuée que deux manifestations de la « vérité » recherchée pendant toute sa vie : « Il n'y a plus que deux choses qui m'intéressent », avait-elle écrit, « le catholicisme et les robes » [32]. Même décharnée et infirme, ayant perdu presque six kilos sur quarante-deux, Catherine Pozzi n'a cessé d'acheter de nouvelles robes chez les plus grands couturiers — Chanel, Molyneux, Vionnet. Si elle attache une telle importance au choix de ces vêtements, c'est parce qu'ils sont devenus pour elle des symboles d'innocence et de liberté : « Création de robes = pureté », écrit-elle dans son *Journal* le 24 octobre 1934. « C'est cette folie de pureté qui a dominé ma vie, qui me donne l'attention fascinée par la robe jamais faite encore... la robe qui n'a pas d'habitudes... la robe inhumaine... il faut vraiment du jamais fait. La robe à quoi aucun acte n'est intégré encore ; la robe sans habitudes, sans *passé*, sans péché. » [33] A travers sa passion pour les robes, comme dans son activité d'écrivain, elle essaie jusqu'à la fin de ses jours de se détacher du poids de son passé pour

31. CB.
32. *Journal*, 25 octobre 1934. CB.
33. *Ibid.*

atteindre l'intégrité psychologique et morale qui a toujours été le but de son existence.

Catherine Pozzi meurt à cinquante-deux ans, le 3 décembre 1934, dans son domicile parisien. Informé de sa mort par téléphone deux jours plus tard, Paul Valéry, agité par des émotions troubles, note dans un de ses *Cahiers* : « Je ne sais quoi ressentir. Toutes sortes de choses. Je me souviens que le premier à disparaître devait faire signe à l'autre. » [34]

34. *Cahiers*, vol. XVII, p. 694. Par discrétion, il écrit en italien : « *Non so cosa sentire. E molto di tutto. Mirammento che il primo scomparso doveva significarsi al altro.* »

ÉPILOGUE

« Faut-il tuer la chair, ou bien la rendre esprit ? » Cette question angoissée posée un jour à André Fernet exprime le dilemme existentiel et intellectuel qui obséda Catherine Pozzi sa vie durant. Ayant répondu par la négative au premier volet de la question, elle voua son existence à la tâche évoquée par le second. En cela, elle fut l'héritière du mouvement symboliste, dont elle avait assimilé les buts par ses lectures et par ses fréquentations de jeune fille du monde. Elle n'avait pas été obligée de les rechercher bien loin ; nombre d'écrivains, philosophes, hommes de science et musiciens qui, comme elle, essayaient de découvrir une issue à l'impasse positiviste, fréquentaient le salon fastueux du docteur Pozzi. Leurs efforts rencontrant, chez Catherine, un appui dans le catholicisme légué par sa famille maternelle. C'est ainsi que dans son esprit des esthètes décadents comme Marcel Schwob, des moralistes comme Mme Bulteau, des savants occultistes comme Arnaud de Gramont, des musiciens comme Marie Jaëll, se trouvaient les alliés d'hommes d'Eglise comme Mgr Duchesne et Jacques Maritain.

Selon son désir souvent exprimé, l'œuvre philosophique et poétique de Catherine Pozzi ne fut révélée au public qu'après sa mort. Le premier ouvrage paru fut *Peau d'Ame*, publié chez Corrêa en 1935, orné d'un portrait de l'auteur par Jean Marchand et précédé d'une préface de Marie de Régnier (Gérard d'Houville). En mourant, Catherine Pozzi savait qu'elle laissait une œuvre inachevée dont elle n'était pas satisfaite. Dans la première partie de l'ouvrage — la seule qu'elle soit parvenue à mettre au net — manque, parmi d'autres choses, une explication du mécanisme qui permet à l'âme de transformer une expérience quantitative en sensation qualitative. Quant à la deuxième partie, qui devait montrer par quel moyen l'esprit peut contrevenir à la loi de l'entropie, affirmant ainsi la liberté humaine, elle existe seulement sous la forme d'une série de notes.

Ainsi qu'elle l'avait prévu, ce livre hétéroclite, fragmentaire, ironique, mélange de styles et de tons, ne fut pas bien compris. Synthèse ambitieuse de sciences, de philosophie et de poésie, il ne fut accueilli que comme l'expression d'une pensée, somme toute, conventionnelle. Dans sa préface, Gérard d'Houville prit la hautaine élégance de l'auteur pour un signe de son éclat spirituel, métaphore visible de son courage moral et de sa profondeur intellectuelle. De cette œuvre variée, suggestive, touffue, seule apparut la « poésie » que l'on interpréta comme un idéalisme énigmatique et distingué, sorte de platonisme de femme du monde. L'extrême distinction de Catherine Pozzi finit par nuire au sort posthume de son œuvre : aux yeux de ses premiers lecteurs, la dame occulta le penseur.

Le 15 juillet 1935, les cinq poèmes demeurés inédits du vivant de Catherine Pozzi parurent dans la revue *Mesures* et, peu après, dans une plaquette. Un concert d'éloges s'ensuivit. Un ami donna le *la* : d'après la note de Julien Benda placée en tête des poèmes édités par *Mesures*, on trouve dans les vers de Catherine Pozzi « le sens de la perfection linéaire, par lequel l'âme d'Euclide rejoint celle de Phidias... » Bien d'autres lecteurs s'accordèrent pour découvrir dans ces poèmes l'expression d'une spiritualité hors du temps. Mis à l'honneur par Thierry Maulnier et Gide dans leurs célèbres anthologies [1], ils n'ont cessé de paraître dans des recueils à grande diffusion. Leur réédition dans une prestigieuse collection [2] chez Gallimard en 1959 (réimprimée en 1987), où figurent aussi trois traductions de Stefan George [3], a consacré une gloire qui ne s'est jamais démentie.

La publication récente de son *Journal 1913-1934* [4] qui, selon son vœu, a dormi pendant plus de cinquante ans à la Bibliothèque

1. Thierry Maulnier, *Introduction à la poésie française*, Gallimard, 1939 ; André Gide, *Anthologie de la poésie française*, Gallimard, 1949.

2. *Poèmes*, Gallimard, réimprimé en 1987.

3. Publiés par Charles Du Bos dans *Mesures*, 15 avril 1936, pp. 175-187.

4. Préface de Lawrence Joseph, édition établie et annotée par Claire Paulhan, Ramsay, 1987.

nationale, ajoute un élément capital à l'ensemble de son œuvre [5]. La révélation tardive d'une voix aussi affirmée, personnelle, est un événement littéraire rare et d'une grande importance. Le *Journal* n'est pas un document brut, un simple témoignage, mais l'œuvre d'un véritable écrivain, une construction dirigée, orientée : il s'y profile l'histoire d'une femme qui, cherchant inlassablement une transcendance, prétend se mesurer avec les écrivains les plus éminents de l'époque.

Avant la divulgation de son *Journal*, on ne connaissait de Catherine Pozzi que l'image exaltée évoquée par Julien Benda : celle d'une jeune femme disparue prématurément qui, « dans le terrestre... semblait déjà hors du temps et des caducités de la vie » [6]. Vue dans cette perspective, sa poésie paraît l'expression d'une sorte de perfection désincarnée et intemporelle, surgie, comme par miracle, de rien. Cependant, contrairement à cette apparence, contrairement à ce que Catherine Pozzi proclame parfois elle-même, son œuvre poétique ne peut être comprise isolée de la vie amoureuse, sociale, intellectuelle, intensément vécue, qui informe tous ses écrits. Au fond, Catherine Pozzi n'est nullement un écrivain « hors du temps », bien au contraire ; ce n'est qu'en replaçant son œuvre littéraire dans la matrice des « caducités » où elle est née, qu'on en découvre la véritable grandeur et la pérennité.

5. En même temps que la présente étude, paraissent aux Editions de la Différence, et son *Œuvre poétique* complète, comprenant les variantes des poèmes connus et de nombreux vers inédits et *Agnès*, nouvelle.

6. *Poèmes*, p. 13.

BIBLIOGRAPHIE

Œuvres de Catherine Pozzi

« Le problème de la beauté musicale et la science du mouvement intelligent. L'œuvre de Marie Jaëll. », *Les Cahiers Alsaciens*, N° 14, mars 1914, pp. 96-114.

« Agnès », *Nouvelle Revue Française*, 1er février 1927, pp. 155-179.

Agnès, Société Générale d'Imprimerie et d'Edition, 1927.

Agnès, trad. G. Cramer, Leipzig, Insel, 1928. (Sous le nom de Catharina Pozzi [C.K.].)

« Notes / Littérature Générale / *Vacances*, par Julien Lanoë », *La Nouvelle Revue Française*, juillet-août 1928, pp. 577-581.

« Images parlantes », *Le Figaro*, 9 septembre 1929.

« Puits aériens », *Le Figaro*, 6 octobre 1929.

« Ave », *Nouvelle Revue Française*, 1er décembre 1929, pp. 757-758.

« Les Venins, poisons régulateurs de la vie », *Le Figaro*, 3 décembre 1929.

« Le Bactériophage de d'Hérelle, virus de la guérison », *Le Figaro*, 26 et 27 février 1930.

« Nous, vus de l'Est », *Le Figaro*, 5 juillet 1930.

« Poèmes », *Mesures*, 15 juillet 1935, pp. 83-90.

Poèmes, Mesures, s.d. (1935).

Peau d'Ame, introduction de Gérard d'Houville, Corrêa, 1935.

« Stefan Georg[e] / Poèmes / Traduit de l'allemand par Catherine Pozzi », *Mesures*, 15 avril 1936, pp. 183-188.

Poèmes, Gallimard, 1959, réédité en 1987.

Journal 1913-1934, préface de Lawrence Joseph, édition établie et annotée par Claire Paulhan, Ramsay, 1987.

« Trois poèmes », présentés par Lawrence Joseph, *Cahiers de la Différence*, n° 1, Editions de la Différence, 1988, pp. 61-64.

Œuvres poétique, textes recueillis, établis et présentés par Lawrence Joseph, Editions de la Différence, 1988.

Agnès, nouvelle, préface de Lawrence Joseph, Editions de la Différence, 1988.

ANTHOLOGIES
(Par ordre chronologique.)

Thierry Maulnier, *Introduction à la poésie française*, Gallimard, 1939.

René Lasne et Georg Rabuse, *Anthologie de la poésie allemande des origines à nos jours*, 2 vol., Stock, 1943.

André Gide, *Anthologie de la poésie française*, Gallimard, 1949.

Marcel Béalu, *Anthologie de la poésie féminine française de 1900 à nos jours*, Delamain et Boutelleau, 1953.

Jeanine Moulin, *Huit Siècles de poésie féminine*, Seghers, 1963.

Robert Sabatier, *La Poésie du XXe siècle*, Albin Michel, 1981.

Jacques Charpentrau et Georges Jean, *Dictionnaire des poètes et de la poésie*, Gallimard, 1983.

Michel Décaudin, *Anthologie de la poésie française du XXe siècle*, préface de Claude Roy, Gallimard, 1983.

Jean-François Revel, *Une Anthologie de la poésie française*, Laffont, 1984.

SUR CATHERINE POZZI
(Par ordre alphabétique)

Pierre Abraham, « Le Chantier des lettres», *Vendredi*, 13 décembre 1935.

Marianne Alphant, « Le Souffle post mortem de Catherine Pozzi », *Libération*, 10 décembre 1987.

Dominique Bona, « Catherine Pozzi, une âme de feu », *Le Figaro Littéraire*, 4 janvier 1988.

Gabriel Bounoure, « Poèmes de Catherine Pozzi », *Nouvelles Littéraires*, 16 mai 1936.

Michel de Certeau, *La Fable Mystique*, Gallimard, 1982, pp. 407-411.

Yanette Delétang-Tardif, « *Peau d'Ame* par Catherine Pozzi », *Cahiers du Sud*, avril 1936.

Bernard Delvaille, « Histoires de famille », *Le Magazine Littéraire*, mars 1988, pp. 90-93.

Charles Du Bos, « Rétrospection », *Mesures*, 15 avril 1936, pp. 175-180.

Jean Dutourd, « Catherine aux camélias », *Le Point*, 14 décembre 1987.

Lawrence Joseph, « Catherine Pozzi's *Agnès* : Writing as Self-Construction », *Biography*, hiver 1987, pp. 47-59.

Jean-Pierre Jossua, « Catherine Pozzi », *La vie spirituelle*, mai-juin 1988, pp. 453-457.

Patrick Kéchichian, « Catherine Pozzi, la femme brûlée », *Le Monde*, 27 novembre 1987.

Julien Lanoë, « La Poésie », *Nouvelle Revue Française*, 1er mai 1936, pp. 429-430.

Yves-Gérard Le Dantec, « Le Mouvement poétique », *Revue des Deux Mondes*, 1935, pp. 699-706.

Emilie Noulet, « Critique littéraire », *Les Beaux Arts* (Bruxelles), 24 janvier 1936.

Claude Rivière, « Catherine Pozzi : une femme sous l'influence », *Le Journal littéraire*, décembre 1987-janvier 1988.

Claude Roy, « Pierre Jean Jouve, Catherine Pozzi : la poésie du xxe siècle », *Le Nouvel Observateur*, 27 novembre 1987, pp. 163-164.

REMERCIEMENTS

En écrivant cette biographie j'ai puisé à deux sources majeures.

La première et la plus importante vient des archives familiales du fils de Catherine Pozzi, M. Claude Bourdet, à qui je tiens à exprimer ma plus profonde reconnaissance. S'y trouvent, joint à la correspondance de sa mère, ce qui reste de sa bibliothèque, mais aussi divers documents ayant trait à l'histoire de sa famille, ainsi que de nombreux carnets et cahiers, ceux-ci contenant, d'une part le début et la fin de son *Journal* (1896-1913 ; 1929-1934), d'autre part, ses notes de lecture, ses conversations, ses méditations, des copies de lettres envoyées et reçues et les brouillons de ses œuvres littéraires. Quoiqu'il ne soit pas toujours facile de distinguer le *Journal* des autres catégories d'écrits auxquels il se trouve parfois mêlé, j'ai essayé de maintenir cette distinction dans les notes en désignant le *Journal* par son nom et les autres écrits par l'abréviation « Ms ».

La deuxième source essentielle de ce livre est le Département des manuscrits français de la Bibliothèque nationale où se trouve le *Journal* de Catherine Pozzi des années 1913-1929. Ce manuscrit, comme celui de la collection de M. Claude Bourdet, contient de nombreux dessins et annotations de Paul Valéry ainsi que plusieurs de ses lettres. Dans le même Département, j'ai consulté le manuscrit autographe des *Cahiers* de Paul Valéry qui contient beaucoup d'annotations et de commentaires de la main de Catherine Pozzi, omis des versions imprimées. Je suis reconnaissant aux Conservateurs du Département et en particulier à Mme Florence de Lussy de l'obligeance avec laquelle ils m'ont communiqué ces documents.

REMERCIEMENTS

En écrivant cette biographie j'ai puisé à deux sources majeures.

La première et la plus importante vient des archives familiales du fils de Catherine Pozzi, M. Claude Bourdet, à qui je tiens à exprimer ma plus profonde reconnaissance. S'y trouvent, joint à la correspondance de sa mère, ce qui reste de sa bibliothèque, mais aussi divers documents ayant trait à l'histoire de sa famille, ainsi que de nombreux carnets et cahiers ; ceux-ci contiennent, d'une part le début et la fin de son *Journal* (1896-1913 ; 1929-1934), d'autre part ses notes de lecture, ses conversations, ses méditations, des copies de lettres envoyées et reçues et les brouillons de ses œuvres littéraires. Quoiqu'il ne soit pas toujours facile de distinguer le *Journal* des autres catégories d'écrits auxquels il se trouve parfois mêlé, j'ai essayé de maintenir cette distinction dans les notes en désignant le *Journal* par son nom et les autres écrits par l'abréviation « Ms ».

La deuxième source essentielle de ce livre est le Département des manuscrits français de la Bibliothèque nationale où se trouve le *Journal* de Catherine Pozzi des années 1913-1929. Ce manuscrit, comme celui de la collection de M. Claude Bourdet, contient de nombreux dessins et annotations de Paul Valéry ainsi que plusieurs de ses lettres. Dans le même Département, j'ai consulté le manuscrit autographe des *Cahiers* de Paul Valéry qui contient beaucoup d'annotations et de commentaires de la main de Catherine Pozzi, omis des versions imprimées. Je suis reconnaissant aux Conservateurs du Département et en particulier à Mme Florence de Lussy de l'obligeance avec laquelle ils m'ont communiqué ces documents.

Je voudrais exprimer également ma gratitude aux institutions et aux personnes qui ont mis à ma disposition les documents inédits qui ont nourri cette étude : à la Bibliothèque de l'Arsenal (lettre de C.P. à Marie de Régnier), à M. Littler, Conservateur en Chef de la Bibliothèque Nationale et Universitaire de Strasbourg (Correspondance de Marie Jaëll), à M. Jean Darquet (lettres de Samuel Pozzi à Henri Cazalis), à Mme R. de Margerie (lettres de Rilke à C.P.), à Mlle Claire Paulhan (lettres de C.P. à Jean Paulhan), à M. Jean-Pierre Halévy (lettres de C.P. à Daniel et à Marianne Halévy).

Je demeure obligé à plusieurs personnes qui ont connu Catherine Pozzi et qui ont bien voulu partager avec moi leurs souvenirs : son fils, M. Claude Bourdet, ses cousins M. Jean Darquet et la regrettée Mme Edmée Cazalis-Roderer, ainsi que son amie Mme Hélène Kiener.

Je remercie Mme Catherine Bourdet-Wander de m'avoir ouvert l'accès aux documents Pozzi dont elle a maintenant la garde. Ma dette est grande également envers Mme le docteur Chantal Bamberger, Mlle Marie-José Delage, M. Jean Lambert, Mme Sylvia Roubaud, et surtout envers ma femme, Judith Ryan, qui ont lu le manuscrit de ce livre et m'ont fait bénéficier de leurs conseils.

Je suis reconnaissant aux Éditions Ramsay d'avoir bien voulu m'autoriser à reproduire des extraits du *Journal 1913-1934* de Catherine Pozzi.

Je tiens finalement à rendre hommage à la générosité de Smith College et de l'American Council of Learned Societies dont le soutien a facilité mes recherches en France.

Paris, Juillet 1988

L.A.

INDEX DES NOMS CITÉS

TABLE DES MATIÈRES

TABLE DES MATIÈRES

ACHEVÉ D'IMPRIMER
EN AOÛT 1988
SUR LES PRESSES
DE L'IMPRIMERIE SZIKRA
90200 GIROMAGNY

ISBN 2-7291-0318-X